陶磁考古学入門

やきもののグローバル・ヒストリー

野上建紀

勁草書房

口絵1-1　泉山磁石場（佐賀県有田町）

口絵1-2　中国景徳鎮の工房風景

口絵1-4　登り窯の焼成風景（畑ノ原窯）

口絵1-3　登り窯の焼成風景（畑ノ原窯）

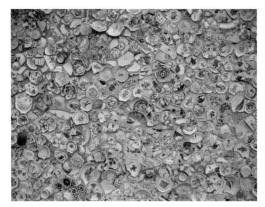

口絵1A　景徳鎮窯の陶片（景徳鎮民窯芸術研修院）

口絵1B　畑ノ原窯跡焼成室検出状況
　　　　波佐見町教育委員会提供

口絵2D-1　ボルホーン遺跡遠望（フィリピン・セブ島）

口絵2D-2　ボルホーン遺跡出土人骨
　　　　　と色絵大皿
　　　　　サン・カルロス大学提供

口絵3E　ター窯（B4窯）全景（カンボジア）

口絵3F　ジュルファール遺跡（アラブ首長国連邦）

口絵4-1・2　黒褐釉大壺運搬風景（ミャンマー）

口絵4-3　市場に集められた黒褐釉大壷の風景（ミャンマー）

口絵4-4　定海白礁沈没船遺跡（中国）

口絵4-5　定海白礁沈没船遺跡海底写真
　　　　　（中国）

口絵4H　茂木港外遺跡海底写真（長崎市）
　　　　国富株式会社提供

口絵5I 鷹島海底遺跡出土てつはう（長崎県松浦市）
　　　　山本祐司撮影

口絵6　天狗谷窯跡（佐賀県有田町）
　　　　有田町歴史民俗資料館提供

口絵8　有田内山の街並み
　　　　有田町歴史民俗資料館提供

口絵10-1　ツヴィンガー宮殿所蔵の肥前色絵磁器（ドイツ）

口絵10-2　シャルロッテンブルク宮殿の「磁器の間」（ドイツ）

口絵10P-1　サンタフェ・ラ・ビエハ遺跡
　　　　　　（アルゼンチン）

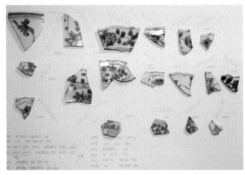

口絵10P-2　サンタフェ・ラ・ビエハ遺跡出土中国磁器
　　　　　　（アルゼンチン）

口絵11-1　ゼーランディア城（台湾）

口絵11-2　テンプロマヨール遺跡と大聖堂（メキシコ）

口絵11-3　サン・フランシスコ修道院遺跡（グアテマラ）

口絵11-4　カサ・デル・リスコの陶磁器装飾（メキシコ）

口絵11-5　グアダラハラ大聖堂所蔵の金襴手
　　　　　色絵壺
　　　　　（メキシコ）

口絵11-6　トゥンハのサント・ドミンゴ教会
　　　　　（コロンビア）

口絵11R-1　マンブルイの柱墓（ケニア）

口絵11R-2　マンブルイの柱墓に埋め込まれた陶磁器（ケニア）

口絵11R-3　キルワ・キシワニ遺跡のスルタンの墓（タンザニア）

口絵12　中尾山全景（長崎県波佐見町）

口絵12T-1　三里松原海岸（岡垣浜）採集の肥前磁器

口絵12T-2　芦屋沖海底遺跡採集肥前磁器

口絵12T-3　芦屋沖海底遺跡に潜る筆者
　　　　　　山本祐司撮影

口絵12T-4　芦屋沖海底遺跡海底写真
　　　　　　山本祐司撮影

口絵13U　田ノ江窯跡焼成室奥壁（五島市）

口絵13V　ザンジバルのスルタン・パレス（タンザニア）

口絵14-1　サマルカンド遺跡（ウズベキスタン）

口絵14-2　サマルカンド・レギスタン広場（ウズベキスタン）

口絵14-3　チャウタン沈没船引き揚げ陶磁器（ベトナム）

口絵14-4　新安沖沈没船引き揚げ船体
　　　　　（韓国海洋遺物展示館）

口絵14-5　デルフト陶器（オランダ）

口絵14-6　マイセン・アルブレヒト城（ドイツ）

口絵14-7　サント・ドミンゴ修道院のタイル
　　　　　（ペルー）

口絵14W-1　バーミヤーン谷のシャフリ・ゴルゴラ
（アフガニスタン）

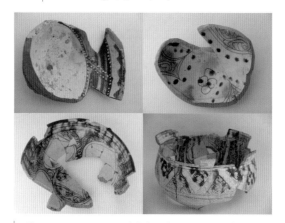

口絵14W-2　バーミヤーン出土陶器（アフガニスタン）

口絵15　バガモヨ出土磁器（タンザニア）

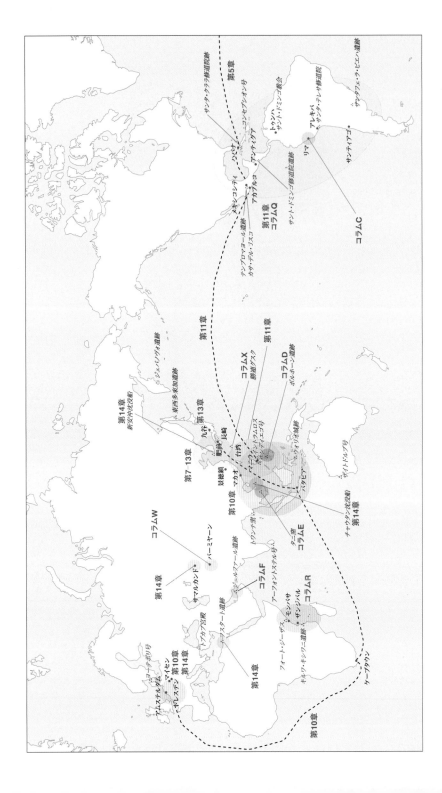

陶磁考古学入門
やきもののグローバル・ヒストリー

目　次

はじめに

　考古学（Archaeology）は、人類の活動の痕跡（モノやアト）を研究し、人類の過去を明らかにすることを目的とする学問である。物的証拠を積み上げて、人類史を復元していく学問である。我々人類がいつどこで生まれ、どのようにして過ごしてきたのかを明らかにし、それをもとにこれからどこへ行こうとしているのか、過去から未来までつながる時間の流れの中での我々の位置を知ろうというものである。

　そして、その物的証拠の一つがやきもの（ceramic）である。やきものは人類の活動の証の一つであり、人類がやきものとともに歩んだ時間の長さは、1万6千年〜2万年の長きにわたる。現在まで「残る」モノの中では、石器や骨角器などに次いで長いつきあいをしてきたモノであり、人工的に生み出した素材のモノとしては最もつきあいが長い。長らく利器の主役であった石器や骨角器などは金属器の発明により、利活用の場が変化していったが、やきものは次々と新たな種類のものが生まれ、その場が広がっていった。やきもの、すなわち陶磁器は人類の過去を知る上で、最も重要なモノの一つである。

　本書では、陶磁考古学すなわち陶磁器の考古学について紹介しようと思う。陶磁考古学は、陶磁器を学ぶことを目的とする学問ではない。もちろんそうした面もあり、目的に到達する過程においては陶磁器を深く学ぶことになる。しかし、陶磁器そのものの研究はあくまでも過程であり、目的は他の考古学と同様に物質資料をもとに人類史を復元することにある。そのため、副題にあえて、グローバル・ヒストリーとつけた。陶磁器からみた世界史というわけである。

　具体的には陶磁器の生産・流通・消費の歴史について考古学的に明らかにし、考古学的資料としての陶磁器を研究素材としながら、人類の生活、社会、文化、交流の歴史を復元していく学問について話そうと思う。陶磁器の歴史は長いが、本書で主に扱う時代は16世紀から19世紀にかけてである。近世のグローバル

化以降の陶磁器の歴史から、世界史を俯瞰してみたい。

　本書は3部構成であり、第Ⅰ部の第1章から第6章では、「陶磁考古学入門」として陶磁器の考古学を紹介する。陶磁器とは何か、どのようなものがあるのか。考古学的な資料としての陶磁器とはどのようなものか、陶磁器のライフヒストリーのステージ（生産・流通・消費・廃棄）毎に述べていく。生産については窯の調査研究が中心となる。世界の窯の変遷と伝播について述べる。流通については沈没船を中心に取り上げ、沈没船を調査する水中考古学と沈没船の陶磁器の種類について紹介する。消費・廃棄については実際の調査例を紹介したい。

　第Ⅱ部の第7章から第13章では、有田焼・波佐見焼など九州北西部で焼かれた「肥前磁器の歴史」について説明する。肥前磁器の創始、磁器生産の本格化、海外輸出の始まり、肥前磁器の輸出を担った唐船とオランダ船、近年明らかになったガレオン貿易との関わり、展海令以後の肥前磁器産業の取り組み、そして、地方窯の成立と生産機構の変容について述べる。

　第Ⅲ部の第14章から第15章では、「陶磁の道とグローバリゼーション」についてまとめたい。第14章では陶磁器からみた東西文化交流、特にコバルトの「青」を通して世界史をまとめ、第15章では本書全体をまとめつつ、磁器の流通が世界におよび、磁器使用が地球規模で普及していく過程について述べようと思う。

　陶磁器の世界は多様で複雑であり、膨大な歴史がある。とても一冊の本で述べ切れるものではないが、陶磁器を歴史考古学的に考える手始めの書となればと願う。

野　上　建　紀

第 I 部
陶 磁 考 古 学 入 門

第1章
陶磁器と考古学

1 土器の誕生

　土器の誕生について、著名なイギリスの考古学者であるゴードン・チャイルド（Vere Gordon Childe 1892-1957）は「人類が物質の化学的変化を応用した最初のできごと」と書いている。土器が生まれる前の道具としては、石器、骨角器、木器などが考えられるが、それらは自然の素材などを打ち欠いたり、削ったり、折ったり物理的に加工したものであった。それに対して、土器は粘土に熱を加えて、化学的変化を起こし、人工的に新たな素材を生み出したものであった。

　現在、発見されている中で日本最古の土器は、大平山元Ⅰ遺跡から出土している土器とされる。放射性炭素年代測定により約1万6000年前と考えられている。さらに中国の長江流域〔中国・江西省万年県仙人洞遺跡・吊桶環遺跡、湖南省道県玉蟾岩遺跡〕では約1万8000年前〜2万前の土器片が発見されたとも言われている。

　図1-1は人類誕生から現在までの時間を表したものである。人類誕生は650〜700万年前とされている。そして、今のところ、最古の石器は約250万年前のものである。もちろん、その間にも木や骨で作った道具は使っていたと考えられるが、それらはなかなか残らないため発見されにくい。そして、土器が誕生するのが1万6千年〜2万年前である。

　1万年を1ページとする歴史書があったとすると、人類史はおよそ700ペー

人類誕生	最古の石器	土器誕生
650 〜 700 万年前	250 万年前	1 〜 2 万年前

図1-1　人類の誕生と土器の出現

ジの本となるが、土器が登場するのは最後の1枚である。それまでの698ペー
ジは化学的変化を応用していない時代であり、最後の1枚で一気に現代の文明
を人類は築いたと言える。もちろん、698ページの間の知識と経験の蓄積と訓
練の成果が花開いたとも言えるが、いかに土器の発明が人類史において、結果
的に大きな意味をもつものであったか理解できる。

2　陶磁器の基礎知識

2-1　陶磁器の定義と種類

　陶磁器とは何か。土などの原料を練り固めたものを加熱してつくったものの
総称である。焼いてつくるものであるから、「やきもの」とも言う。

　陶磁器はその用途から、碗や皿などの飲食器（食膳具）、壺や甕などの貯蔵器
や容器、タイルなどの建築資材など、さまざまな種類に分けられるが、ここで
は主として化学的・物理的特性について分けて説明することにする。

　陶磁器は、原料や焼成温度、釉の有無などから、土器、陶器、炻器、磁器な
どに区分される（図1-2）。最も早く登場した陶磁器は、土器である。次いで陶
器や炻器が誕生し、そして、磁器が生まれた。炻器については、陶器と区分す
ることが難しく、陶器の一種とみることも多い。筆者自身、あまり両者を分け

名称		土　器	陶　器	炻　器	磁　器
製造条件	素地の原料	有色粘土	有色粘土	有色粘土	白色粘土＋長石＋珪石・陶石
	釉　　薬	なし	あり	なし又はあり	あり
	焼成温度	800℃前後	1000℃～1300℃	1200℃～1300℃	1300℃～1400℃
見分け方	素地の色	有色	有色	有色	白色
	素地の透光性	なし	なし	なし	あり
	素地の吸水性	あり	あり	なし	なし
	叩いた時の音	鈍い音	濁った音	かたい音	澄んだ金属音
見　本					
具体的な例		縄文土器 弥生土器	唐津焼 薩摩焼	須恵器 備前焼	有田焼 波佐見焼

図1-2　陶磁器の種類
　　　　佐賀県立九州陶磁文化館より

図1-3 ミャンマーの野焼き風景

て議論することはない。

①土器

　2万年前から1万6000年前に誕生した人類最古の陶磁器である。**縄文土器**や**弥生土器**などが該当する。これらは窯を使わずに野焼きで焼かれた。現在でも東南アジアなどでは野焼きによる土器づくりが行われている（図1-3）。土器は窯の登場以前は野焼きでのみ焼成されたが、効率的に焼くために窯でも焼かれるようになった。原料は可塑性のある粘土である。焼成温度は野焼きで可能な約800℃である。

　陶器（炻器）に該当する**須恵器**が登場しても弥生土器の系統の土器は後世まで作られ続けていた。それらは土師器、土師質土器、かわらけなどとよばれた。現在の日本でも植木鉢などは土器質であり、神事に神酒を受ける素焼盃も土器質のものが使われている。

②陶器（炻器を含む）

　唐津焼や**薩摩焼**などが該当する。粘土を原料としている。焼成温度は1000℃〜1300℃であり、窯を使用して焼かれる。一般に釉薬が掛けられている。釉薬とは陶磁器を覆うガラス質のもので、機能的には陶磁器の強度を大きくし、耐水性を高めるものである。土器の場合、叩くと鈍い音がするのに対し、陶器の場合はよりかたい音がする。

　須恵器や**備前焼**など焼締陶器を一般の陶器と分けて、炻器に分類することも

あるが、明確な区分は難しい。原料に大きな違いがあるわけでもなく、炻器には釉薬をかけたものとかけていないものがあり、原料の種類や釉薬の有無で区分することもできない。

　そして、陶器は次にあげる磁器とともに、現在でも大量に生産されている。食膳具、貯蔵具、調理具など生活の中で陶器の用途は広く、土瓶や土鍋のように直接火にかけることも可能である。

③磁器

　有田焼や**波佐見焼**などが該当する。土器や陶器が粘土を原料としているのに対し、磁器は白色粘土と長石や珪石からなる原料を用いる。有田や波佐見では陶石をそのまま磁器原料としている。焼成温度も高く、1300℃ 〜 1400℃ ぐらいである。叩くと澄んだ金属音がする。光にかざすと、光が透けてみえる。その他、酸に強いことから硝酸槽など化学薬品の容器に使われ、電気を通さないため、電線などの碍子などにも使われる。太平洋戦争当時は、磁器製の手榴弾やロケット戦闘機の燃料容器、金属の代用として**防衛食器**（缶詰の代用）、水筒なども生産された。

2-2　陶磁器の生産工程

　有田皿山職人尽くし絵図大皿（以下、皿山絵図大皿）（図1-4）に描かれているように江戸時代の有田焼が出来上がるまでには多くの生産工程がある。ここでは最も生産工程の多い色絵磁器について工程ごとにみていこう。

図1-4　有田皿山職人尽くし絵図大皿
　　　　有田陶磁美術館

図1-5 復元唐臼（佐賀県有田町）

図1-6 出土した水簸施設
泉山1丁目遺跡（佐賀県有田町）

①原料採掘

　陶磁器をつくるにはまず原料が必要である。磁器は土器や陶器と異なり、陶石など特別な原料を用いる。江戸時代の有田や波佐見では地元の磁器原料を使用していたが、現在は熊本県天草の陶石を使用している。

　江戸時代の有田や波佐見の原料採掘は、坑道掘りによって行われた。トンネルを作るように掘り進めていく方法である。**泉山磁石場**（佐賀県有田町）（口絵1-1）や**三股砥石川陶石採石場**（長崎県波佐見町）には今も掘り工具の跡がある坑道が残る。明治以降になると、露天掘りによって地面全体を掘り下げるように採掘するようになった。泉山磁石場などは有田焼の生産工程の巨大な遺跡といってよい。

②製土

　陶石のままでは陶磁器を形づくることができないので、まず陶石を粉砕し、粉末にする必要がある。「はたり粉」とよばれる微細な粉末にするのである。江戸時代の有田は、**唐臼**とよばれる施設（図1-5）を使った。川の水力を利用した水碓である。日本庭園でも見られる「鹿威し」と同じ仕組みをもっており、音を出す代わりに杵で陶石を粉砕する。皿山絵図大皿にその様子が描かれており、幕末の絵図などにも唐臼小屋が描かれている。有田の川床には岩盤に穿たれた唐臼小屋の柱穴が残る。余談であるが、唐臼小屋の所有者がそのままその土地の所有地となっており、川の中に私有地が存在していた。近年の河川改修

図1-7　ロクロ成形

図1-8　蹴ロクロ

の際、川の中に私有地があるとは思わず、私有地で勝手に工事を施工したとして問題となったことがあった。窯業地ならではの事件である。

　陶石を粉末した後は、水を加えて、水簸を行う。不純物を取り除き、微細な粒子からなる粘土を作る（図1-6）。江戸時代は「素焼き窯」の天井の外面に塗り、乾かした後に掻き落とし、水を加えて素地土をつくっていた。皿山絵図大皿にもその様子が描かれている。

③成形

　素地土が出来上がると、次は成形である。主な方法は**ロクロ成形**（図1-7）と**型成形**である。いずれも磁器の創始段階から存在する。江戸時代のロクロは蹴ロクロ（図1-8）であり、足で蹴ってロクロを回し、その遠心力を利用して器の形を作るものである。当時、有田ではロクロは「車」と呼ばれ、ロクロを設置した場所を「車ツボ」、ロクロ成形の作業場を「車座」とよんだ。その様子は皿山絵図大皿にも描かれている。後に機械化され、同じく遠心力を利用する電動ロクロや機械ロクロに変化した。

　江戸時代の型による成形は、**型打ち成形**と**押型成形**などがある。型打ち成形は、一度、ロクロで成形したものを型の上にのせて、変形皿や輪花皿、陽刻皿などに仕上げていく方法である。磁器では初期の段階から一般的に見られるものの、初期の唐津焼にはほとんど見られない。磁器の成形に伴う技術と言ってもよい。押型成形は、型に素地土を押し込んで、形をつくる技法で、器にも用いられるが、人形や水滴などでよく使われている。

図1-9　線描き
　　　　しん窯（佐賀県有田町）

図1-10　濃み
　　　　しん窯（佐賀県有田町）

　現在、最も一般的な成形方法は、**鋳込み技法**である。型による成形技法の一種である。石膏型に泥漿状の素地土を流し込み、型に水分を吸収させながら、成形する技法であり、同じ種類のものの量産に向いている。有田や波佐見の多くの窯元で用いられている。

④素焼き

　形が出来上がれば、天日乾燥（口絵1-2）させて、絵付けの作業に進むことも可能であるが、ほとんどの場合、その前に素焼きを行っている。最初に磁器が作られた頃はまだ素焼きを行なっていなかったが、17世紀中頃になると、有田では一部の窯を除いて、素焼きを行うようになった。素焼きとは約900℃の温度で一度焼くことである。通常、磁器をつくるためには、1300〜1400℃の焼成温度が必要である。一気に磁質化する温度に上げて焼き上げるより、一度、低い温度で焼くと焼き歪みが少なくなる。その他、単に乾燥させただけよりも吸水性が増すことで細かい絵付けが可能になり、釉薬と素地のなじみもよくなる。

⑤下絵付け

　陶磁器の装飾技法はさまざまあるが、主要なものの一つは絵付けである。釉薬を掛ける前に描く技法や装飾を**下絵付け**、**釉下彩**とよぶ。文様が釉の下に描かれているからである。コバルトを呈色剤とした顔料で下絵付けしたものが染

付である。江戸時代は中国から輸入した呉須（天然コバルト）を用いた。コバルト以外に銅を呈色剤とした赤色は辰砂とよばれた。中国では釉の裏ということで、釉裏紅ともよぶ。

　染付の下絵付けは、**線描きと濃み**がある。線描きは文字通り、線で輪郭などを描くもので細い筆と用いる（図1-9）。濃みは輪郭の中を塗り込めるもので、太い濃み筆を使う（図1-10）。濃み筆は、筆先にたっぷりと絵具を含ませて、スポイトのように筆先から絵具を押し出すように使う。有田では線描きを担当するのが男性で、濃みを行う濃み手は女性が担うことが一般的とされる。

⑥施釉

　下絵付けを終えた後は**釉薬**を掛ける。上薬ともよぶ。本焼きを行うと、濁った液体である釉薬は、透明な薄いガラスの膜となり、器の耐水性や耐久性を高める。釉薬は呈色剤となる金属等の種類と量、焼成具合により異なる色に発色する。例えば、青磁釉は微量の鉄が含まれるが、鉄の量が増えるにつれて黄釉、褐釉、黒釉へと変化する。釉は器を光沢ある色ガラスで覆う装飾でもある。

　皿山絵図大皿には、女性が桶に満たされた釉薬の中に下絵付けを終えた器を浸している。濁りのある液体なので、釉薬をかけると文様は隠れてしまうが、本焼きをすると、天然コバルトで描いた黒色の文様が透明の釉を透して鮮やかな青色に発色する。

⑦本焼き

　施釉された器を窯の中に窯詰めし、本焼きを行う（口絵1-3・4）。窯詰めも時代により移り変わってきた。肥前では江戸時代の初期には窯の内部の床面に敷き詰めるように置いていたが、やがてそれに加えて、器を入れた**匣鉢**（有田ではボシをよばれる）を重ねて焼くことも行うようになった。重ねると言っても中国や瀬戸・美濃のように匣鉢を高く積み上げるようなことはしなかった。江戸後期には**天秤積み**という窯内の上部空間を活用する窯詰め技法が行われるようになるが、明治時代になると、ボシを高く積み上げて焼くようになり、続いて**棚板積み**に変化していく。

　そして、本焼きは、陶磁器の生産工程のクライマックスである。最もやり直

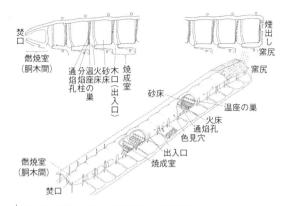

焚口
燃焼室
（胴木間）
分焔孔
通焔孔
温座柱の巣
火床
砂床
木口（出入口）
焼成室
煙出し
窯尻
窯尻
砂床
温座の巣
火床
通焔孔
色見穴
出入口
焼成室
燃焼室
（胴木間）
焚口

図1-11　肥前の連房式階段状登り窯構造図

図1-12　登り窯の焼成
　　　　畑の原窯（長崎県波佐見町）

しが効かず、しかも同時に大量に扱う工程である。江戸時代を通して、肥前では本焼きは登り窯で行われていた。いくつも焼成室が連なった**連房式階段状登り窯**（図1-11）で1100〜1300℃まで温度を上げて、磁器を焼き上げていた（図1-12）。燃料は薪であり、特に燃焼効果の高い赤松が選ばれた。皿山絵図大皿には、下の焼成室から順に焼き上げる様子が描かれている。温度計もなく、炎の色と少しばかりの色見によって焼き具合を判断しなければならなかった。また、現代のような天気予報がない中、何日間もかけて窯を焼いた。登り窯には屋根が架けられていたが、焼成中に襲来した台風の風に窯の屋根に燃え移った火が煽られて、有田の町の大半が焼き尽くされたこともあった。その台風こ

そ九州地方に甚大な被害をもたらせた文政11年（1828）の「子年の台風」として知られる台風である。窯を焼き始めた時は、そんな台風がやってきているとは知る由もなかったのである。

　明治時代になると、**石炭窯**が導入され、大正時代には実用化された。昭和30年代には重油窯や**ガス窯**が現れ、現代の主流の窯はガス窯である。焼き物の里と言えば、煙突が立ち並ぶ風景が浮かぶが、有田の歴史の中で高い煙突が積極的に使われた時間は思うほど長くない。江戸時代の登り窯は煙突を必要としない窯であったし、現代のガス窯も高い煙突を必要するものではない。今では煙突の上には樹木が育っており、すでに使われなくなって久しいことがわかる。

　焼き上がると、自然冷却させてから、取り出す。**窯出し**と言い、染付や白磁、青磁はこれで完成である。

⑧上絵付け

　色絵を作る場合は、さらに**上絵付け**工程が加わる。焼き上がった磁器の釉の上に絵付けをする。赤や黄、緑、青、紫、黒など多彩な絵具を用いて、文様を描いていく。上絵具は乳鉢と乳棒で摺り合わせを行う。赤色の上絵具などは粒子が細かければ細かいほど発色がよくなるという。

　釉の上に絵付けをすることから、上絵付けとよばれ、多彩な色を用いることから色絵付けともよばれる。肥前では有田を中心に色絵のことを**赤絵**とよんでいる。赤絵と言っても赤色に限るものではなく、上絵全般を赤絵とよぶのである。そして、上絵付けを行う空間を赤絵座、上絵付けを行う専門業者を**赤絵屋**とよんでいる。有田町の旧市街の中心部に江戸時代に赤絵屋が集められた一画があり、**赤絵町**の地名が残る。江戸時代は、多くの時代、本焼きまでを行う窯焼（窯元）と上絵付け以降の工程を行う赤絵屋が分かれていた。皿山絵図大皿は前者の風景であり、赤絵屋の作業は描かれていない。

　釉上に絵付けをした後、上絵付け焼成を行う。江戸時代以来、有田では赤絵窯（図1-13）、錦窯とよばれる昇炎式の小型窯を用いていたが、現在は電気窯を使用している。約800℃で焼き付けると、色絵の完成である。

　近年、イングレーズという技法も多用されている。これは釉上に絵付けを施

図1-13　赤絵窯
　　　　有田町歴史民俗資料館

すものではあるが、釉の中に文様を溶け込ませるものである。釉の中なので絵付けした文様が剥がれることがない。釉が熔けるほどの焼成温度なので、上絵付けの焼成温度よりも高く、生産工程の順番としては上絵付けであるが、装飾的には下絵付けに代わる絵付け技法でもある。

　このように色絵磁器などは、素焼き、本焼き、上絵付け（焼成）の最低3回以上の焼成を経て完成に至るものである。

2-3　生産工程の分業化

　磁器の生産工程は、磁器創始以来、大きく変わってはいない。それぞれの工程が改良され、機械化されているが、工程そのものの変化は17世紀中頃に素焼き工程と上絵付け工程が加わったことぐらいである。

　そして、産業の発展とともに、分業化が進む傾向がある。産業的には、有田では初期の段階に農業と窯業の分業化が見られ、陶器生産と磁器生産の分業化も進んだ。生産と流通の分業化も行われるようになる。また、家族経営的な小さな窯の場合、多くの工程を少人数でこなすことになるが、規模が大きくなるとそれぞれの作業を分担して行うことになり、あるいは工程そのものが業者化されていく。生産工程の分業は、まず生産工程の両端から進められることが多い。前に述べた磁器の生産工程の両端と言えば、最初の工程の原料採掘と最後の工程の上絵付けである。この二つの工程がまず窯元（窯焼き）から切り離された。現在の有田も同様であり、原料採掘は熊本県天草の業者が行っており、

上絵付けを専門に行う「赤絵屋さん」も多数存在する。原料採掘が分業化されると、次に端に位置する工程は、製土である。これも現在では有田から切り離され、塩田（佐賀県嬉野市）の製土業者が多くを担っている。また、ここにあげた直接的な生産工程以外にも多くの作業がある。燃料の確保、絵具の調達と調合、窯の建設、道具類の制作など、多くの作業によって支えられている。直接的な生産工程以外の作業もまた分業化されやすい。

　分業のメリットはさまざまあるが、一つは効率化である。それぞれの工程が専門化することにより、経済的な効率は高まる。専門的に技術を習得していくので技術力も向上する。個々の職人が支えている工程が限られている一方、一つの工程を多くの職人が支えているので、技術が継承されやすい。誰かが亡くなったとしても引き継ぎやすいのである。

　また、分業化は技術漏洩の防止にもつながる。仮に個々の職人が他の窯業地に渡ったとしても個々が全体の技術を習得しているわけではないので、全体の技術が漏洩しない。

　一方で工程作業が細分化され、それぞれが業者化されると、総合的な改良や改善が難しくなる。例えば、江戸時代の登り窯も規模や築窯材などは変化したものの、基本構造は変わることがなかった。焼成工程が全体の生産工程の中に組み込まれているので、焼成工程のみ劇的に変化させることは難しい。また、それぞれの工程の業者に既得権が生じ、それぞれの工程が新規業者の参入を拒むようになり、産業構造が硬直化に向かうことにもなる〔例えば、江戸後期に赤絵付業者の新規参入問題があったが、「技術が漏洩する」などの理由で新規参入を阻んでいる〕。

3　考古資料としての陶磁器

　遺跡を掘ると、陶磁器が大量に出土する。遺物の多くの割合を陶磁器が占めることも珍しくない。しかし、それはその遺跡の時代の人々が陶磁器ばかりを使っていたことを示すものではない。陶磁器は重要ではあっても生活の一部を占めているに過ぎない。それでも他の種類のものに比べて大量に見つかる第一の理由は、陶磁器の化学的な特性によるものである。木製品や紙製品など有機質の遺物は腐ってなくなり、また金属製品なども錆びて消えてゆく。それに対

して、陶磁器は腐らず、錆びることもない。土の中に埋もれても消えてしまわ
ないので、他の素材の遺物よりも残ることになる。

　また、陶磁器の製品や道具としての特性も見つかる量に関係している。まず
陶磁器はガラスなどと同じく「ワレモノ」と言われるように、脆くて壊れやす
いものである。物理的に頑丈なものよりも脆くて壊れやすい方がよく残るとい
うのは矛盾しているように思えるが、壊れないものであれば長期間、使用され
続けるため、なかなか廃棄されない。壊れやすいと、すぐ捨てられ、また新し
いものを使い始める。壊れては捨て、壊れては捨てるという行為を繰り返して、
結果的に遺跡に大量に残されることになるのである。

　そして、陶磁器は壊れた場合に再利用が難しいことも理由の一つである。壊
れても金属製品であれば、熔解することで再利用できるし、木製品や紙製品な
どは最終的には燃やして熱エネルギーに変えて利用することもできる。陶磁器
の場合、そうした再利用が難しい。そのため、一度、壊れるとそのまま捨てら
れることが多く、遺跡から大量に出土することになる。

　さらに陶磁器は１個だけつくられるのではなく、燃料を節約することから、
一度に多くの陶磁器がつくられる。量産品であるため、大量に遺跡から見つか
るということになる。

　それでは、資料としての価値はどうかと言えば、陶磁器は歴史資料としてと
ても恵まれている。小さい子どもにとって容易な創作表現方法の一つは「お絵
かき」であり、「粘土細工」ではないかと思う。二次元の表現が最もしやすい
のがお絵かきであり、三次元の表現を行いやすいのが粘土細工である。つまり、
作り手が自分の意図を表現しやすい方法であり、陶磁器はそれらがともに使わ
れている。商品であれば、使う人の文化や社会を考えて売れるようにつくるの
で、結果としてそれらが反映されたものがつくられる。言い換えれば、陶磁器
を見ると、反映されている文化や社会を知ることができるのである。

　陶磁器は壊れやすいと述べたが、壊れやすいので次々と新しいものがつくら
れる。生産、消費、廃棄の一連のサイクルが非常に早い。そのため、変化が早
い市場のニーズに応えたものがつくられる。市場のニーズがその時代や地域の
社会を反映していることは言うまでもない。

　そして、陶磁器は普遍的に使用される。民族、宗教、階層、文化、性、年齢

を問わず、使われる。特定の民族しか使わないものであれば、その民族のことしかわからず、特定の社会階層しか使わないものであれば、その社会階層の歴史しかわからない。誰もがどこでも使うものであり、それがそれぞれの文化や社会を反映しているため、資料としての利用価値が高い。

　また、日本の場合は、家庭の中でも器によっては使用する人が決まっていることが少なくない。特に飯茶碗や湯飲み茶碗などは使い手が決まっていることが多い。いわゆる特定の個人に属する**属人器**である。器形や文様が同じで大きさや色が異なる夫婦茶碗や夫婦湯飲みなどは夫婦でそれぞれ使用することを前提としたものであり、属人器の好例である。他にも出棺の際に故人の飯茶碗を割る風習を持つ地域や結婚の際に新婦の飯茶碗を割る風習を持つ地域がある。現世や生家に戻ることがないようにとの祈りの風習であるが、これも使用者が決まっているからこその風習であろう。つまり、陶磁器の研究は、究極すれば個人にまでたどれるものとなる。

　なぜ陶磁器が考古学資料として活用されるのかまとめると、まず土中でも腐ったりしないことから、残りやすい。そして、脆くて再利用が難しい量産品であるため、廃棄されやすく、遺跡から大量に出土する。

　そして、生産されてから廃棄されるまでのサイクルが短く、変化が早いため年代がわかりやすいこと、作り手の意図を反映しやすく、文化や社会を読み取ることが可能であること、さらに普遍的に使用されたため、年代の物差しとしても異なる文化や社会を比較する上でも有効であることが理由としてあげられる。

コラムA　考古学陶磁器の資料化

陶磁器の特性により遺跡から出土する陶片の量は膨大なものとなる（口絵1A）。いくら量が多くてもそのままでは資料として使えるわけではない。

他の材質の遺物と同じく出土した後は洗浄するが、陶磁器の場合は比較的容易である。素地が柔らかい土器や素焼き片などは強くこすらないように注意が必要であるが、おおむね水洗いが可能である。

水洗いした後は、乾燥させる。吸水性のある土器などはよく乾かさないと、カビが生えることになる。水洗いと乾燥の過程で最も注意すべきことは、出土地点が異なるものを混入させないことである。場合によっては、1点混じっただけで、せっかく発掘調査の際に注意深く取り上げた遺物の資料価値を失うことさえある。

乾燥させた後は、同一の遺構や土層の遺物の中で、土器、陶器、磁器、窯道具などおおまかな分類を行い、同一個体のものについては接合を行う。ただし、細かい分類を行うのではなく、次に述べる注記の手間を軽減させるためのものである。おおよそ同一個体の接合ができたら、次は注記（マーキング）とよばれる作業を行う。

注記は1点1点の遺物に出土地やそれを記号化させたものを記入していくものである（図A-1）。目立たないところにできるだけ小さな文字にする（図A-2）。面相筆のような細い筆を用いて墨で記していくことが一般的であるが、量が多い場合はインクジェットの注記装置で印刷していく方法がとられる。遺物を傷つけることはできるだけ避けるべきではあるものの、遺物そのものに出土地点や登録番号を記入することで、遺物がもつ出土情報が失われないようにするために注記作業が行われる。遺物の価値はその物質そのものがもつ価値よりも、出土地点の相対的あるいは絶対的位置関係の情報の方が考古学的には価値をもつからである。仮に出土地点が異なるものが混入したとしてもすぐに取り除くことができる。そのため、注記をしたものは、思う存分、分類することができる。異なる出土地点のものも合わせて分類することが可能となる。分類基準を設定し、試行錯誤しながら分類していく。

分類基準の項目の一例をあげると、製品と窯道具、土器・陶器・磁器などの種類、産地、年代、釉種等（青磁、白磁、染付など）、形や用途（器形と器種）、装飾、焼成具合、法量、重量などがある。どの基準項目を大きな分類項目とするかは、遺跡の性格や出土遺物の性格や量、研究目的によって異なってくる。

図A-2　注記の実例
TANOE ET3 尸'19＝2019 年田ノ江窯 E ト
レンチ 3 層出土

図A-1　注記作業風景

消費地の遺跡では重要なものとなる産地同定による分類も窯跡などの生産地で
はあまり意味を持たない。

　分類後の作業は主に二つに分かれる。一つは遺物の数量化である。個体数を
推定するために、分類毎に点数や重量を計測・計量していく。数量化の方法は
さまざまである。最も簡単な方法の一つは、破片数のカウントである。しかし、
小さな破片もあれば、大きな破片もあり、同じ皿でも粉々に砕けた皿と完形品
の皿では、破片数に大きな開きが出てしまうことになる。半分以上残っている
底部を数える方法もある。この方法では個体数の最小値を示すことはできるが、
半分以下しか残っていない底部片や底部以外の破片は数量化されないことにな
る。その他、口縁部あるいは底部の円弧の長さを計測して、その長さの総延長
を円周の長さで除する方法も考えられるが、口縁部あるいは底部以外の破片に
ついては数値に反映されない。

　重量を計る方法は、破片の大小にかかわらず、全ての破片を数値に反映させ
ることができる方法である。しかし、大甕と小碗の重量を比較することに無理
があるように、その数値を比較するには器種や大きさの違いを考慮する必要が
ある。重量の総量を一個あたりの重さで除する方法が最も合理的であるように
思えるが、一個あたりの重さを知るためには完全な形に復元するか、計算して
割り出す必要がある。

　もう一つの作業は分類したもののサンプルの実測や写真撮影による資料化で
ある。一定のルールに基づき、資料化することで誰もが使える資料となる。実
測は三角定規、直定規、コンパス、ディバイダー、キャリパー、真弧などの道
具を駆使しながら、三次元の遺物を方眼紙上に二次元化していく（図 A-3・4）。
以前は文様などもその形を計測しながら描いていたが、デジタル技術の普及に

図A-3　実測作業風景

図A-4　陶磁器の実測図

より、写真を実測図に組み合わせる方法が多くなっている。また、最近では
3D技術を駆使した実測も普及しつつある。三次元の遺物をデータ上、三次元
のまま記録する方法は、遺構だけでなく、遺物においても今後、さらに普及し
ていくとみられる。

コラムB　登り窯の発掘調査

　筆者が初めて考古学資料としての陶磁器に触れたのは、大学3年の時に恩師の佐々木達夫先生に連れられて出かけた長崎県波佐見町の調査の時である。金沢大学の考古学研究室が発掘調査を行なった国史跡畑ノ原窯跡（当時、県史跡）（口絵1B、参考図）の出土遺物と波佐見町内の窯跡から採集された陶磁器の整理作業を行なった。波佐見温泉の泉荘という旅館に滞在し、朝から晩まで「陶芸の館」という施設でひたすら磁器の実測作業を行った。それまで陶磁器にはほとんど関心を持っていなかった筆者にとって、新鮮な体験となった。そして、その翌年の春に波佐見町の隣町の有田町に勤めることとなった。

　筆者が有田町で初めて行なった発掘調査が中白川窯であった。17世紀後半の大量輸出時代の窯である。窯の発掘調査と言っても特別な方法があるわけではない。肥前陶磁の窯跡は、登り窯本体、登り窯の付帯施設（作業段、屋根、排水溝など）、物原（製品の失敗品などの捨て場）から構成される。施設の目的は明確であるため、窯の遺構は比較的わかりやすい。被熱した形跡を探せば、窯の遺構にたどり着くし、平坦地の遺構と異なり、他の種類の遺構と重複していることも少ない。何よりこれまでの発掘事例のデータが多く蓄積されており、遺構のパターンが判明している。

　しかし、それでも考古学は掘ってみないとわからないもので、長年、窯跡を掘っていても予想外の結果が現れる。2018年度の田ノ江窯跡の発掘調査では、周囲の地形や露出している遺構をみて、窯尻（窯の最上部）と判断し、念のために何もないことを確認する目的で設定した試掘壙から、さらに焼成室が見つかった。

　また、発掘調査とは不思議なもので、調査日程の最後になって、重要な遺物や遺構が出土したり、予想外のものが発見されることも多い。窯の調査で言えば、調査の最後に念のため、焼成室の床面を掘り抜いて確認する時に、調査した窯と別の窯が埋まっていることがある。有田で初めて考古学的な本格調査が行われた天狗谷窯でも最も古いと見られたA窯の床面を掘り下げてみると、もっと古い天狗谷窯最古のE窯が発見されている。枳藪窯の場合、床下を掘り下げると、そこには大量の陶磁器が敷き詰められていた（図B-1）。窯の水捌けをよくするための措置であった。調査の最終日、日没後も懐中電灯の明かりで平面図を作成した記憶がある。

　中白川窯では、そのようなこともなく、窯本体は順調に調査が行われたが、

参考図（口絵1B）　畑ノ原窯跡焼成室検出状況
波佐見町教育委員会提供

第2室床下遺物
出土状況平面図

旧窯壁

図B-1　枳藪窯跡の焼成室床下状況

物原の調査の方は、分層〔土層の土の違いや含まれる遺物の違いによって、層を分けること〕に悩まされた。考古学の発掘調査では上から順に掘り進み、土層が変わるごとに分層して1層、2層、3層……などと層の名前をつけていくが、物原の層は、必ずしも水平に堆積しているわけではなく、同じ深さでもトレンチ（試掘壙）の中の位置によって、層が異なっている。また、土層と言いつつ、土を全く含まない失敗品だけの層も少なくない。

　物原に失敗品を捨てる情景を想像してみよう。窯の中に入り、製品を取り出

して、ただ失敗品を捨てるだけであれば、土が含まれることはない。つまり、土の違いによって分層することは難しい。また、同時に捨てられる失敗品が同じ種類の製品で構成されやすいことも容易に推測され、実際に製品ごとに層をなして堆積していることも多い。一つの焼成室から数回にわたって廃棄された場合、技術的には分層することは可能であるが、それぞれ厳密な時間差はあっても、それが考古学的に意味のある時期差と判断することは難しい。同じ日あるいは同じ時間帯に捨てられた中での新旧関係が意味を持つことは少なく、それらは「同時期」とみるべきであろう。

　中白川窯の物原調査では、自信を持って分層をすることができず、つまり、時期差と判断することができず、掘り上げた製品の種類が変わる度に3層古、3層古・古、3層古・古・古……と「古」を付け加えていきながら、掘り進めた。あまりスマートな層位名ではないが、便宜的につけておいて、後から単なる時間差であるのか、時期差であるのか、判断していくのである。地層累重の法則は、考古学の発掘調査の基本法則であるが、土のない製品層の積み重なりの場合、堆積順や時間差の意味を解釈する作業が必要となる。

第2章
陶磁器のライフヒストリー

1 遺物の年代

　考古学の遺物の年代には、**相対年代**と**絶対年代**がある。後者には暦年代と科学的測定年代がある。相対年代とは新旧関係に基づく年代であり、層位学や型式学の成果によって導き出される年代である。層位学の**地層累重の法則**に従えば、下位の地層（土層）ほど堆積した年代が古く、上位になるほど新しい。この法則は考古学にもそのままあてはめられる。考古学ではそれに加えて、「切り合い関係」によって相対年代を割り出していく。**切り合い関係**とは、重複する遺構の新旧関係のことである。

　そして、古生物学で使われる**地層同定の法則**は、同時期に堆積した地層にはその時代特有の化石が含まれ、逆にその特有の化石が含まれていれば、地理的に離れた場所で堆積したものであっても同一の時代の堆積とみることができるというものである。考古学の土層に当てはめれば、各土層に含まれる遺物は、概ね土層の堆積年代のものであるということである。つまり、江戸時代に堆積した土層の中には、概ね江戸時代の遺物が含まれるというわけである。繰り返し「概ね」という言葉をつけているのは、必ずしも江戸時代の堆積層に江戸時代のものだけが含まれるわけではないからである。例えば、異なる時期に小銭が入った別々の財布を落としたとする。その場合、前に落とした財布の中の小銭が必ずしも後に落とした財布の小銭よりも古いとは限らないし、貨幣の製造年代はばらばらである。貨幣は使い続けられるからである。

　古生物学では、古生代の地層のみに三葉虫、中生代の地層のみにアンモナイトの化石が含まれ、三葉虫の化石が中生代の地層で発見されることはないが、考古学の場合、古い遺物が新しい土層に含まれることがある。その理由の一つは土層が撹乱を受けた場合、古い土層の遺物が掘り出され、改めて新しく堆積

25

することがあるためである。もう一つは遺物の年代の種類が一つでないことによる。遺物の年代には、生産年代、使用年代、廃棄年代などがある（佐々木1992）。生産年代は、生産された時間であり、人間で言うなれば、誕生日である。そして、廃棄年代は捨てられた時間のことを指す。使用年代だけ時間幅をもっている。しかもその幅は遺物の種類によってもさまざまであるし、各個体によっても異なる。入手してすぐに壊れて廃棄されたものもあれば、長期間にわたって使い続けられたものもある。中には今でも使い続けられて、廃棄されていないものもあろう。つまり、前の時代に生産されたものが、次の時代にわたって使用された後に廃棄されることはめずらしくないのである。

2　陶磁器のライフヒストリー

　陶磁器は、生産、流通、使用、廃棄の過程をたどる（図2-1）。ちょうど人間が誕生してから、成長し、社会で活動してから、この世を去っていくように、陶磁器にもライフヒストリーがある。しかしながら、全ての陶磁器が十分に使用された後に廃棄されるわけではない。使用し尽くされる前の過程で廃棄されるものもある。一方、破損後に修復されて再使用されるものもあれば、使用後に形や目的を変えて再利用されるものもある。人間で言えば、第2の人生を歩むものもある。

　まずそれぞれの段階ごとに遺跡や遺物の性格をみていこう。生産の段階であれば、生産途中で失敗したもの、途中で作ることをやめてしまったものなどが

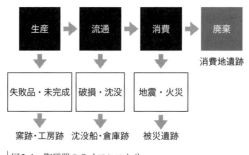

図2-1　陶磁器のライフヒストリー

図2-2　畑の原窯跡（長崎県波佐見町）

図2-3　枚方宿遺跡（三矢町）出土の染付碗

捨てられる。前に陶磁器の生産工程を紹介したが、その各工程で失敗品が生まれる。そのため、廃棄の場は生産工程それぞれに存在し、肥前磁器の場合の主要な遺跡には原料採掘地跡、水碓小屋跡、工房跡と窯跡などがある。窯跡は素焼き窯、登り窯（本焼き窯）（図2-2）、赤絵窯（上絵窯、色絵窯）などがある。焼成以外の大半の工程は工房周辺で行われるが、やはり最も失敗の量が多いのは焼成段階の窯であろう。化学的変化を伴うため、やり直しが効かない工程でもあり、もとよりある程度の失敗品を見込んだ「歩留まり」を想定している工程でもある。肥前の窯の遺構は、窯の本体（窯体）と付属施設、**物原**などに分けられる。物原とは、失敗品などの捨て場である。製品の失敗品のほか、使用済みの窯道具、改築時などに生じた窯の廃材などが層をなしている。その窯が何を生産していたか知るためには、窯そのものではなく、物原を掘らなくてはならない。そして、細かく分層できれば、生産された製品について数年単位レベルの相対年代を知ることもできる。物原の最も古い土層に含まれている製品の失敗品がこの窯で焼いた最初の頃の製品であり、窯の開窯年代を知る手がかりともなる。そして、窯の最後を知ることができる資料が窯の本体の焼成室に残された遺物である。それらはその焼成室で焼かれた最後の製品が残されたものである可能性が高い。

　次に流通の段階で想定される廃棄の場面は、運搬や保管の過程で何らかの理由で破損する場合である。この流通過程に形成された遺跡について**流通遺跡**とよんでいる（野上1999）。代表的なものは港・倉庫・沈没船・店舗（図2-3）などの遺跡である。流通過程とは、製品が商品として完成した時から最終的な消

27

費者に手渡されるまでの過程である。消費地まで運ぶ途中に形成された遺跡であるため、何らかの不測の事態によってできた遺跡である。そのため、流通遺跡の遺物は基本的に「一括廃棄」のものであることが多い。

　続いて消費の段階で想定される廃棄の場面は、日常生活の中で使用され、耐用年数を経た後に廃棄される場合がまず考えられる。陶磁器がその社会的、生活的役割を果たしたことを示す資料であり、陶磁器のライフヒストリーを全うしたものであるため、遺物そのものに刻まれた「記憶」は最も多い。考古学ではその記憶が「痕跡」として刻まれるが、その記憶を全て引き出せるかどうかは使用状況、廃棄後の状況による。また、やむなく使用が中止される場合もある。すなわち、火災、地震、水害、戦争などによって、日常生活が強制的に中止される場合である。近年の災害の報道でその様子を我々は目の当たりにしている。この場合、廃棄年代は同時期であり、沈没船と同様に「一括廃棄」である。長崎では 1945 年 8 月 9 日午前 11 時 2 分に多くの生活が「一括廃棄」させられている。

3　遺跡の種類と年代の関係

　前に述べたように陶磁器出土品の年代には、生産年代、使用年代、廃棄年代という 3 種類の年代がある。説明するまでもなく、**生産年代**は陶磁器が作られた年代であり、陶磁器そのものの年代にあたる。**使用年代**は陶磁器が使用されていた年代であり、社会的機能を有していた年代である。そして、**廃棄年代**は遺跡に捨てられた、あるいは埋もれた状態になった年代である。そして、陶磁器のライフヒストリーの中に生産、流通、消費の場面があり、それぞれ生産遺跡、流通遺跡、消費遺跡が形成された。ここで遺跡の種類ごとに、生産年代、使用年代、廃棄年代の関係をみていこう。

　まず、**生産遺跡**では基本的に生産途上で廃棄されたものが出土する。特別な理由がある場合を除いて、失敗なく完成された製品については出荷され、生産遺跡には残らない。基本的には生産に失敗した場合にのみ残される結果となる。使用されずに廃棄されるために生産年代と廃棄年代の差は小さく、生産遺跡からの出土品の廃棄年代は生産年代とほぼ一致する。生産遺跡からの出土品は陶

磁器本来の役割をもって社会に流通したものではないが、生産遺跡から出土する遺物全体の傾向は市場の流通状況と概ね合致すると考えられるため、社会に流通した陶磁器を間接的に知ることができる。一方、個々の製品についてみた場合、製品の種類や生産技術によって破損率が異なる場合もある。1点1点ボシに入れて焼成する製品と十数枚重ね積みして焼成する製品では破損率は異なってくる。破損率が異なれば出土する率にも差が生じることとなる。その場合は失敗品が多いからといって生産量が大きかったとは単純に言えない。現代の生産技術では失敗品も少ないが、決して江戸時代より生産量が小さいとは言えないのと同じである。

　消費遺跡は基本的に使用過程において廃棄されるものである。伝世して現在まで残るものを除けば、ほとんど全てが廃棄されるため、その地域社会に流通した陶磁器を反映しやすい。しかし、消費遺跡からわかる出土遺物の年代は廃棄年代のみである。すぐに廃棄されることもあろうし、長期間使用された後に廃棄されることもある。あるいは災害等により一括して廃棄されることもある。よって使用年代の幅によって、生産年代と廃棄年代の差が異なってくる。そして、使用年代は製品の種類によっても異なるため、陶磁器の出土状況が必ずしも当時の生活空間を反映しているとは限らない。破損率の高い種類のものは廃棄されやすく、出土量が多くなるが、他の種類に比べて数多く同時に使用していたということにはならないのである。

　それでは**流通遺跡**の場合はどうか。基本的に商品であることは間違いなく、完成された製品が出土する。陶磁器に関して言えば、通常、何らかの理由で破損したり、災害や事故に遭遇した場合にのみ遺跡に残される。例えば店舗の場合、商品は通常はその店舗にとどまらず販売されるものである。つまり、出土する陶磁器は、実際に販売された製品が出土するのではなく、売れ残りを含めて販売される予定であった製品が出土する。通常はよく売れるものほどより多く流通させようとするのであろうから、ある程度は社会に流通していた陶磁器を反映していると言える。その廃棄年代は陶磁器の生産年代と使用年代の間に位置するものである。使用期間が全くないため、生産年代と廃棄年代の差は小さい。そして、沈没船の場合、生産遺跡や消費遺跡で見られる製品の種類による破損率の差を考慮しなくてもよい。陶磁器を積載した船がそのまま沈没すれ

ば、製品の種類に関係なく、一括して廃棄される結果となるからである。

4　ライフヒストリーの物差し

　陶磁器がいつ生まれ、どのくらい使用されて、そして、いつ廃棄されたかを知ろうとする時、または離れた地域の陶磁器を比較しながら考える時、共通の時間的物差しが必要になる。その物差しの目盛として、都合がよいのはやはり暦年代であろう。

　年代の推定可能な遺跡や遺構の出土資料は、その性格によって、⑴文献史料に残る火災など災害に伴う資料、⑵文献史料等によって年代が明らかな造成工事等の人為的行為を基準とする出土資料、⑶文献史料等により設置年代が明らかな施設の出土資料、⑷埋葬年代が明らかな墓から出土した資料、⑸紀年銘をもつ資料と共伴する資料、⑹文献史料に築窯年代や廃窯年代が残される古窯跡資料、⑺沈没年代の明らかな沈船資料などに分けられる。

　主に近世の遺跡の事例を挙げながら、説明を行なっていく。⑴は、災害を示す遺構や土層を基準としたもので、災害前に廃棄された資料、災害時あるいは災害直後に廃棄された資料、災害の後に廃棄された資料などがある。慶長20年（1615）の大坂夏の陣に伴う**大坂城**や**堺環濠都市遺跡**、寛文3年（1663）の長崎大火に伴う**万才町遺跡**など長崎市内遺跡、宝永4年（1707）の富士山噴火に伴う**小田原城下遺跡**、海外では1692年の大地震で町の2/3が沈んだ**ポート・ロイヤル**や1773年のサンタ・マルタ地震で壊滅したグアテマラの**アンティグアの遺跡群**（図2-4）などがある。最も年代が限定されるものは、災害時あるいは災害直後に廃棄された資料である。災害による被害が大きい場合、出土する資料の量も多く、災害の多くが突発的なものであることを考えると、廃棄される際に選別されず、災害直前の組成を保ったまま一括廃棄される可能性が高い。一方、問題がないわけではない。火災は頻繁に起こりうる災害であり、文献史料に見られるどの火災に該当するか、検証する必要があり、その規模によっては文献史料には記されていない火災に伴う可能性も考えられる。特に調査範囲が狭い場合は判断が難しいものとなる。

　⑵は、⑴と同様に造成工事等に伴う遺構や土層を基準としたもので、その人

図2-4　サント・ドミンゴ修道院遺跡
グアテマラ・アンティグア

為的行為の前に廃棄された資料、人為的行為中に廃棄された資料、人為的行為後に廃棄された資料に年代が与えられる。寛永2年（1625）に河川改修が行われた**みやこ遺跡**（佐賀県武雄市）などがある。最も年代が限定されるものは、造成土や埋土の中に含まれる資料のような人為的行為中に廃棄された資料である。ただし、(1)のような突発的な災害と異なり、一度どこかに廃棄されていたものを含む可能性、すなわち二次廃棄のものが多く含まれる可能性もある。

　(3)は、寛永14〜17年（1637-1640）に存続した鋳銭座の**二日市遺跡**（岡山市）、元禄15年（1702）に築造された**新地唐人荷蔵跡**（長崎市）などがある。施設の設置期間に使用された製品が廃棄されたものである可能性が高いが、設置された以前の製品が持ち込まれることもあるし、施設の廃止後、施設と関わりなく廃棄されることもありうる。すなわち、その設置期間に特定しうるかどうかは設置期間の前後の土地利用による。

　(4)は、宝永6年（1709）の墓碑銘のある波佐見町黒板家墓地や正徳元年（1711）に没した伊達綱宗公の墓など数多い。この場合は埋葬年代以前に出土製品が生産、消費されたことを示すものであるが、改葬などが行われていないことが前提である。もちろん、改葬年代が明らかな場合は、改葬年代以前に生産、消費されたことを示すものとなる。

　(5)は、天正13年（1585）銘木簡が出土している堺環濠都市遺跡SKT19などがあげられる。この場合は、出土遺物が紀年銘をもつ資料の年代と近いことが推測されるが、必ずしも結びつくものではない。ここではまず廃棄状況が問題

となる。共伴して出土したことよりも同時に廃棄されたことを示す証拠が重要である。そして、同時に廃棄されたことが明らかになったとしても年代のかけ離れた遺物が一緒に廃棄されることもありうることである。ここにあげた資料の中では最も慎重に扱わなければならない資料である。

(6)は、1660年代に開窯した波佐見の**稗木場窯、中尾下登窯**や安永7年(1778)に築窯したと記される**年木谷1号窯**、文化7年(1810)に築窯を願い出たという**小樽2号窯**などがある。この場合、性格的には(3)に似るが、(3)の出土資料が消費された製品であるのに対し、(6)の出土資料は失敗品であり、使用されずに廃棄されたものである。よって、その資料は築窯年代から廃窯年代の間に限られる可能性が高い。そして、窯の最初の製品の特定は難しいが、最後に焼成された製品は焼成室の床上に残されていることが多く、これらは廃窯年代に近い製品であることが推定される。

(7)は、海外の事例が多い。1600年にマニラ沖で沈んだスペイン船**サン・ディエゴ号**、1613年に大西洋のセント・ヘレナ沖で沈んだオランダ船**ヴィッテ・レウ号**、1659年にスリランカのゴール沖で沈んだオランダ船**アーフォントステル号**など数多い。(7)の場合は(1)に似る。出土資料の廃棄年代は沈没年代と考えてよかろう。資料が船上での使用品でなく、商品である場合、使用期間がないため、生産年代も沈没年代に近い製品と推定することもできる。ただし、こうした推定が可能であるのも船体が確認されている場合であって、そうでない場合は単一の船か、複数の船か検証する作業が必要になる。

それぞれの資料には問題点もあり、その性格を考慮して使用するとともに、一つの遺跡の出土事例のみで年代を推定することは避けて、総合的にいろいろな角度から検証しながら年代を考えていく必要があろう。

コラム C　移民と陶磁器

　2015 年、南米ペルーに渡ったアジアの陶磁器調査を行った。ガレオン船によって太平洋を渡ったアジアの陶磁器の調査である。リマでは中国磁器の他、東南アジアのミャンマーの黒褐釉壺、肥前の染付チョコレートカップなどを発見し、アレキパのサンタ・テレサ修道院では中国の染付芙蓉手大皿などの伝世品を確認した。スペイン植民地時代もアジアとアメリカは結ばれていた。

　そして、ガレオン貿易が終焉を迎えた後にも、アメリカ大陸に持ち込まれたアジアの磁器がある。リマ市内の遺跡から出土した 19 世紀の中国の染付囍字唐草文碗、染付散り蓮華、染付蓋付壺（図 C-1）、20 世紀の日本の染付飯碗（図 C-2）などである。これらはもともと南米に存在した需要の品ではなく、多くの移民とともに運ばれてきたか、移民によって新たに生じた需要によるものであろう。

　ペルーでは 1849 年に中国人労働者導入奨励法がペルー議会で成立し、1874年に契約労働者としての中国人移民が中止されるまでの間、89,393 人の中国人がペルーに渡ったとされる。彼らはいわゆるクーリー（苦力）とよばれる肉体労働者であった。彼らはリマ市内の一角に中国人集住区をつくり、やがて中華街を形成することになる（山脇 2012）。

　一方、日本の外務省の基礎データによれば、ペルーの日系人は推定 10 万人とあり、ブラジル、アメリカ合衆国に次いで 3 番目に多い国である。初めて日系人大統領が誕生した国でもある。その移民の歴史の始まりは 100 年以上前にさかのぼる。中国人の契約労働移民が中止された後、農園労働者不足を補うことを名目に 1899 年に日本人の契約農園労働者の導入が開始された。その後、1923 年までの間に 18,727 人の日本人がペルーに渡ったとされる。ただし、契約移民の形をとらずに、すでに移民している日本人のもとに身を寄せる「よび寄せ移民」も多かったという。太平洋戦争の開戦によって渡航ができなくなる1941 年までの間に総計約 33,000 人の日本人がペルーに渡ったとされる。中国人移民、日本人移民いずれも相当な人数の人々が太平洋を越えて渡っている。

　リマで出土した染付飯茶碗などは、日本国内の日用食器であり、日本からの移民が使ったとみられるし、染付散り蓮華などは中国人移民らが使った可能性が高いと思う。移民自身が持ち出したものか、移民後に母国から送られてきたものか、その需要を目当てに商品として輸出されたものか、遺物からは知ることはできないが、少なくとも日本を離れる時に必ず飯茶碗と箸は持ち出してい

図C-1　リマ出土の染付碗・染付散り蓮華・
　　　　染付壺（ペルー）

図C-2　リマ出土の近代日本磁器（ペルー）

たであろう。当時の日本人であれば、そうすると思うのである。初期は移民に伴って運ばれ、移民が増大するにつれ、商品として流通したと考えられる。

　陶磁器のライフヒストリーの流れは、生産、流通、消費、そして、廃棄である。陶磁器の流通と言えば、商品としての流通に関する研究が主であった。しかしながら、モノとともにヒトの移動も盛んに行われるようになり、ヒトとともに移動する陶磁器も増えていった。異国への移住が人生を大きく変えるように、陶磁器のライフヒストリーも大きく変わった。

　長崎の身近なところでは、出島のオランダ人たち、唐人屋敷や中華街の中国人、東山手・南山手の西洋人など、長崎にも人とともに陶磁器がやってきた。私にとって、もっと身近なところでは、ペルーに渡った契約移民18,727人の内の一人は私の大伯母、すなわち祖母の姉であった。彼女は17歳の時に夫とともに日本を離れ、紀洋丸で1917年3月17日にペルーのカヤオに到着した。20世紀前半の染付飯茶碗は、彼女ら日系1世がペルー社会の中に自分たちの居場所を必死に確立しようとしていた時期にあたるものである。彼らの時代の遺物を詳らかにすることは、近代日本の海外移住における移住先での生活史を明らかにする作業でもある。

　（後日談）しばらく音信が途絶えていた大伯母の家族、親族であったが、2015年の陶磁器調査の後、その子孫を探し出すことができ、太平洋を挟んだ交流が始まった。そして、2020年には大伯母の生まれ故郷である福岡県八女市を一家で訪ねてやってきた。

コラムD　死者のための器

　2020年は新型コロナウィルスの年であった。新型コロナ禍が長く続くようであれば、コロナ元年と表される年となろう。新型コロナウィルスの感染流行に伴う誹謗中傷や社会混乱が示したように、目に見えぬウィルスや細菌への畏怖は大きく、それは今も昔も変わらない。

　1980年5月にWHOが世界根絶宣言を行った天然痘もそんなウィルスであり、その感染力、罹患率、致命率の高さだけでなく、治癒後に残る顔面の瘢痕が恐怖を増幅させ、隔離と差別を生んだ。江戸時代、各地でしばしば流行し、窯業地である波佐見の中尾山（長崎県波佐見町）でも少なくとも数度にわたって感染者と死者を出している。

　陶郷中尾山は17世紀中頃に窯場が築かれて以来、江戸時代を通して波佐見窯業の中核であった。中尾山には主要な墓地が3ヶ所あり、それらは中尾山の集落の範囲拡大とともに、順次、築かれ、現代まで墓地として機能している（図D-1）。最も古い墓碑は、正保2年（1645）のものである。中尾山の開窯が正保元年（1644）と伝えられており、集落形成とともに墓地も生まれている。そして、明治23年（1890）の地籍図をみると、これらの墓地以外にも墓地として色分けされた箇所がある。地元で「疱瘡墓」とよんでいる墓地である。疱瘡墓は2ヶ所、知られており、集落から離れた山中にあり、隔絶された空間にある。その内の一つは元禄期のものである。林道の側にあり、まだ人の手が入っている。『九葉実録』の元禄元年（1688）の記録に「十一月十日波佐見村痘大ニ行ハル」とあり、その時の流行に伴う墓であろう。

　もう一方の元文から宝暦、文政期にかけての墓碑が残る疱瘡墓は、たどり着くのも容易でないほど木々や竹が生い茂った場所で、墓石は倒れて埋もれ、苔むしている（図D-2）。そして、その周りには陶磁器が散乱している。ほとんどが地元の波佐見焼であり、18～19世紀の碗が多い。他に瓶類や小皿がみられる。確認されている最も古い墓碑銘が元文年間であるため、少なくとも100年以上にわたって供え続けられた器である。大村藩では疱瘡への恐れから強制的に患者を厳しく隔離する決まりがあり、それは死後も続いた。疫病への恐れと、一族の墓に葬れない申し訳なさが入り混じった複雑な気持ちとともに、供えられたものであろう。

　また、死者が使う器には、このように墓前に供えられたものだけでなく、死者とともに直接、埋葬されたものがある。セブ島南部のボルホーン村にあるボ

図D-1　碬子を利用した線香立て（波佐見中
尾山の墓地）

図D-2　中尾山の疱瘡墓の調査風景

ルホーン教区教会前の墓地（口絵2D-1）では、17世紀後半の肥前磁器が遺体
とともに埋葬されている。長崎から遠く運ばれた陶磁器である。例えば、人骨
の腰のあたりに17世紀後半の有田焼の色絵壺が置かれており、毒矢の毒入れ
とみられている。死後も何かを追いかけ、戦うことを求めたか、求められたの
であろう。また、ある墓は死者の顔に大皿が被せられた状態で発見されている
（口絵2D-2）。嬉野の吉田山（佐賀県嬉野市）で17世紀後半に焼かれた色絵大
皿である。まるで魂が口から出ないようにしているかのようである。死者本人
が大皿をそのような使い方をするとは思えないので、埋葬者の側が何らかの思
惑をもって陶磁器を埋納したものとみられる。

　人間の生活に欠かせないものであり、特に人間の生命維持に欠かせない飲食
と深い関わりのある器物であるがゆえに、陶磁器の使用は、死後も続くようで
ある。

第3章
窯と陶磁器

1　窯の種類

　野焼きで焼かれる土器のように窯を必要としない陶磁器もあるが、現代の陶磁器の多くは焼成施設としての窯が用いられる。窯とは、外的環境と隔てられた焼成のための空間を持ち、一定時間、高温状態を維持することができる装置や施設である。

　野焼きは、未焼成の土器を積み上げ、草や木で燃やすものである。窯のように外的環境と隔てられていないので、放熱しやすい。そのため、燃やして得た熱を逃さず、効率よく土器に与えられるように、周りを粘土で覆う工夫が行われるようになった。いわゆる**覆い焼き**である。粘土で覆われているために、熱を逃がすことなく、十分に器に与えることができる。このように熱を逃さずに器を焼くための持続的な施設としてつくったものが窯である。

　窯の構造は、時代や地域により様々であるが、基本的に**焚口**、**燃焼部（燃焼室）**、**焼成部（焼成室）**、**煙出し（煙突）**などによって構成されている。焚口は燃料を投入するところ、燃焼部は燃料を燃焼させるところ、焼成部は製品を焼成するところ、そして、煙出しは熱や煙を外部に出すところである。

　窯の分類基準はいくつかある。窯は燃料の種類によって、薪窯、炭窯、石炭窯、重油窯、ガス窯、電気窯などに分けられる。最初に生まれた窯は薪窯など植物性の燃料を用いたものである。次いで炭窯、石炭窯などが登場し、現在の有田などではガス窯と電気窯が主流である。

　窯の傾斜により**平窯**と**登り窯**に分けられる。平窯は瓦を焼く瓦窯や中国の饅頭窯などがあり、有田の近代以降の石炭窯や現在のガス窯や電気窯は構造的には平窯である。登り窯には大陸から伝わった日本の須恵器の穴窯、中国の龍窯、中世日本の鉄砲窯、近世日本の割竹式登り窯や連房式階段状登り窯などがある。

焼成時に器を安定した状態に保てる構造は平窯である。傾斜した構造をもつ窯は、それ自体に高低差があるため、高い煙突がなくても燃焼を促進させることができるが、安定させて焼くために焼成部の床を水平にするものに変化していく。中国の龍窯から連室窯、肥前の朝鮮式の登り窯から連房式階段状登り窯への変化がそれにあてはまる。

　そして、窯の立地で分けることもある。**地下式窯、半地下式窯、地上式窯**などである。一般に登り窯などは一度の焼成でできるだけ多くの製品を焼こうとするために、窯の規模は拡大する傾向にあり、地下式から半地下式、そして、地上式へと変化をたどる。地上式の方が空間的には規模の制約がなくなるが、地下式に比べて強度が小さくなる。そのため、レンガなどの築窯材が積極的に用いられるようになる。

　また、窯内の炎の流れ方によって、昇炎式窯、横炎式窯、倒炎式窯に分けられる（図3-1）。燃料の種類や窯の立地については、年代とともに変遷する傾向にあるが、炎の流れ方は地域性が強く反映されている。

　昇炎式窯は、焚口で発生した炎や熱が窯内を上昇し、上方の煙出し（煙突）から排出される窯である。中国の仰韶文化の土器窯、日本では近世京都で使用された素焼き窯（鮫鱇窯）や近世有田で使用された赤絵窯（図3-2）が該当する。西アジアや中央アジアの陶器窯やヨーロッパの**ボトルオーブン**（徳利窯、ボトル窯）（図3-3）なども昇炎式窯である。

　横炎式窯は、焚口で発生した炎や熱が窯内を縦方向ではなく、横方向に進み、煙出し（煙突）から排出される窯である。横炎式窯は大きく二つに分けられる。一つは床が水平あるいは水平に近い平窯の形式をもつものである。前にあげた瓦窯や中国の饅頭窯（「まんとうがま」とも）（図3-4）の他、景徳鎮の柴窯、イギリスのニューキャッスル窯やドイツのカッセル窯などである。燃焼を促進させるために高い煙突や高低差のある煙出しを必要とする。もう一つは登り窯である。横炎式と言いながら、正確には斜め方向に炎と熱が進むものである。そのため、横炎式ではなく、昇炎式窯に分類する研究者もいるが、窯の発展過程や地域性を考えると、昇炎式窯とは別の構造と考えた方が理解しやすい。

　倒炎式窯は、焚口で発生した炎や熱が窯内の天井部まで上昇した後に、窯床あるいはその付近に設けられた煙道に引き込まれる方式の窯である（図3-5）。

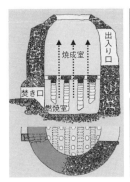

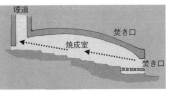

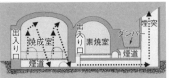

図3-1　窯の種類（左：昇炎式　右上：横炎式　右下：倒炎式）

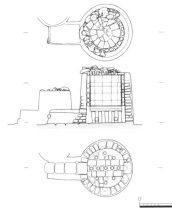

図3-2　赤絵窯実測図
　　　　有田町歴史民俗資料館

図3-5　石炭窯模型
　　　　有田町歴史民俗資料館

図3-3　ボトルオーブン
　　　　世界の窯広場（長崎県波佐見町）

図3-4　饅頭窯
　　　　中国景徳鎮

近現代の単窯の多くの窯でこの方式が採られていた。昇炎式の窯と比較して、窯内の場所による温度差は小さいと考えられている。横炎式で例にあげた窯の中には、窯全体の炎の流れは横方向（斜め方向）であるものの、内部が部分的に倒炎式に近い流れになっている窯もある。あるいは横炎式と倒炎式の中間的なものもある。例えば、肥前の連房式階段状登り窯などは窯全体では炎は横方向に流れるが、焼成室一つ一つをみると、「火除け」などで炎を天井部まで一度上げた後に下方の通炎孔に導いている。

2　窯の地域性

　製品の模倣は、人的交流がなくても可能である。現在でもブランド品の違法コピー商品が海外市場に出回っているが、ブランド品のメーカーとコピー商品のメーカーの間に人的交流はほとんどないであろう。おそらくオリジナルの商品とコピー商品の工場や製造機械、制作道具は全く異なるものであろう。それにもかかわらず、市場に出回っているオリジナルの商品を入手して真似て作ることができる。

　陶磁器の場合も同様である。製品については模倣することが可能である（図12-3）。それに対し、窯や窯道具については、人的交流がなければ模倣することはできない。窯や窯道具は市場に出回るものではないからである。導入元の人が導入先に移って技術を持ち込むか、あるいは導入先の陶工が導入元に出向いて学ぶしかない。例えば、日本の須恵器の窯は朝鮮半島から伝わったものであるが、もちろん窯が海を渡ったわけではない。朝鮮半島からの渡来人が直接伝えたものであり、16世紀末に日本に伝わった登り窯もまた朝鮮半島から連れ帰られた朝鮮人陶工によって伝えられたものである。つまり、人の移動と交流を知るためには、製品よりも窯や窯道具に着目しなければならない。

　製品は土地を離れ、市場に出回る。それはつくられた土地も反映するが、市場の需要も反映する。一方、窯は土地に根ざしているために地域性が色濃く現れる。東アジア、東南アジア、西アジア、ヨーロッパの主な窯について概観してみる。

2−1 東アジア

　東アジアでは、昇炎式や横炎式の窯が発展した。まず中国では彩文土器が焼かれる頃に、地面を掘りぬいた円筒状の昇炎式の窯が生まれた。そして、仰韶文化期になると昇炎式の窯とともに横炎式の**穴窯（窖窯）**が使われるようになった。穴窯（窖窯）とは斜面を利用したトンネル状の窯である。

　東アジアではとりわけ横炎式の窯が発展してきたが、その発展過程は二通りある。一つは中国の北方に多い単室の横炎式の窯であり、窯の外観や形状によって馬蹄窯、饅頭窯、円窯などとよばれる窯である。地下式から半地下式、そして、地上式へと変化し、焼成室の規模も拡大する傾向にあった。もう一つは焼成室が縦に長く拡大していくものである。穴窯（窖窯）が発展し、焼成室が長く伸びた**龍窯**（図3-6）がすでに商代の浙江省には現れている。龍窯は山の斜面を利用して築かれた登り窯であり、山に這い上るその形状から名付けられている。日本ではその形状から蛇窯、鉄砲窯とよばれている形式である。戦国時代には浙江省だけではなく、広東にも広まっており、以後、中国南部を中心に広い範囲に普及していった。

　中国の龍窯は朝鮮半島に影響を与え、新羅時代の伝統の上に高麗青磁が焼かれた。その後、粉青沙器や白磁などが焼かれるようになり、朝鮮半島の中で窯は窯内に区切りのない単室登り窯や区切りのある割竹式登り窯（無段）（図3-7）へと発展した。

　一方、日本には朝鮮半島から窯の技術が伝えられる二つの波があった。一つめの波は須恵器の窯として朝鮮半島から5世紀前半に伝わった穴窯（窖窯）（図3-8）の技術である。古墳時代から古代、中世へと時代を経て、穴窯が長く、そして、大きくなっていった。鉄砲窯、**大窯**（図3-9）とよばれる窯である。いずれも穴窯が発展した形態である。二つめの波は16世紀末に伝わった登り窯である。この時の窯の形式は、当時の朝鮮半島で成立していた単室登り窯や割竹式登り窯である。

　朝鮮半島の割竹式登り窯は焼成室と焼成室の間に段差がない構造であったが、日本の割竹式登り窯は、無段から有段へと変化し、さらに連房式階段状登り窯へと発展した。有段の割竹式登り窯は肥前から美濃へと伝わり、美濃でも割竹式登り窯が導入されたが、やがて旧来の築窯技術や焼成技術と融合し、アレン

図3-6　龍窯
　　　　世界の窯広場（長崎県波佐見町）

図3-7　韓国の割竹式窯

図3-8　穴窯
　　　　世界の窯広場（長崎県波佐見町）

図3-9　復元大窯
　　　　岐阜県土岐市

図3-10　スコータイ窯（タイ）

図3-11　トワンテ窯
　　　　ミャンマー

ジされていった。

　一方、東アジアでは、昇炎式の窯は陶磁器生産の主流の窯とはならなかったが、継続して使用された。磚（レンガ）を焼く窯なども昇炎式である。日本でも関西の素焼き窯や肥前の赤絵窯などは昇炎式である。

2-2　東南アジア

　原形は横炎式の穴窯ではないかと推定される。横炎式の単室窯として発展している。やはり穴窯の焼成室が長くなるか、大きくなっていったとみられる。焼成室の平面プランは、長方形に近いタイプと中央部が膨らんだタイプなどがある。長方形に近いタイプは、焼成室が細長い地上式の登り窯であり、タイ東北部のブリラムのクメール陶器窯、カンボジアのクメール陶器窯、ベトナムのタム・トー窯など10〜11世紀頃の登り窯などが該当する。丘陵の傾斜地などを利用して築くか、カンボジアの**タニ窯**（口絵3E）などのように人工的なマウンド上に築いており、焼成室の床面も窯と同様に傾斜している。そして、燃焼室と焼成室の間には段差がある。14〜15世紀のベトナムのチャンパのゴー・サイン窯なども焼成室の平面プランが長方形であるが、焼成室の床面は水平であり、登り窯ではなく、平窯である。

　一方、中央部が膨らんだタイプの窯は、10世紀頃のベトナムのドゥオンサー窯が挙げられる。ドゥオンサー窯は地下式単室窯である。そして、典型例はタイの**スコータイ窯**（13〜15世紀）（図3-10）、**シーサッチャナライ窯**（13〜16世紀）、ミャンマーの**トワンテ窯**（14〜17世紀）（図3-11）などである。地上式の単室窯でいずれも焚口と煙道部がすぼまる平面プランをしている。燃焼室と焼成室の間には大きな段差があり、焼成室の床面は水平か、緩やかな傾斜をもっている。そして、煙突が設けられている。

2-3　西アジア、中央アジア、北アフリカ

　西アジアや中央アジアの窯は主として昇炎式の窯である。西アジアでは彩文土器が焼かれる頃、地面を掘りぬいた円筒状の昇炎式の窯が築かれた。土器だけでなく、陶器の生産が行われるようになっても昇炎式の窯が伝統的に使われた。地下に燃焼室、地上に円筒状の焼成室をもつ窯などがつくられた。燃焼室

と焼成室は上下に並び、「火格子」によって区切られているものもある。また、窯の内壁に多数の穴を設け、窯道具である「壁棒」を差し込んで製品を焼成した。7世紀以降の多様なイスラーム陶器も昇炎式の窯で焼かれた。西アジアのイランを中心に中央アジアのアフガニスタン、北アフリカのエジプトなど広い範囲で昇炎式の窯が使用された。同じ型式の窯が金属窯やガラス窯でも用いられている。

2-4　ヨーロッパ、中南米

　7世紀に成立したイスラームの共同体は、アラビア半島全域に広がり、ビザンツ帝国やササン朝ペルシアを滅ぼして、東の中央アジアから西のイベリア半島に至る大帝国を築きあげた。15世紀末のグラナダ陥落によるナスル朝滅亡までイベリア半島はイスラームの勢力下にあった。イスラーム世界の多くの科学技術がヨーロッパに伝わったが、イスラーム陶器の製陶技術もその一つであった。イスラーム陶器の影響を色濃く受けたスペインの**イスパノ・モレスク陶器**はその名前も「スペインのムーア人（当時のスペイン人によるアラビア人やベルベル人の呼称）の陶器」の意味である。そして、窯構造もイスラーム陶器の形式を引き継いだ昇炎式の窯が用いられた。その後、ヨーロッパ各地で昇炎式の窯が見られる（図3-12）。18世紀以降のイギリスのボトルオーブンは昇炎式の典型である。

　それから大航海時代にスペイン勢力がアメリカ大陸に進出すると、イスラーム陶器の技術を起源とする施釉陶器の製作技術はアメリカにも伝わり、メキシコのプエブラ焼などを生むことになる。やはり窯の形態は昇炎式であろう。

3　日本の登り窯の系譜

　肥前の登り窯は本来、長い窯構造をしているものである。朝鮮半島から直接、龍窯の技術系譜をひく窯構造を導入したものであり、窖窯から発展させてきたそれまでの国内の窯構造とは全く異なるものであった。17世紀初めにはすでに50～70mの長さをもつと推定される窯もあった。窯を築く上で窯の長さを単に長くすることは経費と労力の問題であり、築窯技術的には変わることはな

図3-12 マイセン窯
ドイツ

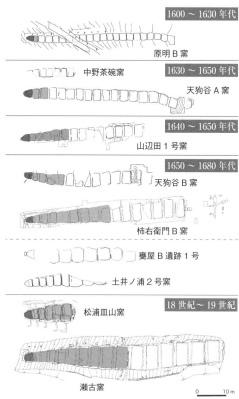

1600～1630年代
原明B窯

中野茶碗窯 1630～1650年代
天狗谷A窯

1640～1650年代
山辺田1号窯

1650～1680年代
天狗谷B窯

柿右衛門B窯

甕屋B遺跡1号

土井ノ浦2号窯

18世紀～19世紀
松浦皿山窯

瀬古窯

0　　　　10 m

図3-13 肥前の登り窯平面図

い。生産規模を拡大させようとする時、窯を長くするということは、構造上、最も容易な方法であった。一方、長さではなく、横幅を広げるには技術改良が必要である。この技術には築窯技術のみでなく、焼成技術も含まれる。近世の肥前の登り窯の築窯技術の進歩は主に横幅を拡大させるため、言い換えると焼成室の床面積を拡大させるためのものであった。肥前の窯詰めは、焼成室の床に「敷き詰める」技法であり、より多くの製品を焼くためには床面積を大きくする必要があったのである。

　肥前の登り窯は時代が下がるにつれて、さらに長く、幅の広いものとなり、長大化していった（図3-13）。17世紀初めには焼成室の横幅が2m前後であったものが、19世紀には横幅8m以上の窯も現れた。焼成室の奥行も長くなり、

図3-14　中尾上登窯跡
　　　　長崎県波佐見町

図3-15　元屋敷陶器窯跡
　　　　岐阜県土岐市

焼成室数も30室以上のものが複数築かれ（図3-14）、波佐見では中尾大新登窯のように焼成室39室、窯の長さ170m以上の世界最大の窯も現れた。

　一方、日本最大の窯業地である瀬戸・美濃地方の中世の窯は、窖窯から発展してきた。窖窯も徐々に長くなっていったが、限界があった。中国の龍窯のように窯の途中に薪の投入穴を設けることや朝鮮半島の割竹式登り窯のように焼成室を区切るという工夫が行われなかったためである。そのため、中世後期になると、焼成室の幅を広くするとともに、高い天井をもつ大窯が生まれた。

　そして、16世紀末〜17世紀初めには美濃地方に当時の最新式の肥前の登り窯が導入された。岐阜県土岐市の**元屋敷窯**（図3-15）がその最初の窯とされている。それでは新たに**割竹式登り窯**が導入された瀬戸・美濃地方の窯も肥前と同様にその後、長くなっていったかと言えば、そうではない。むしろ確認されている窯の中では元屋敷窯が最も長い構造をしている。時代が下がるにつれて、焼成室の横幅は広くなるものの、奥行は元屋敷窯よりも小さく、拡大することはなかった。つまり、肥前のように焼成室の床面積を拡大させることに注力していない。それは焼成技法が肥前の「敷き詰める」技法と異なり、大窯以来の伝統で**エンゴロ**とよばれる匣鉢を高く「積み上げる」技法であったためである。肥前のように床面積を拡大させる方向に窯が発展しなかったのである。

それは窯の細部構造にも違いを生んでいる。下の焼成室の熱と炎を上の焼成室へと送る**通炎孔**を**狭間**とよんでいるが、その構造が肥前と瀬戸・美濃では異なっている。肥前の場合、炎が横方向に狭間を通る**横狭間**に対し、瀬戸・美濃は縦方向に上がる**縦狭間**である。それぞれ「敷き詰める」技法と「積み上げる」技法に適した構造をもっている。

肥前は朝鮮半島から技術導入を行う際に、築窯技術だけでなく、焼成技術も導入している。一方、瀬戸・美濃地方は古代、中世以来の窯業地である。窖窯から大窯へと産地内で窯構造を発展させ、それに応じた焼成技術を用いてきた。最新式の割竹式登り窯が導入され、それに伴う改良が焼成技術にも加えられたとしても旧来の技術を一変させることはなかった。肥前は朝鮮由来の「敷き詰める」技法を継承し、瀬戸・美濃地方は伝統的な「積み上げる」技法の上に新しい窯構造をアレンジしながら取り入れていった。

肥前の窯が世界最大と言われる長大な登り窯となったのは、龍窯の系譜をひく窯構造と朝鮮半島由来の窯詰め技法を継承しながら、極限まで規模を拡大させていった結果である。

4　窯の変化の傾向

世界各地の窯は多様化し、大型化していった。一度に大量に焼成するためである。とりわけ東アジアの横炎式の窯では焼成室の容積や床面積を大きくする工夫が行われた。そのために窯は長くなり、幅が広くなった。幅が広くなると、構造的に窯の天井も高くなり、容積が大きくなった。地域によってその大型化の方向性は異なっており、ある地域では窯は長くなり、ある地域では幅を広げていき、ある地域はその両方の変化が進んだ。

中国では窯は焼成室が膨らむか、長くなった。前者は饅頭窯、後者は龍窯を生んだ。蛇窯、鉄砲窯なども後者の同類である。東南アジアでも長くなった窯と幅が広くなった窯がみられる。そして、窯の大型化に伴い、地下窯から半地下窯、地上窯へと変化し、粘土製の窯からレンガを用いた窯へと変化していった。横幅が広くなった窯については、一つの焼成室に複数の焚口をもつものも現れた。肥前では近代になると、燃焼室の横幅が大きくなり、複数の焚口をも

つようになった。

　単に大きくすればよいというものではない。大きな窯の焼成室内を高温のま維持するためには熱効率を高める必要がある。より失敗なく焼くための工夫も必要である。窯が長くなると、焚口に近い部分は高温となるが、焚口から離れると十分な熱が届かなくなる。そのため、最初の焚口の他に薪の投入口を窯の途中に設けたり、窯の内部を仕切る工夫がされた。また焼成室内で安定した窯詰めを行うために、焼成室の床の傾斜がゆるくなり、さらに水平に変化していった。そして、焼成室の床が水平に変化した分、煙突が築かれることになる。肥前では焼成室の床が水平に変化することで、割竹式登り窯から連房式階段状登り窯へと変化した。

　陶磁器を焼くためには、膨大な熱量が必要であり、作業工程には多くの燃料を必要とする。窯構造は地域によってさまざまであるが、どのような構造の窯であれ、どのような燃料を使用するとしても、その確保が最も大きな課題の一つであった。そのため、一度の焼成で大量につくるための改良が絶えず行われてきた。より多く焼けること、そして、より失敗なく焼けることの二つを追求しながら、窯は変遷を遂げてきたのである。

コラムE　幻の陶器の窯

　19世紀末にフランス人エティエンヌ・アイモイエ（Étienne Aymonier 1844-1929）がカンボジアのプノン・クーレンの山中で割れた焼き物の破片を発見したが、その後は長い間、研究者が訪れることもなかった。その理由がカンボジアの内戦やポル・ポト政権下における大虐殺であったことは言うまでもない。

　クメール陶器の研究の歯車が動き始めたのは、内戦も終わり、カンボジアの新しい国づくりが始まった1991年のパリ和平協定の4年後、1995年にルン＝タエック村のタニ地区（以下、タニ村）などで陶磁器が散乱している場所が見つかってからのことである。

　タニ村はカンボジア北西部シェムリアップ州のトンレサップ湖北西一帯（アンコール地方）に広がるアンコール遺跡群の東側にある。アンコール・トムの中心バイヨンから東17km、平地に小高く盛り上がるプノン・ボック（図E-1）の東に位置している。1998年当時、シェムリアップの町中から車で1時間ほどかかる場所であった。

　当時、現地でアンコール遺跡の文化復興事業を行っていた上智大学アンコール遺跡国際調査団の中に青柳洋治、佐々木達夫をリーダーとする窯跡班が組織され、田中和彦や丸井雅子とともに筆者も班員となった。1998年から2002年にかけて、筆者らはシェムリアップの上智大学研修所の研修生、プノンペン芸術大学の学生とともにタニの窯跡2基（B1窯、B4窯）の発掘調査を行なった。カンボジア国内における最初の窯跡発掘調査である。

　当時はポル・ポト（1928-1998）はタイ国境付近に軟禁されていたものの存命であり、まだ政情不安定な状態にあった。シェムリアップの街にずいぶん迷彩服の兵士が目立つなと思えば、ポル・ポト派の多くが投降し、残党500名がさらに北方へ逃げたというニュースであったし、首都プノンペンでは反政府デモも盛んに起きていた。筆者たち自身、空港やホテルから出ないように大使館から指示を受けることもあった。また、カンボジア人学生たちも「政治の季節」を迎えており、プノンペンでのデモのニュースに心ここにあらずと言ったところだった。

　また、道路事情も悪く、現地に向かう車がぬかるんだ道にはまったり、水田に落ちたり、あるいは橋が壊れて進めなかったりと、現場までたどり着けないこともしばしばであった（図E-2）。現地も安全ではなかった。まだ完全に地雷が撤去された状況になく、窯跡周辺の地雷探査が調査前に行われ、手榴弾が

図E-1　プノン・ボック（カンボジア）

図E-2　調査現場への道でぬかるみにはまった
　　　　トラック

発見された。プノン・クーレンの窯跡群の調査に出かけた時はバイクの後部座
席に乗って運転者にしがみつきながら山道を進んだが、襲撃に備えて銃を持っ
た兵士が乗る軍警察の車両に先導されながらの調査行であった。

　さて、タニ村の窯の話に戻そう。自然の傾斜地に築かれた登り窯を見慣れて
いる筆者にとって、最初は円形の人工的なマウンドから窯の形を想像すること
は難しかった。付近に失敗品の陶器や窯道具が散らばっているので、窯跡であ
ることは間違いないが、横炎式の窯なのか、昇炎式の窯であるのか、その基本
的な構造もわからなかった。横炎式であればマウンドの斜面を利用して築いた
登り窯であり、昇炎式であればマウンドが窯本体である。

　タイ東北部に残るクメール陶器の窯の形態からマウンドの傾斜に築かれた横
炎式の登り窯である可能性が高いと考えたが、窯跡の付近には近代のものとみ
られる昇炎式の円形の窯が地上に露出して残されていたため、いずれの可能性
も考えられた。

　地元の寺の僧侶たちによる安全祈願が行われ、B1窯の発掘調査は始まった。
まずマウンドの表面を全体的に薄く剥ぎ取った。焼けた土や地面の範囲を調べ
て、窯の位置、方向や範囲を知るためである。昇炎式の窯であった場合は、マ
ウンドの頂部を中心に焼土面が見つかり、横炎式であった場合はマウンドの頂
部からいずれかの方向に焼土面が斜面に広がることになる。その結果は後者で
あった。

　人工的なマウンドに築かれた登り窯であることがわかると、次は窯の規模、
範囲、構造の解明を行うために全体を掘り下げていった。だんだん焼土面の広
がりが明らかになり、窯の輪郭が現れてきた。窯体の長さは約8.0m、横幅は

2～3m、その形は中央部がやや膨らんだ長楕円形（棗状）をしており、焼成室は一つである。壁は粘土で作られ、床面はマウンドの斜面と同じく傾斜している。そして、窯の中央軸上に天井を支えるための柱が見つかった。焼成室の床面の上の土を剝いでいくと、床面は窯の下部で切れ落ちており、燃焼室の奥壁につながっている。燃焼室には二つの焚口があり、その間には通風孔とみられる穴があった。そして、焼成室の床面を掘り抜くと、さらに古い窯が現れた。現在のマウンドは窯の築き直しによって、高くなったことがわかった。続いてB4窯の発掘調査を行った。基本的な構造はB1窯と同様であるが、焼成室の中央部が膨らむことなく、側壁が直線的な窯であった（口絵3E）。

　調査環境は整ったものではなかったが、現場の村は平和でのどかであり、子どもたちの無邪気な笑顔はこの地で内戦や虐殺があったことを忘れさせる（時折、見かける隻腕や隻脚の村人によって思い出させられるのであるが）。澄んだ青空の下ののどかな現場は楽しく、何より掘れば掘るだけ、次々と予測のつかない未知なる情報が掘り出される調査は新鮮なものであった。

コラムF　直された陶磁器

　ある映画のワンシーンに、割れた茶碗に小さな鎹を打ち込んで修復を行う老人が登場する。映画のタイトルは、『初恋のきた道』（原題：『我的父親母親』1999 年公開）である。文化大革命下の農村が舞台となっている。娘の大切な碗を直して欲しいという依頼主の頼みに応えて、老人が丁寧に修復している。この老人が行っている修復方法は鎹継ぎあるいは鎹直し（図 F-1）とよばれるもので、中国の伝統的な修復技法と言われている。

　鎹継ぎで有名な陶磁器の一つは、「馬蝗絆」の銘をもつ南宋時代の龍泉窯の青磁茶碗（東京国立博物館蔵）である。この器の伝来にまつわる逸話は、江戸時代の儒学者である伊藤東涯によって享保 12 年（1727）に著された『馬蝗絆茶甌記』に残されている。それによると、平安時代末期の安元初年（1175 頃）に平重盛が中国浙江省の育王山に黄金を喜捨した返礼として住持の仏照禅師から贈られてきたものと伝えられている。その後、足利義政の所有となったが、底にひび割れが生じていたため、明国に送ってこれに代わるものを求めたところ、当時、すでに代わるものがなく、鎹継ぎされて返送されてきたというものである。

　鎹継ぎの痕跡をもつ考古資料も国内外で発見されている。例えば、長崎市唐人屋敷遺跡から鎹継ぎの痕跡をもつ 18 世紀前半の景徳鎮の染付皿が出土している（長崎市教委 2019）。日本の肥前磁器が海外で修復された事例も見つかっている。マカオの聖アウグスティン遺跡から出土した有田の染付芙蓉手皿には鎹で留めていたとみられる小穴が等間隔にあけられていた（図 F-2）。唐人屋敷は日本にある中国世界の空間であり、マカオはポルトガル居留地ではあるものの、中国大陸の半島部に位置するものである。鎹継ぎはやはり中国人の出入りのある地域で出土している。中国の鎹継ぎと同様に、割れ口付近に穴を開け、金属で接合する方法は西アジアでも行われているが、穴の開け方が異なっている。中国の鎹継ぎの穴は器壁を貫通していないが、ジュルファール遺跡（アラブ首長国連邦）（口絵 3F）から出土した修復痕のある陶片に見られる小穴は貫通している（図 F-3）。破片に穿たれた穴を見れば、東と西のどちらのアジアで修復されたものかわかる。

　一方、日本の伝統的な修復技法と言えば、漆継ぎである。漆を接着剤として割れた部分を修復する技法である。2017 年台湾の国立故宮博物院で展示中の染付皿（大阪市立東洋陶磁美術館蔵）が展示台から落下して破損した際にもこの技法が用いられており、今も技術は継承されている。

図F-1　鎹継ぎされた染付碗（19世紀）

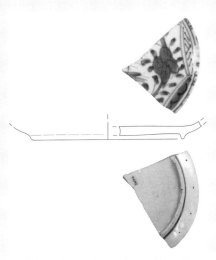

図F-2　鎹継ぎの痕跡があるマカオ出土の染付皿
　　　　（17世紀後半）

図F-3　修復痕があるジュルファール遺
　　　　跡出土の中国磁器

　そして、江戸後期に登場し、盛んに行われた修復技法が**焼継ぎ**である。焼継ぎ技法は、白玉粉を熔解したものを接着剤として接合するものである。焼継ぎを生業とする焼継ぎ師が存在し、『守貞謾稿』に描かれている焼継ぎ師は道具一式を天秤棒に担いで運んでいる。古い鍋や釜などの穴を修理する「いかけ屋」、木製の桶や樽の箍を修理する「箍屋」、包丁などの刃物を研ぐ「研ぎ屋」などと同じく街中を移動しながら、修理してまわる修理業者の一つであった。文政11年（1814）に記された『塵塚談』によれば、「寛政2年（1790）頃までは、江戸では焼継ぎが知られていなかったが、京都にはその頃から焼継ぎがあった。近頃は、江戸で焼継ぎ商売をする者が非常に多くなり、このため瀬戸物屋の商いが減ったと言うほどである」と記されており、その盛行がうかがえる。新品購入価格の2割から5割ほどであったというので（佐々木1991）、重宝されたのであろう。やがて陶磁器がありふれた日用品となると、修理して再使用するよりは新品を購入するようになる。焼継ぎは特定の時代が生んだ特殊な職業であった（佐々木1991）。陶磁器が生活の中に浸透する過程で、焼継ぎという商売が成立し、浸透してしまうと消えてしまった生業である。

第4章
流通遺跡と水中考古学

1　流通遺跡の性格と問題

　第2章でも触れたが、流通遺跡にはどのような種類の遺跡があり、その中で沈没船の資料はどのような位置づけにあるのか改めてみていこう。工業的に生産され、遠隔地市場に供給される陶磁器は、多くの流通過程を経て生産地から消費地へともたらされる。例えば、近世の肥前磁器の場合、有田などの生産地から伊万里などの生産地問屋的な商人によって集荷され、伊万里港のような積出港から積み出される。そして、大坂のような集散地や各地方の中継港に運搬され、さらに消費地に運搬され、消費地問屋や小売商を経て、消費者に届けられる。すなわち、集散と運搬を繰り返しながら流通することが一般的な形態である。よって、流通遺跡はその性格から集散の遺跡と運搬の遺跡に分けられる（図4-1）。

　集散の遺跡は生産地や消費地の問屋、消費地の小売商などの店舗、倉庫や蔵、船入などの港湾施設などが想定される。発掘調査による出土状況や文献史料などによって、その性格が特定される場合もあるが、実際には難しい。集散の遺跡の場合、流通に関わると推定される遺跡であっても流通のみに限られた性格を有する遺跡は少ない。その遺跡にとって流通に関わる部分は一側面にすぎない場合が多い。例えば、長崎の出島和蘭商館跡は、オランダ貿易の流通における集散拠点の遺跡であることは確かであるが、商館員が生活する空間の遺跡でもある。また、店舗の遺跡から出土する陶磁器に生活用品が含まれていることは容易に推測でき、全てが商品とは限らない。そのため、遺構や遺物が消費過程のものか、流通途上のものか、判断することは実際には難しい。特に遺構の場合は両方の性格を併せ持っていることが多い。そのため、集散の遺跡の場合、その性格上の曖昧さを考慮しなければならない。また、流通に関わる遺構や遺

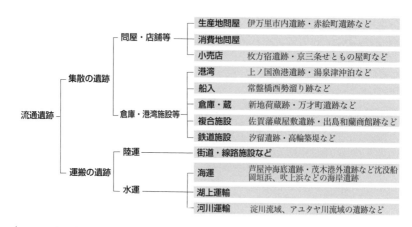

		生産地問屋	伊万里市内遺跡・赤絵町遺跡など
	問屋・店舗等	消費地問屋	
		小売店	枚方宿遺跡・京三条せともの屋町など
集散の遺跡		港湾	上ノ国漁港遺跡・湯泉津沖泊など
		船入	常盤橋西勢溜り跡など
	倉庫・港湾施設等	倉庫・蔵	新地荷蔵跡・万才町遺跡など
		複合施設	佐賀藩蔵屋敷遺跡・出島和蘭商館跡など
		鉄道施設	汐留遺跡・高輪築堤など
	陸運	街道・線路施設など	
運搬の遺跡	海運		芦屋沖海底遺跡・茂木港外遺跡など沈没船 岡垣浜、吹上浜などの海岸遺跡
	水運	湖上運輸	
		河川運輸	淀川流域、アユタヤ川流域の遺跡など

流通遺跡

図4-1　流通遺跡の種類

物であったとしても長期間にわたって廃棄されたものについては、一般にどのような製品が流通していたかを知るには有効であっても、それだけではどのような製品がこの地を経由していたかを知る分布論的な研究にとどまり、具体的な流通形態を知ることはできない。当時の具体的な流通形態を知るためには一括廃棄資料のように製品の同時性や共伴性を確認できる資料を求めなければならない。一方、陸上に位置する集散の遺跡は周辺の他の遺跡と比較することによってその遺跡の空間的、社会的な位置づけを知ることが可能である。次に述べる運搬の遺跡のような単発的な事象を示す遺跡と異なり、長期的な流通のあり方を知る上で有効な資料となる。

　運搬の遺跡は、陸運、水運による運搬途上に形成された遺跡などである。陸運の場合、運輸手段は人力、牛馬、荷車などである（口絵4-1・2・3）。陶磁器が特に近距離運搬において陸運されていたことは文献史料等においても明らかであり、陸運途上においても何らかの事情で破損し、廃棄される状況があった。しかし、運輸手段を考えると遺跡としては残りにくい。陸上の場合、破損したものの多くは片付けられてしまうことが想定されるからである。一方、水運の場合、運輸手段は船である。河川、湖、海における運搬があり、いずれも航路そのものは痕跡を残さないが、水運途上で何らかの事情によって廃棄され、遺跡が形成されることは頻繁に起こりうる。運搬の遺跡の中で河川運輸の途上の

遺跡の場合は、生活空間に近く、川船による茶船の例などもあるため、消費過程のものか、流通途上のものか、判断することが難しい。集散の遺跡と同様に性格上の曖昧さが残る。

　一方、海運途上の遺跡の場合、とりわけ沈没船の資料はその性格が集散の遺跡に比べてより明らかであり、流通途上と容易に判断できるものが多い。もちろん船上での使用品も考慮しなければならないが、商品として運搬される陶磁器に比べて、量的には少ないものであろう。一般に高級品と粗製品では使用頻度が異なることから伝世率も異なることが多いが、沈没船の場合は高級品も粗製品も沈む時は一緒であり、製品の質や種類による破損率の差も小さいため、製品の同時性を確認しやすい。よって、沈没船の資料は集散の遺跡が内包しているような性格の曖昧さもなく、当時の流通形態を示す直接的な資料となりうる。これは単に陶磁器のみの組み合わせからその流通形態を論じることにとどまらない。船の積荷は陶磁器だけではない。実際の積荷の中では陶磁器はその一部を占めるにすぎない場合も多い。そして、陸上では変質して消失してしまう材質の遺物も水中では残る場合が多い。例えば、第5章で紹介する韓国の泰安沈没船の遺跡では、陶磁器の梱包に使われた藁なども残っている。さらに送り先などが記された木製の荷札も残っており、より具体的な流通のあり方がわかる。また、陶磁器以外の有機質の積荷もよく残ることがあり、陶磁器とその他の商品との組み合わせから流通形態を考えることも可能である。陶磁器の組成を知ることはもちろん重要であるが、全体の積荷の中の陶磁器の位置付けを知ることの方がむしろ陶磁器の社会的な位置付けを考える上で重要である。このように陶磁器の流通形態を研究する上で沈没船の資料はその中心的な存在となるものである。

　しかし、沈没船資料を扱う上で問題がないわけではない。まずはその遺跡の環境にある。すなわち、沈没船は海底で形成され、今なお海底にある。海底の遺跡においても陸上の遺跡と同様の精度で発掘調査が行われ、公表されれば問題ないが、国内ではそうした例はほとんどない。日本周辺の海域からは数多くの陶磁器が引揚げられているが、考古学的調査によるものは数えるほどしかないのが現状である。もちろん、これらの資料も流通形態を知るための情報を有しているが、考古学的調査が行われた場合に比べて資料価値が失われているこ

とは確かであり、少なくとも客観性という点において著しく劣るものとなる。

　そして、沈没船の資料が流通形態を知るために有効である理由の一つは、生産年代と廃棄年代の差が小さい製品が一緒に沈んだものであるからである。つまり、同じ時代に作られた製品がどのような組み合わせで運ばれていたのか知ることができる。しかし、多くの沈没船の場合、引揚げられた製品を現在の編年基準に照し合せてその一括性を判断する傾向がある。本来、遺物の一括性は出土状況によって確認されるべきものである。編年基準に照らしてみる場合、製品の生産年代が大きく離れているのであれば、複数の船とわかるが、年代が近接していればその判断ができないことになる。そして、同時期の船が複数同じ海域で沈没することもありえないことではない。1隻の積荷であるのか、複数の船の積荷であるのか、それによって資料が示す流通形態は大きく異なるものとなってくる。目的地や船籍が異なる船であればなおのことである。それでは、海底において陸上と同様に資料の一括性が確認できるかどうか。陸上の遺跡の場合、遺構あるいは土層の検出状況によって確認されている。沈没船で遺構に相当しうるものは船体である。船体を厳密な意味で遺構と認められるかどうかは議論の余地があるが、少なくとも一括性の確認においては陸上の遺構と同様の役割を担うことができる。製品が船体に伴うかどうかは、陸上の遺跡において遺構に伴うかどうかに等しい意味がある。沈没船がもつ情報を最大限にいかすためには、考古学的調査が必要であり、それによって一括性を確認しなければならない。逆に考古学的調査によらないものについては、一括性に関する曖昧さを認めながら活用しなければならない。沈没船は流通形態についての直接的な資料であるがゆえに細かな検討が必要である。

　一方、沈没船の遺跡は周辺の遺跡と切り離されて存在しているため、その遺跡の社会的な位置づけを知ることが難しい。沈没船が示す流通形態が当時の一般的な形態であるのか、あるいは特殊な形態であるのか、その遺跡だけでは判断できない。空間的な位置についても海難時において通常の航路から遠く離れる場合もしばしばであるため、沈没箇所が必ずしも流通過程をそのまま反映しているとは言えない。その点において船体を厳密な意味で遺構と認めにくいのである。よって、沈没船資料を用いて流通形態を論じる場合には空間的、社会的な位置づけが確認できる集散の遺跡の出土資料との比較が不可欠である。相

互の情報を比較しながら流通形態の復元を試みる必要がある。

2　沈没船と水中考古学

　水中考古学（Underwater Archaeology）は、沈没船など水中に存在する遺跡を調査対象とする学問である。考古学の一分野であり、その目的や基本的な考え方は他の考古学と変わることはない。考古学は、人類の活動の痕跡を調査して、人類の過去を明らかにする学問であるため、水中考古学は水中に残された活動の痕跡を調査して、人類の過去を明らかにする学問ということになる。それでは、水中に残された活動の痕跡とは何か。我々は特別な場合を除いて、水中では活動を行わない。ほとんどの活動を陸上あるいは水面より上で行なっている。そのため、直接、水中で行われた活動の痕跡は多くはない。そうかと言って、人類の痕跡が水中にないかといえば、そうではなく、多くの痕跡が残されている。日本は列島が形成されてからは、周囲を海に囲まれている。そのため、航空機が登場するまで、日本にヒトやモノがもたらされたり、日本から他の地域へヒトやモノが移動するためには、船を使うほかなかった。船は物理的に水に力を加え、変化させても、その航路が残ることはないが、時には途中で遭難し、水中に沈むことがある。それらは水中に沈没船として痕跡を残すことになる。また、水中の痕跡は船だけではない。地震や災害により、陸上の生活が水中に沈んでしまうこともある。東日本大震災では大津波によって人々の生活が海に呑み込まれていった惨状を目の当たりにした。東北の海底には今も生活の痕跡が沈んだままである。あるいは川に捨てられた廃棄物が、川に沈んだり、海に流されることもある。こうした水中に残された痕跡から人類の過去を解き明かそうとするものが水中考古学である。遺跡の環境が水中という特殊な状況にあるだけで、その目的や内容が特殊な位置を占めているわけではない。

　水中考古学に類似した学問の名称として、海洋考古学、海事考古学がある。英語でも Marine Archaeology、Maritime Archaeology や Nautical Archaeology などの名称がある。これらの多くは内容が重複しているが、それぞれ少し異なっている。水中考古学は海だけでなく、川や湖、池なども対象としている。日本の場合、水中の遺跡の研究が、諏訪湖や琵琶湖など湖から始まったことも

あり、水中考古学の名前が一般的である。海洋考古学は、名前のとおり、海を対象とした考古学であり、その他の水域は含まない。その代わり、海洋考古学は水中だけに限らない。海の恵みを生活の糧とする人々の道具なども対象となるし、文化人類学と隣接する部分の多い学問でもある。海事考古学もまた水中だけに限らない。例えば、船を建造したり、修繕を行う船渠（ドック）なども海事考古学の対象となる。また、水中考古学が対象とする痕跡もいくつかの名称がある。**水中遺跡、海底遺跡、水中遺産（水中文化遺産）**などである。海底遺跡と水中遺跡の違いは、海底遺跡が海底に限定されるのに対し、水中遺跡は川、湖、池なども含まれる点である。それでは、水中遺跡と水中文化遺産の違いは何か。根本の定義は同じと言ってよいが、日本の文化財の保護と活用をつかさどる文化庁は、以前から水中遺跡という用語を使っている。それは常に水中に没している遺跡と定義されている。一方、水中文化遺産は、国際機関であるユネスコが用いており、2001年に採択された水中文化遺産保護条約で定義されている。定義は、水中遺跡よりも広く、常に水中になくても、部分的に水中にあるものも含まれている。

　水中考古学と陸上の考古学との大きな違いは、遺跡の環境である。私たちは陸上では通常、特別な手立てを行うことなく空気を吸っている。しかし、水中には空気はなく、魚のように鰓呼吸ができない人間は空気を水中に持っていかなければならない。そのため、費用もかかるし、行動の制約も多くなる。そして、よく誤解されているが、水中に持っていくタンクに入っている気体は空気であって、純酸素ではない。よく酸素ボンベの酸素が切れて、水中で溺れたなどという報道が行われるが、酸素ボンベを水中に持っていって、高い水圧の中で呼吸すれば、酸素中毒になってしまう。ヒマラヤなどに持っていく気体は、軽量化を図るために酸素ボンベに入った酸素であるが、水中に持っていく気体は圧縮されたただの空気である。それでは陸上から水中のダイバーに空気を供給し続ければ、無制限に水中で活動できるかと言えばそうではなく、大気の約80パーセントを占める窒素が問題となる。通常の呼吸では窒素は無害であるが、濃度の高い窒素を吸うと、酒に酔ったような感じになる**窒素酔い**という症状になる場合がある。陸上ではそれだけでは問題とならない「酔い」も、少しの判断力の低下が水中では事故に結びつく危険性がある。濃度が高いと述べた

が、それは水圧によるものである。例えば、水深のあるところにテニスボールを持ち込むと、完全につぶれてしまうし、カップ麺の容器なども深海に持ち込むと圧縮され、小さくなる。圧縮された分、内部の空気の圧力は高くなる。

　具体的には海抜ゼロ m ではおよそ1気圧の圧力が私たちにかかっている。それが水深 10m では、1気圧が加わって2気圧の圧力がかかる。さらに 10m 深くなると、さらに1気圧が加わり、合計3気圧が加わり、10m ごとに1気圧ずつ増えていく。

　息をこらえて素潜りを行った場合の肺の大きさは、気圧が2倍になると2分の1になる。スキューバを用いて潜水した場合、タンクから得られる空気は非常に圧力の高いものであり、周囲からの圧力が高まっても、肺が同じ大きさを保とうとして、多くの空気を取り込む。例えば、2気圧の圧力と平衡を保つために、2倍の空気を吸うことになる。つまり、水深が深ければ深いほど、水圧が高くなるので、それだけ濃度の高い空気を吸うことになる。

　濃度の高い空気を吸うと、窒素酔いだけでなく、潜水病にかかる恐れがでてくる。潜水病は、減圧症ともよばれるもので、過剰に取り込んだ窒素をうまく排出できずに、身体にさまざまな症状が現れるものである。潜水病にならないために、厳密な管理のもと、潜水計画に基づいた潜水をしなければならない。

　水中と陸上の違いは、呼吸に関することだけではない。調査で大きな障害となるものの一つが視界である。例えば、陸上では遠くの山まで見える。長崎市の場合、天気がよければ、いろいろな場所から稲佐山の展望台が見える。ところが、水中の場合、透明度の高い海でもせいぜい数十 m であり、海によっては自分の掌も見えない（口絵4-4・5）。つまり、水中では遺跡を見つけることすら一苦労なのである。陸上では離れていても地形を認識し、古墳などの遺跡を発見することができるが、水中では遺跡を目の前にしていても認識することが難しい。

　また、遺物の観察も難しい。水中では、色も吸収されて、色彩を失い、輪郭はぼやけ、光の屈折率の違いにより大きさも陸上とは異なってみえる。こうした視界の中での調査が困難であることは言うまでもない。一方、光は届きにくいが、音は水中の方がより速く、遠くへ伝わる。そのため、海底の調査には音波が使われる。

　次に水中に潜るには、どのような許可や資格が必要か。本来、潜水すること自体に免許は必要ではない。漁業権などの海の権益と無関係な海域に潜るにあたっては、特に許可も必要ない。海で泳ぐこととさほど変わりがあるわけではない。しかし、調査となると多くの手続きが必要とある。特に発掘調査の場合、陸上のように手続きがマニュアル化されていないため、手続きも手探り状態となる。例えば、発掘にあたっては土地所有者の承諾が必要となるが、海の場合は所有者が誰なのか、誰に承諾をもらえばよいのか、わからないことが多い。公有水面の場合は所有者は「国」ということになっているが、それでは「国」の誰の印鑑をもらえばよいかわからないのである。港内であれば、港長であったり、管理者が存在するが、港などを離れた海面ではそれもできない。このような不都合は文化財保護法の手続き自体が陸上の遺跡で土地所有者が存在することを前提にしていることから生じるものである。さらに陸上の調査にはない海上（海底）における作業上の手続きが必要となるが、そもそも適用される法律によって手続きも異なる。沈没船の場合、**文化財保護法**で扱うか、**水難救護法**で扱うか、入り口の部分で分かれる。多くの沈没船は文化財保護法で扱われるが、1890 年に和歌山県串本沖で遭難したトルコ（オスマン帝国）の**エルトゥールル号**のように所有者の推定が可能な場合は水難救護法で扱われたこともあった。当時、文化庁が判断を和歌山県に委ね、和歌山県が水難救護法で扱うことに決めた事例である。これなどは文化遺産ではあるが、法的な文化財として扱わずに調査を行うイレギュラーなものとなった。

　潜水の資格について、免許等に関するものとしては、主に二つあり、一つは潜水士免許、もう一つは各種任意団体の技能認定証である。潜水士免許は国家試験を受けて取得する国家資格免許で、労働安全衛生法による免許証である。これは潜水を仕事で行う場合に必要な免許である。水中考古学の調査も大学の業務として行う場合は、この免許が必要になる。しかし、不思議に思うかもしれないが、この潜水士免許の試験は筆記試験だけで、実技はない。つまり、全く潜れなくても免許の取得が可能である。一方、技能認定証は C カード（Certification Card）ともよばれている。潜水技術や潜水経験の段階に応じて認定されるものである。レジャーダイビングをするために、ダイビングショップからタンクを借りる時に必要になる。しかし、免許ではないので、雇われるような仕

事では意味を持たず、潜ることができない。

3　海底遺跡の調査方法

　海底遺跡の調査の作業の基本的な工程は、陸上の調査と同じである。まず陸上の調査と同じように、調査の目的を設定する。発掘には費用も時間もかかる。特に水中の遺跡の場合、陸上の遺跡に比べて、さらにかかるため、調査の目的をより明確化することが必要である。そして、その目的に合わせて、調査の位置と範囲を決めて、発掘を行い、出土した遺物などを記録して、遺物を引き揚げて回収を行う。その後は陸上の専用の施設で保存処理をし、保管と活用を行う。このように工程の流れは陸上の調査と同様であるが、それぞれの工程の中での方法が陸上とは異なり、水中仕様の方法となる。

　①水中探査
　調査目的に合わせた位置と範囲を決める際、よく使われる方法が音波を使った探査である。水中では光は届きにくいが、音はよく伝わると前に述べた。その性質を利用した**マルチ・ビーム**や**サイドスキャンソナー**などの探査方法である。サイドスキャンソナーは、魚雷のような形をしたフィッシュとよばれる曳航体を曳航しながら、フィッシュから出される音波の反応を受信して、海底の状況を探るものである。音波探査は、音波の反応の強弱などを可視化し、音で写真を撮っているようなものである。海底に沈没船があれば、その反応が浮かび上がる。そして、発見された沈没船の位置は、全地球測位システム（GPS=Global Positioning System）によって割り出される。

　②調査区設定
　発掘調査を行う位置が決まれば、次は調査範囲を決め、調査区を設定する。陸上から離れた沖合の場合は、GPSで基準点を設定するが、陸地に近い場合は、陸上からトランシットなどの測量機器で視準して、基準点を設定する（図4-2）。トランシットで海上にいるダイバーや調査船を視準し、合図を送って、海底にブイをつけた重りを投入する。海底に沈んだ重りの位置を海底の基準点

図4-2　トランシットによる基準点設定
　　　長崎県鷹島海底遺跡

図4-3　ドレッジによる海底発掘
　　　長崎県鷹島海底遺跡（山本祐司撮影）

とするのである。

③目視調査

　陸上では、遺跡を歩いて地表を観察する踏査が行われる。水中でも同じように、潜って海底の様子を直接、観察する目視調査を行う。また、水深が深い場合、潜水時間も限られ、潜水病の危険性もあるため、ROV（Remotely Operated Vehicle）とよばれる水中ロボットカメラを使って、海底の映像を調査船にケーブルを通じて送り、船上で観察する方法も使われる。最近では水中ドローンも活用されている。さらに透明度の高い海では調査員が搭乗できる潜水艇で調査することもある。

④発掘作業

　調査区が決まれば、発掘が行われる。発掘といっても陸上と同じようにはいかない。陸上で行うように、スコップで海底の土を掘っても、土をうまく運べず、土砂が舞い上がって何も見えなくなってしまう。そこでどうするかと言えば、大きな掃除機のようなもので土砂を吸い上げるのである（図4-3）。空気の浮力を利用した**エアーリフト**とよばれるものや、ジェット水流による**水中ドレッジ**とよばれるものがある。

図4-4　海底での実測作業
　　　　長崎県鷹島海底遺跡（山本祐司撮影）

図4-5　水中撮影
　　　　長崎県鷹島海底遺跡（山本祐司撮影）

図4-6　鷹島海底遺跡沈没船 3D データ
　　　　松浦市立水中考古学研究センター
　　　　（町村剛作成）

図4-7　保存処理中の木碇
　　　　松浦市立水中考古学研究センター

　エアーリフトの構造は比較的単純である。大きなパイプの先端にコンプレッサーから空気を送り込むとその空気はパイプの中を膨張しながら浮上していく。その時に生じる吸引力によって土砂を吸い上げるのである。海底で遺物が発見されたら、注意深く土砂だけを吸い上げるようにするが、なかには土砂と一緒に吸い込まれてしまうこともある。その時は土砂を吐き出す排出口のところに網を張って、そこでとらえるようにする。浮上する空気の吸引力を利用することから、水深が深いほど水圧の差が生じて、吸引力が大きなものになる。ジェット水流を使う水中ドレッジは、パイプの中にジェット水流によって、吸引する方向に水の流れを作るもので、水深に関係なく使える。そして、どちらの機具についても言えることであるが、排出口の位置や向きを考えないと、排出された土砂が水流にのって調査区に戻ってきて、何も見えなくなることもあ

るので注意が必要である。

⑤記録作業

　海底でも陸上と同じように出土した遺物や遺構の記録をとる。記録の方法は、実測とよばれる測量と写真撮影や映像撮影である。実測は、実測枠とよばれる目盛りの入った方形の金属枠を海底に設置して、その枠を基準に巻尺（メジャー）で計測して、防水性のある方眼紙に書き込んでいく（図4-4）。水中でも鉛筆は使える。ただし、陸上では鉛筆を落としても拾えるが、水中では手放すと浮いてしまうので、画板に紐で結び付けている。二人や三人で協力して実測をする場合、筆談やジェスチャーで意思疎通をはかる。陸上では計った数値を読み上げて、実測図を描く人に伝えることができるが、水中では口頭で伝えることができないため、代わりに指で示す数で数字を伝えることになる。また、写真測量も可能であるが、透明度の確保が必要である。

　測量だけではなく、写真や映像も重要な記録方法である。陸上で使用するカメラを水中で使えるように、防水性のあるケースに入れて撮影を行う（図4-5）。陸上では脚立などを用いて、上から俯瞰撮影するが、水中では遺物や遺構などの真上に浮き上がりながら撮影することができる。水中の撮影の数少ない便利なことの一つである。最近では水中ドローンを使用して撮影することもある。写真撮影は、透明度の問題が常につきまとう。対象物にかなり近づかないと撮影できない。空撮するように遺跡全体の写真を撮影することは難しいため、大量の写真を撮影して合成する必要がある。また、最近は3D技術の進展によって、3次元測量も行われている（図4-6）。

⑥遺物回収

　記録が終わると、遺物の回収に入る。小さなものは網袋に入れて、作業員ダイバーがそのまま海底から持ち帰る。脆いものは蓋付きのプラスチックのケースに入れて回収することもある。また、大型のもの、重量のあるものについては、バルーン（気球）を使って回収する。バルーンで遺物を水面まで浮上させて、陸上からクレーンなどで引き上げる。

⑦保存処理作業

　遺物を回収しても、作業は続く。むしろ回収してから長い作業が始まるのである。海中にあった木製品や金属製品などの遺物は非常に脆くなっていて、また塩分によってすぐにぼろぼろになってしまう。そのため、まずは脱塩処理が必要となる。いわゆる塩抜きである。水を満たしたプールに入れて、水を入れ替えながら、遺物から塩分を抜いていく。また、木製品の中の水分と樹脂を入れ替えて保存する**樹脂含浸処理**などが行われる（図4-7）。近年はラクチトール等を用いた**糖アルコール含浸法**がよく用いられている。これらの作業は場合によっては長い期間が必要となるが、保存処理がうまくいけば、博物館の展示なども可能になる。

コラムG　肥前磁器の積出港

　江戸時代、肥前磁器は「伊万里」とよばれていた。積出港である伊万里（佐賀県伊万里市）に由来するものである。一方、肥前各地の焼き物にはそれぞれ生産地に結びついた積出港があった。波佐見焼の主要な積出港は川棚（長崎県川棚町）である。波佐見焼が川棚に運ばれ、時津や長崎まで運ばれていたことが知られている。三川内焼の積出港は早岐（佐世保市）である。そして、塩田川支流域の窯場の磁器は、塩田（佐賀県嬉野市）などの河川港から有明海へと運ばれていた。そして、有田焼の産地と結びついていた港は伊万里である。

　それでは、それぞれの焼き物はそれぞれ生産地に結びついた積出港からのみ積み出されていたのか。19世紀の『伊万里歳時記』には、有田焼など肥前陶磁の積出先が記されている。そして、「旅陶器」として他産地の焼き物も積み出されていたことが書かれており、波佐見焼、三川内焼などはその一部が伊万里からも積み出されていたことがわかる。他の港の積出についての詳細は明らかではないが、有田焼も同様に伊万里以外の港からも積み出されていたのであろうか。

　『伊万里歳時記』をみると、有田焼などは全国各地に運ばれていたことがわかるが、一方でその記録には空白地帯もある。遠隔地だから運ばれていないというわけではなく、同じ九州の肥後、薩摩など中南西部に運ばれていない（図12-7）。当時の薩摩などは肥前磁器の輸入を禁止しており、そのため、伊万里から薩摩へと運ばれることがなかったとする考えもあるが、ここで改めて有田と伊万里の位置関係をみてみると、伊万里は玄界灘に面しており、国内市場の大半はその玄界灘を東に向かった先にあるため、積出港として適した位置にある。「旅陶器」として他産地の焼き物が積み出されていた理由の一つである。

　一方、伊万里は有田から南に向かう先の市場に積み出すには必ずしも適していないことがわかる。伊万里と早岐は、有田からみて距離的にはあまり変わらないが、早岐に運んだ場合、北松浦半島を回り込む必要がなく、南に向かうには伊万里より早岐の方が地理的には適している。有田から南に向かう先の市場には、薩摩や肥後などの国内市場だけでなく、海外市場も含まれる。東南アジアやヨーロッパに輸出するためには長崎に持ち込まなければならないからである。そこで送り先に応じて有田焼が早岐などから積み出されていたとする仮説を立てた（野上2004）。

　そして、近年、有田焼の積出港が伊万里だけではなかったことが明らかに

図G-1　早岐瀬戸遺跡（長崎県佐世保市）

図G-2　早岐瀬戸遺跡出土色絵磁器

なってきた。佐世保市の早岐瀬戸遺跡（図 G-1）の発掘調査によってである。三川内焼の積出港である早岐からも有田焼は積み出されていた。早岐瀬戸遺跡は流通遺跡であると同時に消費遺跡でもある。そのため、有田焼が出土したとしても必ずしも積出港であった証拠となるわけではないが、海外市場向けの製品が数多く含まれていたのである。例えば、ベトナムなどへ大量に輸出された染付日字鳳凰文皿、東南アジアへ運ばれた染付雲龍見込み荒磯文碗や色絵大碗や蓋物（図 G-2）、そして、染付芙蓉手皿やチョコレートカップもみられた。これらを早岐で消費していたとは考えにくく、やはり長崎へ運ぶために早岐に持ち込まれたものであろう。すなわち、有田から早岐へ陸路で運び、早岐からは大村湾を南下し、時津で荷揚げして、陸路で長崎へ運ぶか、あるいは西彼杵半島西岸沖を南下して、長崎に直接運び込んでいたとみられる。

　生産地はそれぞれの積出港の商人らと結びついていたが、藩境を越えて目的地に応じた積出港が選択されることもあったのであろう。

コラム H　茶碗曽根のやきもの

　1998 年 8 月 9 日の炎天下の中、長崎市茂木港沖合の船上にいた。8 月 9 日という日は長崎にとって特別な日であり、海に響き渡るサイレンの中、私たちは黙禱を行なった。そして、サイレンが鳴り止むと、再び調査作業に戻った。

　この時、私たちが調査を行なっていた茂木港外遺跡は、橘湾（千々石湾）に面した茂木港の沖合に位置する海底遺跡である（図 H-1）。海底から陶磁器が引き揚げられることから、地元では「茶碗曽根」と呼ばれていた海域である。1996 年に海底ケーブルを撤去した際に多数の陶磁器が発見され、引き揚げられている（口絵 4H）。

　長崎県や長崎市から発見時の状況を聞いて、沈没した船の一部が海底下に残っている可能性があると考え、調査を行うことにした。現場は茂木港沖の水深 15 ～ 20m の海底である。海底は岩と岩の間にシルトが広がっており、陶磁器はこのシルトの下から掘り出されて発見されていた。

　発見された陶磁器は約 100 点あり、大半は唐津系陶器であり、磁器も少し見られる（図 H-2）。いずれも 17 世紀後半～ 18 世紀初めの中に収まる製品である。内野山窯（佐賀県嬉野市）の銅緑釉皿・碗、灰釉皿など、小田志窯（佐賀県武雄市）の三島手大皿（鉢）など、吉田窯（佐賀県嬉野市）の染付瓶などであり、塩田川の支流域に分布する窯場の製品であった（図 H-3）。そして、これらの窯場はそれぞれ藩が異なっている。つまり、それぞれの藩がそれぞれ積み出したのではなく、この流域の商人である塩田商人がこれらの窯場の製品を集荷して積み出したものと推測される。ルートは河川港である塩田港から有明海に出て、島原半島を回り込み、橘湾に出たところで何らかの海難に遭遇し、茂木沖で座礁、沈没したものであろう。これらの陶磁器の中に有田や波佐見の製品が含まれていない点も、このルートであれば矛盾しない。このように年代を比定し、産地を同定することで、流通形態を推測することができるのである。

　さて、調査の手順を簡単に示しておこう。調査にあたって発掘届が必要な点は陸上の遺跡と同じであるが、陸上の調査よりもさらに煩雑な手続きが必要であった。陸上の遺跡の場合、発掘届には土地所有者の承諾書を添付することになっているが、海の場合、誰が土地所有者にあたるのか曖昧であり、関係機関を訪ね歩くこととなった。陸上と異なり、発掘手続きのマニュアルができてないためであろう。

　また地元の漁協への挨拶と依頼も必要であった。調査船として使用する漁船

図H-1　茂木港外遺跡全景

図H-2　茂木港外遺跡出土遺物

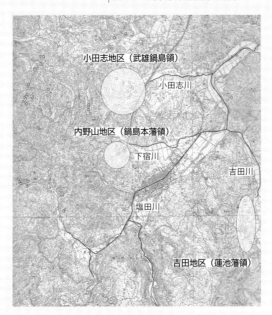

図H-3　塩田川支流域の窯場地図

（遊漁船）の借上を依頼する必要があったし、円滑に調査を行うためには必要な手続きであった。陸上の遺跡で言うところの土地占有者の承諾といったところであろうか。

調査船とした漁船に機材を持ち込み、いよいよ海に出る。おおよその位置にたどり着いたら、投錨して目印となるブイを落とす。これはダイバーの潜降ポ

イントでもある。海底に基準線を設定し、目視による遺跡探索を行なったが、1998年の調査では数点の唐津系陶器が発見されただけで、沈没船体はもちろん積荷の固まりも見つけることができなかった。遺跡の位置だけでも正確に地図上に落とそうと考えたが、当時のGPSの数値は誤差が大きく、正確な位置を把握することができなかった。一方、陸側から測るにも陸地から離れ過ぎていた。そのため、1998年の時は離岸堤から遺跡の位置を把握することにした。離岸堤の位置は海図や地形図に示されており、離岸堤の任意の2点から遺跡の位置（ブイ）をトランシットで視準して位置を割り出すことにした。ブイが潮で流されないように、ブイのロープの長さを調節し、潮止まりの時を狙って同時に視準して測量を行なった。

　2003年に二度目の調査を行なったが、この時は発掘機材を準備した。水中ドレッジなどの掘削機を用いて発掘を行ったが、設定に時間と手間がかかるため、試しに海底でスコップを用いてひたすら掘ってみた。しかし、やはり視界が悪くなるばかりで、掘り進むことはできなかった。結局、二度目の調査でも沈没船の発見には至らなかった。その後、海のフィールドの中心を響灘の芦屋沖海底遺跡（福岡県芦屋町・岡垣町沖）に移したため、以来、この茂木沖の海域には潜っていない。

　1998年の目視調査と2003年の発掘調査、いずれも成果が上がったとは言い難い調査であったが、いろいろな方法を工夫して試しながら行う楽しさのある調査であったことは確かである。

第5章
沈没船と陶磁器研究

1 タイムカプセルとしての沈没船

　沈没船はタイムカプセルと形容されることが多い。沈没船を発掘調査すれば、あたかもタイムカプセルを開けた時のように、当時の生活や社会がよみがえる。船には情報が多く含まれている（図5-1）。

　船には狭いながらも航海のための生活空間があり、そこには当時の生活が持ち込まれている。正確には生活用品が効率的に詰め込まれており、それは出帆地の生活が反映されている。そして、船には社会も持ち込まれる。例えば、沈んだ軍船には将軍も乗船していれば、雑兵もまた乗っている。船には彼らの身分に応じた所持品が持ち込まれている。

　そして、船が商船であれば、商品が積み込まれる。それは当時の生産地の技術だけでなく、消費地の市場のニーズが反映されている。さらに船は当時の最先端の移動運搬手段であり、船本体を調べれば、航海技術、造船技術を知るこ

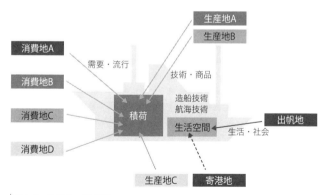

図5-1　沈没船の模式図

とができる。ちょうど宇宙ロケットを分解すれば、現代の科学技術がわかるようなものである。

　このように沈没船は考古学的に貴重な資料となりうるものである。それはもちろん陶磁器研究においてもそうである。陶磁器のように重くてかさばるものを遠くへ運ぶためには船が最適であるからである。

2　沈没船がタイムカプセルになるための条件

　全ての沈没船がタイムカプセルになるわけではない。むしろいくつもの条件が揃って初めてタイムカプセルとなる。海底の底質、水深、堆積速度、船の積荷など、諸条件をあげていこう。

　①海底の底質
　海底の底質は泥、砂、礫、岩などさまざまである（図5-2）。サンゴ礁が広がる明るく美しい海中は透明度が高く、沈没船やその手がかりを目視で探すのに恵まれている。しかし、そうした海底で見つかる沈没船はタイムカプセルにはなっていない。サンゴ礁や岩礁の海底に沈没した船は海底に露出したままであり、浮力のあるものは浮いて流され、その他の有機質のものも腐食して残らない。木造船の場合、船そのものが残らない。残るのは陶磁器、石製品、一部の金属製など無機質のもののみである。とてもタイムカプセルにはならない。1641年にカリブ海のドミニカ沖の岩礁で座礁したスペインのガレオン船**コンセプシオン号**は、メキシコのベラクルスからキューバのハバナを経て、スペインに向かっていた。多くの積荷を積んでいたとみられるが、木製の船体などは残らず、中国磁器や銀貨、金製品など無機質のもののみが海底に残されている（図5-3）。長崎の五島列島でも岩礁に沈んだ沈没船が確認されている。小値賀島の**山見沖海底遺跡**である。海岸近くの岩礁に16世紀末から17世紀初めのタイの陶磁器（図5-4）が大量に散らばっている。当時の東南アジアとの貿易の様相を表す資料であるが、船体をはじめとした有機質のものは消失してしまっている。

　一方、底質が泥や砂の場合はどうか。概して堆積物の粒子が細かく、軽いほ

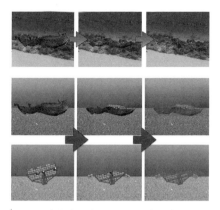

図5-4　山見沖海底遺跡採集のタイ産
　　　　陶磁器（長崎県小値賀町）

図5-2　岩礁（上段）および砂地（下段）
　　　　に沈んだ船

図5-3　スペイン船コンセプシオン号
　　　　ドミニカ沖

図5-5　韓国・泰安沈没船遺跡

　ど透明度は悪くなる。海底に浮遊物が多くなるからである。透明度が悪いと、
沈没船やその手がかりを目視によって発見することは難しくなる。しかし、そ
うした海底ほどタイムカプセルになりやすい。沈没した船が海底に沈み込み、
泥や砂に覆われることで、沈没船がパックされるのである。その結果、酸素が
遮断されることになり、有機質のものもフナクイムシ（二枚貝の一種）などに
よる侵蝕もなく残る。例えば、韓国で発見されている沈没船の泰安船などは陶

磁器だけでなく、藁などの梱包材も残っている（図5-5）。どのように陶磁器が梱包されていたかを知ることができる。また、墨書のある荷札も残っており、どこからどこへ、誰に運ぶものであったか知ることもできる。

②水深

　沈んだ場所の水深も関わりがある。水深が浅いと波の作用を受けることになる。泥や砂に覆われても台風などによって海が荒れた際に、波の作用によって海底の土砂が攪拌されてしまうからである。一度、埋もれた後に安定した環境に置かれることが必要である。そのため、タイムカプセルになるには波の影響を受けない水深が必要条件となる。例えば、長崎県の**鷹島海底遺跡**は13世紀の元寇の時の遺跡である。海域全体がタイムカプセルのような遺跡であり、現在の海底面下約1m下に元寇時の海底面が広がっている。発掘調査では、その同じ海底面から19世紀の波佐見焼の白磁壺が出土した。元軍を襲った13世紀の暴風雨の後も海底をえぐるような波を伴う嵐が襲ったのであろう。13世紀以降に堆積した海底の土砂が攪拌され、13世紀と19世紀の数百年の時間を隔てた遺物が一緒に出土した。タイムカプセルはすでに一度、開けられていたのである。

③堆積速度

　タイムカプセルになるには、海底に沈没船が沈み込むような底質で、かつ波の影響を受けない水深が必要と書いたが、全く水の流れがない海底であればどうであろう。海底の底質がやわらかくとも船全体が沈み込むことはないであろう。水の流れがなければ、沈没船は海底に露出したままであり、有機質のものは腐蝕してなくなり、タイムカプセルとはならない。つまり、タイムカプセルとなるためには、沈没船を覆うような堆積が必要なのである。しかもそれは沈没船が腐蝕するよりも早く堆積する必要がある。水の流れによって土砂が沈没箇所に運び込まれる海域である必要がある。例えば、川の河口近くは川から土砂が供給されて、堆砂が行われる。もちろん水の流れにより堆積土砂が浸蝕されることもあるが、結果的に船の腐蝕速度よりも堆積速度が上回れば、タイムカプセルとなる可能性が出てくる。しかし、沈没時から船が土砂に覆われるま

でに時間を要すれば、その間に他の遺物が混入する可能性が生じる。

④積荷

　これまで船が沈んだ海域の条件をあげてきたが、船そのものもタイムカプセルになりやすいものとそうでないものがある。例えば、塩や砂糖を運んでいた船が沈んでも積荷は海水に溶けてしまい、残るとは思えない。米などの穀物を積荷としている船も土砂の堆積速度が相当速くなければ残ることは難しいであろう。積荷はやはり不溶性のもので無機質である必要がある。加えて重量物であることも重要である。船の安定のために通常は重量物を船底近くに収める。第14章で述べる韓国の南西部で沈んだ新安沖沈没船も28トンもの銅銭が船底に収められていた。その重量が沈没船を海底に沈み込ませ、固定するのである。そして、無機質で重量のある積荷の下の船底部は腐蝕せずに残ることになる。積荷の中に重量物がなく、石やレンガをバラストに用いた場合、バラストと船底のみが残されることも少なくない。

3　陶磁器研究における沈没船資料

　陶磁器研究における沈没船資料について、ここでは主に編年研究における有効性について説明しよう。

3−1　沈没船資料の特性

　考古学における編年研究とは、遺物や遺構の形態、文様、機能の変化などによって新旧関係を明らかにし、年代による型式配列を行い、その時間的な変遷を研究するものである。そして、編年研究において最も有効な遺物の種類の一つが陶磁器である。その理由は、第1章で考古資料としての陶磁器について述べたとおりである。

　通常、考古学資料でわかる年代は相対年代であるが、第2章で述べたように沈没船の場合、沈没記録がしばしば文献史料などに残されており、沈没年代に絶対年代を与えることができる。また、遺物の遺存状態が良い場合が多いことから、墨書のある木簡や竹簡などが残ることも多く、文字資料から沈没年代が

わかることもある。その他、遺物の一括性が高いことから、共伴する貨幣や紀年銘の資料から沈没年代を推定することも可能である。

　こうした性格は沈没船がもつ資料の有効性の最も大きなものの一つであるが、沈没記録がわからない船も編年研究に有効である。第2章で述べたように、陶磁器の年代には、生産年代、使用年代、廃棄年代の3種類がある。通常、編年研究で用いられる年代は生産年代であるが、遺跡の出土状況が示している年代は廃棄年代である。そのため、陶磁器そのものがもつ生産年代と遺跡で知る廃棄年代の差が小さいほど編年研究にとっては都合がよい。ここで改めて生産遺跡や消費遺跡の編年研究上の性質を整理する。

　生産遺跡の陶磁器は、生産年代と廃棄年代の差が小さく、生産遺跡からの出土品の年代は生産年代とほぼ一致する。編年研究を行う上で、生産遺跡の資料の利点は、こうした使用年代を考慮する必要もなく、製品の種類や品質による差もない点である。その一方で異なる生産地や窯の製品の組み合わせがわからないという問題点がある。

　消費遺跡の陶磁器の編年研究における利点はさまざまな生産地や窯の製品の組み合わせがわかる点である。また、記録に残る災害等で一括廃棄された資料の場合、絶対年代を与えることもできる。しかし、消費遺跡から出土する年代は廃棄年代であり、製品によってはすぐに廃棄されることもあろうし、長期間使用された後に廃棄されることもある。製品の種類や性格による使用年代の差を考慮しなければならない。

　一方、沈没船の陶磁器は、貯蔵具や使用品を除いて、多くは商品として積載されたものである。商品として積荷に含まれている陶磁器は、基本的に使用年代を考慮する必要がなく、生産年代と廃棄年代の時間差は流通期間のみの極めて短期間と考えてよい。異なる生産地や窯の製品が一括して含まれる場合が多いことも利点としてよい。また、突発的な原因によってやむなく一括して廃棄されたものであり、一般的な消費遺跡のように陶磁器の廃棄に至るプロセスに人為的操作が加わっている可能性が低く、製品の種類や品質による差が生じにくいことも利点の一つである。このように沈没船の資料はその性格の上からも生産遺跡や消費遺跡のそれぞれの編年をつなぎ、補う上で重要な資料となりうるのである。

図5-6　サン・ディエゴ号出土景徳鎮磁器
　　　　フィリピン国立博物館

　生産・流通・消費のそれぞれのシステムは共通する社会の中において成立しており、それぞれがお互いを反映しあうものと考える。一般に消費地の需要に応じて生産地は供給するが、逆に生産地の事情によって消費地の需要が変化する場合もある。生産地と消費地の間に位置する船や港などの流通形態も同様で、流通や交通の発展が生産地や消費地に与える影響は大きく、逆に生産地や消費地の事情に応じて流通形態も変容していくのである。陶磁器を生産・流通・消費の一連のシステムの中で考える上でも沈没船研究の意義は大きい。

3-2　沈没船の種類と陶磁器の種類

　沈没船の資料が陶磁器の編年研究において重要なものとなることを述べた。それは一括性が高いことと、生産年代と廃棄年代（沈没年代）の差が小さいことが主な理由であったが、沈没船から発見される全ての陶磁器がそうした性格をもっているわけではない。沈没船で発見される陶磁器は商品、容器、備品、使用品などがある。いずれの性格の陶磁器であっても沈没時の一括性は変わらないが、生産年代と廃棄年代の差が小さい陶磁器は商品としての陶磁器である。そして、どの種類の陶磁器が主体となるかは船の種類による。商船は商品と容器、陶磁器以外の商品の運搬船は容器（商品用）と備品・使用品、軍船や客船は容器（生活物資用）と備品・使用品、漁船などは備品・使用品が主体となる。

図5-7　サン・ディエゴ号出土タイ（左）・ミャンマー（右）産
陶器壺　フィリピン国立博物館

①商品としての陶磁器

　商品として船に積み込まれた陶磁器である。1600年にマニラ沖で沈んだサン・ディエゴ号の景徳鎮の青花碗、皿、壺などが該当する（図5-6）。商品としての陶磁器が主体となっている船は商船である。18世紀初めにマイセンで磁器が焼かれるまで、ヨーロッパでは磁器の生産が行われていなかった。それまではアジアの中国や日本から磁器を輸入するほかなかった。そのため、17世紀はもちろん18世紀に入ってもアジアとヨーロッパを往復する船は大量のアジアの磁器を運んでいた。それらの船で発見される陶磁器の主体は商品である。流通途上の商品であるため、生産年代と廃棄年代（沈没年代）の差は小さい。

②容器としての陶磁器

　商品や生活物資の容器として積み込まれた陶磁器である。内容物こそが商品であり、陶磁器はその容器として使用されているものである。地中海世界のアンフォラ壺、サン・ディエゴ号で発見されているタイの焼締大壺やミャンマーの黒褐釉大壺などが該当する（図5-7）。南米ペルーのサント・ドミンゴ修道院にある黒褐釉大壺（図5-8）も本来、容器として運ばれたものを再利用したものであろう。19世紀に長崎県波佐見を中心に生産された日本の酒や醤油を輸出するための**コンプラ瓶**（図V-2）もこれに該当する。

　生活物資用などの容器は、元寇の遺跡である鷹島海底遺跡で大量に発見されている褐釉四耳壺などである。東路軍と江南軍の14万人とも伝えられる軍の

図5-8　サント・ドミンゴ修道院の黒褐釉大壺
　　　　ペルー・リマ

図5-9　サン・ディエゴ号出土竈・壺
　　　　フィリピン国立博物館

生活を支える物資などが入れられた容器である。

　商品の容器としての陶磁器は、商品を詰めたまま荷揚げされることが多いことや陸上の遺跡で再利用された例があることから、何年間にもわたって船上で使い回すことはなかったと推定される。そのため、商品としての陶磁器よりはやや曖昧なところはあるが、常に新しい壺が船に載せられた可能性が高く、生産年代と廃棄年代の差は小さいとみられる。一方、生活物資の容器としての陶磁器の場合、船上で使用することを前提としているため、荷揚げされる可能性は商品の容器よりは低い。そのため、航海中は繰り返し使用される可能性があり、一定の使用期間があれば、生産年代と廃棄年代に差が生じることになる。

　③備品としての陶磁器

　鷹島海底遺跡で発見されている水甕とみられる大甕、サン・ディエゴ号の船上での土器製の竈や壺（図5-9）などがあてはまる。サン・ディエゴ号のタイやミャンマーの大壺の中には備品としての水甕用の大壺もあったと推測されるが、商品の容器か、備品か特定することは難しい。17世紀のオランダ船などでは薬瓶や薬壺が発見されている。1659年にスリランカのゴール沖で沈んだオランダ船アーフォントステル号で発見された肥前磁器のアルバレロ壺の内部には軟膏状の薬が残されたままであり、船に備え付けの薬壺であったと推測される。このアルバレロ壺は1650年代に有田で生産されたものであり、アーフォントステル号が沈むことがなければ、生産年代と廃棄年代が離れることに

図5-10　「王百戸」銘碗
　　　　長崎県鷹島海底遺跡（山本祐司撮影）

図5-11　ヨーテボリ号引き揚げ染付皿

なったであろう。備品も容器と同様に一定の使用期間があれば、生産年代と廃棄年代に差が生じることになる。

　④船上での使用品としての陶磁器

　船は狭いながらも生活空間であるため、生活のために使用する陶磁器が持ち込まれている。備品が船上での共用品であるのに対し、使用品は個人使用あるいは個別使用のものである。鷹島海底遺跡で発見されている青磁碗などは「王百戸」と墨書されてあるもの（図5-10）が含まれているため、所有形態は個人ではなく、軍が共用品として一括入手したものである可能性があるが、使用形態に着目して使用品としている。

　また、陶磁器以外の運搬船であったことがわかっているアーフォントステル号で発見された皿類は船の性格から使用品であった可能性が高い。スウェーデン東インド会社の**ヨーテボリ号**で発見された肥前磁器皿（図5-11）は内面に使用痕が多数見られることから使用品であったとみてよいであろう（高島2018）。また、**ヘルデルマルセン号**で発見されている肥前磁器の髭皿の生産年代は沈没年代と差があり、使用期間が想定されることから使用品であった可能性が高い。船の性格、使用痕の有無、編年の成果から商品か使用品かの判断を行うこともある。

　船上の使用品は、陸上で使用していたものを船に持ち込む可能性もあり、陸

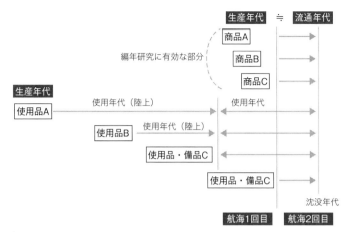

図5-12　沈没船の陶磁器の年代模式図

上の消費遺跡で発見される陶磁器と同様に使用期間を想定しなければならない。つまり、生産年代と廃棄年代に差がある可能性を考えなくてはならない。

　このように沈没船の資料には、さまざまな性格の陶磁器が含まれている。性格によって生産年代と廃棄年代（沈没年代）の差が異なる。言い換えれば、同じ沈没船から発見された陶磁器であっても生産年代が異なることがあるということである。使用期間が長かったものは生産年代が古いものとなる（図5-12）。沈没年代をもとに編年にあてはめられるものは、商品としての陶磁器であり、その他の陶磁器については吟味が必要である。また、沈没船の形成過程の性格上、別の時代の製品が混入することがありうる。また、ここでは挙げなかったが、新安沖沈没船では、「骨董品」が商品の中に含まれていた可能性が指摘されている。

　編年研究において、絶対年代を与える決定的な資料となりうることからこそ、それぞれの陶磁器が沈没船資料に伴うものであるかどうかも含めて、慎重に年代について検討しなければならない。

コラム1　海上生活と陶磁器

　船は狭いながらも生活空間をもつ。長い航海生活のためにさまざまな生活用品や身の回りのものが持ち込まれる。空間の大きさが限られているため、持ち込まれる際には取捨選択される。

　長崎県松浦市の鷹島海底遺跡は、元寇の弘安の役の際、暴風雨によって遭難した元軍の遺跡である。3400隻14万の兵が遭難したと伝えられる史上最悪の海難であり、海底には元軍の船をはじめ、多くの元軍ゆかりの遺物が沈んでいる。その中には大量の陶磁器が含まれる。ほとんどは中国陶磁である。朝鮮半島から襲来した東路軍4万、中国から襲来した江南軍10万、つまり4対10という比率からすると、朝鮮半島の陶磁器もそれなりの数が見つかってよいはずであるが、ほとんど見られない。東路軍は調査地区と異なる場所で遭難したものか、あるいは難を逃れたか、理由はわかっていない。

　発見された陶磁器は、大きく三つに分けられる。一つめは貯蔵器・容器である。壺、甕、瓶などがあるが、最も多いのは褐釉の四耳壺である（図Ⅰ-1）。内容物はすでにわからないが、10万以上の兵の生活に必要な物資や軍の物資がさまざまな容器に収められていたのであろう。

　二つめは食器である。船上での生活を最も物語る遺物である。10万以上の兵が食事をするための器である。航海中、何度も使用されたものであろう。器種は大振りの碗が最も多い。大振りの碗は最も汎用性の高い器種である。飯、麺、汁などいずれにも使え、主食（米、麦、雑穀など）と副菜を一つの器に入れることもできる。船の空間は限られている。持ち込むものも限られる。何か一つだけ食器を船に持ち込むならば、やはり大振りの碗が選ばれるであろう。そして、碗の中でも主体となっているのは青磁碗である。元寇のあった13世紀は青磁が主流である。他に白磁碗や鈞窯系の碗なども見られるが、量は少ない。青磁碗は龍泉窯系の鎬蓮弁文碗など上質なものと福建産の粗製のものがある。軍に将もいれば、兵もいるように、陶磁器もそれに応じて品質の差がある。船には陸上の社会や階層も持ち込まれるのである。ちなみに福建産の粗製の碗には「王百戸」と墨書されたものがある。軍の備品として、食器を揃えた可能性も考えられる。

　三つ目は兵器である。いわゆる「てつはう」（口絵5I）が多数出土している。材質は土器に近い。多くが割れた状態で見つかっているが、中には完全な形で残っているものもある。X線撮影で内部を観察すると、金属片や陶磁片とみ

図I-1　鷹島海底遺跡出土の褐釉四耳壺（山本祐司撮影）

られる破片が充填されており、単に炸裂音で驚かせるだけではなく、ある程度の殺傷能力を持った兵器であったことがわかる。

　船に積まれた陶磁器が、商品であったか、それとも使用品であったかについては、使用痕の有無以外に、多いか少ないかという数量によって見分ける。同種のものが大量にある場合は商品の可能性が高く、種類がさまざまで数が少ない場合は使用品の可能性が出てくる。しかし、単なる多寡ではない。鷹島海底遺跡では、福建産の青磁碗が大量に見つかるが、船の性格から考えてもこれらは使用品である。豪華客船タイタニック号でも大量の食器セットが積まれていたが、これもやはり乗客や乗員が使うためのものであろう。つまり、船に乗っていた人数からみて、多いか少ないかを考えなくてはならないのである。鷹島海底遺跡で大量に見つかっていると言っても14万の兵の数を考えると、決して多いものではない。タイタニック号も同様であり、乗客乗員合わせて2200人以上の人数に見合う数であれば、数が多くても使用品とみなすことができるのである。

第6章
近世・近代考古学と陶磁器

1 歴史考古学の中の近世・近代考古学

　大森駅のホームには「日本考古学発祥の地」の石碑が立っている。明治10年（1877）にいわゆるお雇い外国人であったアメリカ人のエドワード・S・モース（Edward Sylvester Morse 1838-1925）が横浜から新橋へ向かう車中から、大森貝塚（東京都品川区・大田区）を発見したことが日本考古学の嚆矢とされているためである。モース自身、動物学者であり、日本考古学は「人類学」的な考古学として始まった。この時の考古学の範疇にはそう読んでいたかどうかもわからない江戸時代はもちろん含まれていない。モースが大森貝塚を発見した1877年は、政権が徳川幕府から明治政府に変わり、近世から近代へと変わったとはいえ、それは政治上の問題であり、ほとんどの社会生活はまだ近世の中にいた。つまり、生活史においてはまだ近世であった。明治時代には多くの古写真が残されているが、江戸的な風俗が写されている。さらに農漁村部になれば、大正時代の土層から江戸時代の風俗を示す遺物が出土しており、少なくとも明治時代末までは、まだ江戸「的」風俗が残されたことも近代の遺跡の発掘調査から明らかになっている〔2002年および2003年に発掘調査が行われたヤキバの塚遺跡・神奈川県三浦市では、明治時代から戦後にかけて廃棄された大量の生活財が出土し、この地域では大正頃に近世的生活スタイルが近代的生活スタイルへ変化したことがわかった〕。日本の近代考古学の父とも称される濱田耕作（1881-1938）が『通論考古学』を著した大正11年（1922）は関東大震災の前年である。当時はまだ「近世」はいわば「民俗学・民族学」から引き継ぎを受けていない時代であり、近世が考古学の範疇に入るにはまだ時間が必要であった。

　日本の考古学は、大森貝塚の縄文時代すなわち先史時代の考古学から始まった。ヨーロッパのように先史考古学と古典考古学がそれぞれ発展を遂げた形ではなく、先史考古学で培った理論と方法論を新しい時代を対象に応用して、考

古学の新分野を少しずつ開拓するように、**歴史考古学**が生まれていった。濱田耕作は、考古学が対象とする時代を「人類過去の総て」とし、フランスの先史学者ジャック・ド＝モルガン（Jacques Jean Marie de Morgan 1857-1924）もまた「人類の出現以降、現代に至る人文の過程全部を包括する」としたが、濱田は理論上、「人類過去の総て」を対象としつつも奈良朝以前を考古学が大いに活躍すべき時代としている。すなわち、濱田は古代の飛鳥、奈良時代を歴史考古学の対象に含めている。

　濱田の頃の「歴史考古学」には、まだその「歴史」の中に近世はもちろん中世も含まれてはいなかった。考古学の発展と普及とともに、文字のある「歴史」時代に少しずつその範疇を広げていったのである。考古学の定義が「人類の過去」となっているからではなく、遺跡を掘り出すことで認識を広げていった。古代の次に新しい分野は中世であった。文献史料だけでは見えない中世の世界を考古学は描き出していった。**草戸千軒遺跡**（広島県福山市）や**一乗谷朝倉氏遺跡**（福井市）などの華々しい発掘成果が中世考古学の地位を確固たるものにしていった。

　中世の次はいよいよ近世である。1969 年 4 月の日本考古学協会の総会で中川成夫、加藤晋平が近世考古学の提唱を行っており、2019 年には近世考古学の提唱 50 周年を記念して、近世考古学関連の諸研究会による合同大会が行われた。一方、生産地の有田ではすでに 1965 年から三上次男や倉田芳郎によって**天狗谷窯跡**の発掘調査（口絵 6）が行われていたが、近世史研究への参入というより、むしろ陶磁史研究への考古学のアプローチであった。陶磁史研究は、考古学よりも陶芸史、美術史の研究が先行していた。考古学の層位的な発掘調査によって相対年代は証明されていったが、絶対年代（暦年代）をあてはめる際には美術史による年代観が用いられた。考古学でも型式学は用いられるが、美術史における年代観はより感覚的であり、観念的であった。特に技術の発展途上の「素朴さ」と量産による「粗放さ」を混同し、陶磁器の年代に 100 年以上の誤差が生じてしまった。加えて当時、窯跡の調査で多用された**熱残留磁気年代測定**の結果がその年代観を後押ししてしまった。科学と観念の奇妙な一致であった。これらの年代観が改められたのは、1980 年代に入って、大橋康二らによる肥前の窯跡の発掘調査が網羅的に行われるようになってからである。

　話を近世考古学に戻すと、1970年代は、その揺籃期である。佐々木達夫ら が1970年代に行った江戸の市域、すなわち御府内の発掘調査は極めて先駆的 であり、画期的であった。1974年の**日枝神社境内遺跡**（東京都千代田区）に始 まり、次いで**動坂遺跡**（文京区の御鷹匠同心組屋敷）、**都立一橋高校遺跡**（千代田 区の町屋と墓地）の調査を行っている。佐々木は生産地の発掘成果も取り入れ、 出土陶磁器の産地、年代、組み合わせ、数量を分析し、「地域の生活や文化、 技術、商品経済などを具体的に示す資料」とした。その後も江戸では大名屋敷、 武家屋敷、町屋、墓地などさまざまな遺跡の調査が続いたが、佐々木の調査研 究方法を継承したものであった。

　そして、近世考古学が広く認知されるようになったのは、1980年代に入っ てからであり、その発展を加速させたのは、1980年代後半から1990年代初頭 にかけてのいわゆるバブル景気であった。都市の再開発の動きが活発になり、 都市部の発掘が盛んに行われるようになったのである。特に東京では関東大震 災、東京大空襲、高度成長期の開発によって、すでに失われたと思われていた 江戸の風景がいたるところの地下から蘇り、近世考古学にたずさわる研究者も 増えていった。現在の主要な都市は、江戸時代に城下町、門前町、港町などと して栄えた都市が近代以降も継続したものであることから、バブル景気が地方 に及ぶと、全国で近世の都市遺跡の発掘調査が進み、さらにそれは都市以外の 地域にも波及していった。全国に近世考古学に関わる研究会や学会が設立され、 研究者間の研究ネットワークも広がっていった。江戸遺跡研究会、関西近世考 古学研究会、北陸近世考古学研究会、九州近世陶磁学会（現、近世陶磁研究会） などである。一方、近世の遺跡は中世以前に比べて、出土する遺物の量も膨大 なものとなり、全国の地方公共団体や埋蔵文化財担当者は業務量の増加に加え、 遺物の管理にも苦慮することになった。

　そんな折、文化庁は、「埋蔵文化財の保護と発掘調査の円滑化等について （通知）」（庁保記第75号　平成10年9月29日）を各都道府県教育委員会宛てに通 知した。その中で「埋蔵文化財として扱う範囲」として、「おおむね中世まで に属する遺跡は、原則として対象とすること」にしたのに対し、近世に属する 遺跡については「地域において必要なもの」に限ったのである（ちなみに近代 に属する遺跡については「地域において特に重要なもの」に限られた）。発掘調査の円

滑化と通知文の題目にはあるが、実際のところ、「開発行為」の円滑化のための通知であることは明らかであった。

　この通知は、近世考古学に真摯に取り組んできた多くの人々を困惑させた。考古学の定義による対象とする時間は「人類の過去」であり、もちろん近世も含まれるはずであるが、それが「地域において必要な」過去に狭められた。また、人類共有とまでは言わずとも国民共有の財産であるはずのものが「地域において必要な」財産にとどまるものになった。中世以前に比べて、社会活動が飛躍的に拡大し、全国規模に展開する時代となった遺跡の価値判断が地域に委ねられたのである。例えば、有田焼を積んだ近世の船が沈んだ遺跡が有田とは全く関わりのない海の底で発見されたとする。有田にとっては「必要なもの」であることは確かであるが、沈没船が見つかった海の地域にとって必要とされるのかどうか、遺跡となるかどうかは有田とは関わりのないところで決まってしまうという文言である。

　バブル景気は多くの近世遺跡を生んだ。全国の埋蔵文化財行政を所管する文化庁としてのバブル景気で広がった遺跡の範疇の収め方であり、景気がはじけた以後の指針であろうが、考古学と埋蔵文化財行政が必ずしも同じものではないことを通知したものでもあった。しかし、国内の発掘調査の大半が埋蔵文化財行政の下で行われる状況下では、日本考古学の遺跡の定義についての現実的な変更に等しいものであった。一方、時代としては、近現代と対極にある前期・中期旧石器時代について、文化庁が積極的に認定し、歴史教科書に載せるまでにお墨付きを与えた上高森遺跡（宮城県栗原市）などの前期・中期旧石器遺跡群が捏造によって生まれたものであったことが明らかになったのは、その通知の2年後のことであった。1998年には地域にとって必要のない近世・近代の遺跡が遺跡ではなくなり、2000年になると前期・中期旧石器時代の遺跡のほとんどが抹消された。日本史の時代の帯の両端が切り取られ、おおむね遺跡とみなされるのは、「後期旧石器時代から中世」までとなってしまったのである。

　おおむね中世までに属する遺跡は、原則として対象とすることになったことで、中世「的」生活を描けるかと言えば、そうではない。前に政治的には近代に入っても生活は近世のままであると述べたが、江戸「的」な暮らしの終焉の

姿を明らかにしたのは近世考古学ではなく、近代考古学であった。近世「的」世界の終末は、近世考古学ではわからない。佐々木は江戸時代と明治時代を「文献史学や美術史、建築史などが別時代とした」が、「江戸の考古学発掘が始まり、件数が増えるのと同じ」くして、江戸時代から明治時代を連続して扱う研究が現れ始めたとする（佐々木2018）。

それは中世と近世の間においても同じである。安土城が築かれたからと言って、あるいは江戸に幕府が開かれたからと言って、人々の暮らしがすぐに変わるわけではない。政治的時代区分によって、中世と近世を切り離すということは、中世「的」生活の終焉を明らかにすることを諦めるということである。言い換えれば、中世から近世への生活の転換を知ることはできなくなるということである。中世考古学、近世考古学、近代考古学という政治的時代区分そのものがあまり意味のない区分であるとも言えよう。

最後に近世考古学の現況について述べよう。文化庁による1998年の通知は、1970年代から考古学が新しい時代を開拓してきた流れに逆行するものであったが、これで近世以降の遺跡の調査がなくなったかと言えば、そうはならなかった。一度、文化財として認識された「近世遺物」を簡単にゴミとして捨てることはやはり難しい。バブル経済崩壊以後の景気低迷に伴い、発掘件数は全体的に少なくなったが、近世史に新たな視点を投げかける研究成果を上げ続けている。

2　江戸の遺跡から発掘された陶磁器から見えるもの

1で述べたように1970年代から江戸の発掘調査が行われている。ここでは江戸出土の陶磁器からわかることについて、佐々木達夫の考え（佐々木1997）をカギ括弧内に要約して示しながら、述べていく。

①出土陶磁器の産地と年代

「出土品の産地推定は生産地での研究が前提になる。生産地での研究によって、その状況が分かるにつれ、消費地出土の産地分類が進み、研究成果の修正が行われる。例として瀬戸美濃の施釉陶器と推定した碗に、京都や信楽の製

品が混じることが判明したことなどをあげている。」肥前磁器に関する産地問題としては、**古九谷論争**（古九谷問題）［17世紀中葉の初期絵絵磁器に関する産地論争である。かつて石川県で焼かれたと考えられていたため、「古九谷」とされた色絵磁器の一群があった。一方それらは佐賀県の有田で焼かれたものとする考えが以前より示され、論争となっていた。最終的には有田の窯跡や工房の発掘調査により、有田で焼かれた初期色絵磁器の一群であることが明らかになった問題である］が著名であるが、この問題も生産地の研究の進展によって初めて明らかになった。

　「一方、出土品の年代は都市遺跡の発掘で明らかになる。年代が推定できる埋め立てや火災の遺構を利用して、層位の年代推定の精度を高めている。」大坂では慶長20年（1615）の大坂夏の陣の焼土層、長崎では寛文3年（1663）の大火などが、いわゆる**鍵層**［地質学で地層の年代を比較し特定するために用いられる特徴的な層である。通常、火山灰層などが用いられている。考古学でも応用され、火山灰層のほか、広範囲にわたる火災層などが該当する］となる。大坂夏の陣の焼土層など1610年代の焼土層は肥前磁器の創始年代を検討する上で意義が大きいものである。また、長崎大火があった1660年代は肥前磁器の海外輸出が本格化して間もない頃であり、被災した蔵などから出土した磁器は初期輸出時代の製品を知る上で貴重である。大火層は、遺構や遺物に絶対年代を与えてくれるものであるが、複数の火災層が検出された場合、どの火災層がどの火災に相当するか、判断することが難しい。出土する遺物の年代から判断されることが多いが、遺物の年代から推定したにもかかわらず、推定された層の年代から出土遺物の年代を決定してしまうという仮定と根拠の混同に気をつけなくてはならない。

②産地の変遷

　出土陶磁器の産地と年代が判明することで産地の変遷が明らかになる。「江戸初期は瀬戸・美濃、肥前（唐津）や信楽などの陶器が中国染付とともに使用された。17世紀中葉頃から中国染付が激減し、肥前磁器が増加する。18世紀後半から日本全国の遺跡出土の陶磁器量は増加する。肥前と瀬戸美濃の二大生産地の増産があるが、その他に地方窯陶器の進出も目立つ。19世紀は陶器から磁器へ飲食器の中心が移り、江戸やその周辺では肥前よりも瀬戸美濃の染付が多くなる。」

　比較的広範囲で原料の入手が可能な陶器と異なり、磁器の場合は磁器原料（陶石など）の入手が産地形成における不可欠条件であり、17世紀までの磁器産地は地元に原料を有するところに形成された。しかし、18世紀後半になる

と、天草陶石が商品化することで、地元に原料産地があることが不可欠なものではなくなった。それは肥前の内部でも同様であり、それまで磁器の原料に乏しかった志田地区が天草陶石の入手によって、急成長を遂げた。

③陶磁器の組み合わせ

生活の中で同時に使用されていた組み合わせを明らかにできるのは、消費地遺跡である。これまで述べた生産地や流通過程の遺跡では知ることのできないものである。

「同時に使用された陶磁器の組み合わせは、産地や種類、器種が分類できれば分かる。しかし、産地を知ることは試行錯誤の作業であり、それぞれの遺跡の出土品を同じ基準で細かく器種分類することは難しい。大きな土壙内の一括品や同じ層位の出土品から、同時代に使用した組み合わせが推定される。」とりわけ、火災や地震などの災害に伴って、一括廃棄されたものは、被災直前に使用されていた陶磁器の組み合わせを知ることができる。

④階層性の違いを示す出土品

「大量生産された生活什器は各地で用いられる。大名屋敷でも町屋でも、基本的な生活用品に大きな違いは見られない。しかし、出土する陶磁器の種類や質から、生活の様子や階層性を考えることも可能である。」階層性は陶磁器の産地の違いからも見ることができる。肥前では鍋島藩窯や南川原の窯の一部は別として、有田内山、有田外山、そして、大外山が質的分業と種別分業を行っている。内山の磁器が最も質が良く、次いで外山であり、大外山は最も質が劣る磁器を焼くか、陶器の生産を行っている。階層の高低に応じて、使用する陶磁器の品質が異なり、その産地が異なる傾向がある。

⑤生産地と消費地研究

1980年代以降、陶磁器の消費地としての近世遺跡の研究が飛躍的に進んだが、それは車の両輪のように生産地の研究の進展とともに進んだものである。生産地において陶磁器の産地が判明し、それに年代が推定できる資料によって年代を与えていく。生産地と消費地の双方で編年が進み、それぞれを補完し

合った。つまり、消費地におけるそれぞれの陶磁器の使用期間の差による年代のぶれ、生産地における組み合わせの欠如を補い合い、編年と分類の精度を上げていった。精度の高い種類毎の編年ができると、すでに述べた陶磁器の組み合わせの変遷、階層性と産地の関係に加え、産地ごとの流通圏、産地ごとの競争や盛衰の状態も推測できる。

3　近世〜近代にかけての生活遺跡

　2014年度に長崎大学多文化社会学部が行った近世から近代にかけての生活遺跡である江里町「貝塚」（長崎市）の調査実例を紹介する。

3-1　調査の経緯

　長崎の住宅街の一角にわずかばかりの緑が残された場所に貝殻や陶磁器片が散らばっていた（図6-1）。表面観察で見られる陶磁器は、明治、大正、昭和など近代のものが多く、一部、江戸時代のものとみられるものも含まれていた。付近に明治や大正に建築年代が遡るような住宅も見当たらず、「貝塚」が形成された経緯については不明であった。そこで近代の遺跡として江里町「貝塚」と名づけ、発掘調査を行った。ちなみに江里町「貝塚」は、行政上は遺跡ではない。「地域にとって特に重要なもの」ではないからである。

　長崎は近代の鮮烈な記憶を大地にとどめている。昭和20年8月9日の原爆である。長崎市内には多くの被爆（被曝）遺構が残り、地下には当時の焼土層や炭層も残されている（図6-2）。主として地上に露出している遺構が対象ではあるが、原爆遺構に対する戦跡考古学としての近代考古学のアプローチはこれまでも行われてきている。また、世界遺産登録に向けて行われてきた近代化遺産の調査研究も行われている。江里町「貝塚」の調査はそうした原爆や近代化など日本史、アジア史、世界史の中の長崎ではなく、近代の長崎の市井の一角で慎ましやかに営まれた生活を明らかにすることが目的であった。

　近代のことであるので、地籍図、古地図、古写真をはじめとした資料もあり、また土地の経緯について知っている人も存命である。そのため、歴史学、民俗学、考古学の学際的な調査となった。

図6-1　江里町貝塚

図6-2　原爆投下に伴う焼土層

図6-3　原爆投下前後の航空写真

図6-4　江里町貝塚周辺地図（左）および地籍図（右）

3-2　文献調査および聞き取り調査

　明治34年（1901）測量地図（図6-4左）、昭和20年（1945）8月の原爆投下直前・投下直後の航空写真（図6-3）、新旧の地籍図（図6-4右）、住居表示図等の地図写真類や入手可能な戸籍謄本、被爆体験記などの記録類を調査した。そして、現土地所有者TKへの聞き取り調査も行った。

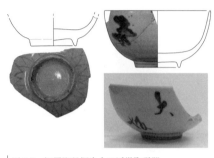

図6-5　江里町貝塚出土の近世陶磁器

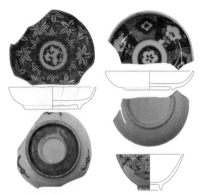

図6-6　江里町貝塚出土の近代陶磁器

　これらの調査の結果、明治34年頃には江里町「貝塚」付近に5軒ほどの家屋が建てられていること、当該地にT家の熊八（1882-1945）が明治40年（1907）頃に移り住み、昭和20年（1945）まで一家で生活していたこと、T家の熊八の以前はO家が住んでいたことなどがわかった。

3−3　発掘調査による出土遺物

　出土遺物は、陶磁器、瓦、ガラス、金属製品（乾電池、釘など）、ビニール製品（菓子袋など）、ナイロン製品（ストッキングなど）、貝殻に分けられる。

　出土した遺物の年代は、最も古いものは17世紀の中国磁器（2点のみ）と肥前磁器、最も新しいものは現代のビニール製品やナイロン製品が確認されているが、量的には非常に少ない。そして、江戸後期から幕末にかけての磁器製品が見られるが、種類は多いものの、量は少なく、年代にまとまりがない。一定量まとまって見られる遺物は、明治後期から昭和20年代前後のものである。

　遺物の年代から、4つの段階が想定される。第1段階（江戸前期）の中国・肥前磁器、第2段階（江戸中期～幕末・明治前期）の肥前陶磁（図6-5）、第3段階（明治後期～昭和20年代頃）の肥前陶磁（図6-6）・瀬戸美濃磁器などの国産陶磁、瓦（城島瓦など）、ガラス製品（板ガラス、瓶など）など、第4段階（昭和20年代～現代）の金属製品、ビニール製品、ナイロン製品である。

　貝殻は、海水産のアサリ、牡蠣、サザエ、ニナなど、淡水産のタニシ、カワ

ニナなどがみられる。最も多いのはタニシであった。

3−4　成果と考察

　遺物の年代から想定される４つの段階を追いながら、土地の使用者と遺物の廃棄者の関係をみていく。

　第１段階の遺物は非常に少なく、この土地の生活とどのような関わりをもつものか明らかではない。中国の染付芙蓉手皿や東南アジア向けの肥前磁器も含まれており、造成等により過去の廃棄物が再廃棄（二次堆積）されたものである可能性が高い。

　第２段階の遺物もまとまりがなく、二次堆積のものと見られるが、第１段階の遺物よりは多く、少なくとも付近で生活が営まれていたことは推測される。聞き取り調査で判明したＯ家あるいはそれ以前の人々によって捨てられたものと推測される。

　続く第３段階がこの「貝塚」の主たる年代であり、この遺跡の場所をゴミ捨て場として利用していた時代である。第３段階の遺物については、二つの性格が考えられる。一つは日常の生活の中で使用・消費される過程で廃棄されたものである。その中には貝殻も含まれる。もう一つは家屋の倒壊や焼失に伴い、一括廃棄されたものである。いずれの性格のものも年代的にみて熊八一家に関わるものであろう。遺物は熊八一家の営みの歴史を物語る証である。明治、大正、昭和にわたる飯茶碗などの食器、兵隊が描かれた子供用の飯茶碗もある。酒屋の銘の入った通い徳利、ガラス瓶、化粧瓶や靴クリーム瓶などがある。

　そして、家屋の倒壊等に伴う一括廃棄の要因が原爆であることは言うまでもない。瓦やガラス窓などは倒壊後に廃棄されたものである可能性が高い。家屋の倒壊にあっては、陶磁器やガラス類も破損するため、それらも一括廃棄遺物の中に含まれている可能性がある。

　第４段階は、終戦直後から現代に至るまでの時代である。原爆では熊八夫妻をはじめ大半の家人が亡くなっている（図6-7）。聞き取りによれば、終戦直後に倒壊した部材を用いて、防空壕の前に住居を建築しており、昭和21年（1946）には亡くなった熊八夫妻の子である吉之助が家督を継ぎ、翌年、再婚

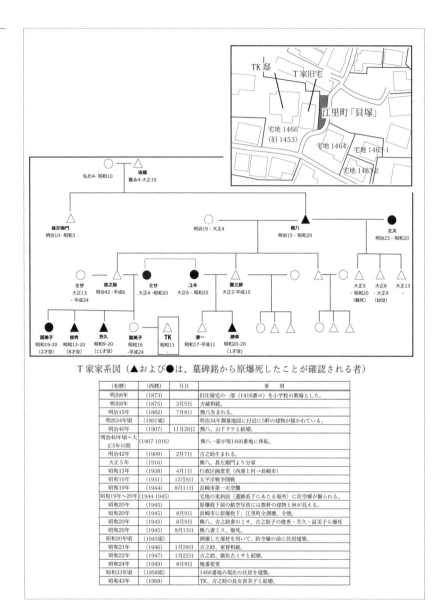

図6-7　江里町貝塚関連の家系図

している。そのため、第4段階は、防空壕前の新居で家督相続者である吉之助の家族が生活した時期であるが、遺物はほとんどない。新居が建てられたことで、空間配置が変わり、すでにゴミ捨て場としては使われなくなっていたのであろう。通行人がゴミを道端に捨てる程度ではなかったかと思われる。

　文献史料が豊富な近代ではあるが、原爆投下という事実により、この地にあった記録は全て焼失してしまっている。また、証言者となったであろう人の多くが亡くなっている。手がかりの多くは失われているが、残された遺物がわずかに当時の生活を物語っている。

　原爆とは関わりなく、近代の長崎の市井の生活の復元を目指した調査であったが、結局、調査によって浮かび上がったのは原爆が奪った生活そのものであった。中世から近世、近世から近代への移行過程においては、政治と生活の間に時間差が見られたが、長崎においては近代と現代の空間的な隔絶を目の当たりにすることになる。

コラムＪ　戦争とやきもの

　13世紀後半の蒙古襲来の際、鎌倉武士を恐れさせた蒙古軍の武器の一つが「てつはう」（口絵51）である。中に火薬が詰められたやきものでできた炸裂弾であった。『蒙古襲来絵詞』の中にも描かれており、元寇の海底遺跡である鷹島海底遺跡では実物が発見されている。その多くは割れて、中身が失われていたが、割れていないものをＸ線撮影した結果、金属片や陶片が詰められていた。爆発音で驚かすだけでなく、殺傷力があるものであった可能性が高い。

　そして、「てつはう」と同様にやきものの中に火薬を詰めた武器が20世紀においても生産されていた。その一つが太平洋戦争の際に生産された陶磁器製の手榴弾（図Ｊ-1）である。日本各地の窯業地で生産されていた。有田や波佐見などの肥前地方だけでなく、関西や東海の窯場でも生産されていた。戦時の機密事項であり、また戦後は戦争協力についてGHQからの責を免れるために、ほとんど記録が残されていないが、膨大な量の実物が存在する。生産地の一つの有田では下水道工事の際に磁器製手榴弾が大量に発見された。もちろん火薬が詰められる前のものであり、爆発する危険はないが、そこに埋められていたことを知る人はいなかった。

　太平洋戦争中には、手榴弾だけでなく、いろいろなものがやきものでつくられていた。その一つが缶詰の缶の代用として作られた**防衛食器**（図Ｊ-2）である。蓋付きの磁器製容器であり、蓋は小さな穴が開けられた素地に釉薬がかけられている。そして、蓋の表面には「矢印ノクボミヲ釘デツクト蓋ガ取レマス」、「フタヲ取ルニハ釘デクボミニ穴ヲ開ケ」と書かれている。つまり、穴の部分は釉でふさがれているだけで、そのくぼみを釘などで開けると、内部に空気が入り、蓋が取れるようになっている。

　その他、水筒、ガスコンロ、ボタン、文鎮、キセル、おろしがね、アイロン、スプーン、ナイフ、フォーク、ヤカン、湯たんぽ、茶釜、靴のかかと、戸滑り、記章、蛇管器、十能、焼き網、栓抜き、洗面器、電傘、カイロ、肉たたき、防火砂弾、鏡餅、そして、実際に流通することはなかったが、貨幣も陶磁器でつくられた。金属不足のため、さまざまな金属の代用品が作られたのはもちろん、金属以外の物資も不足したため、「ただの土」からさまざまなものが生み出されていった。

　軍からの発注も前に述べた手榴弾だけでなく、他にもあった。実用化はされなかったが、模擬弾が作られた。陸軍や海軍のための軍用食器も作られた。陸

図J-1　有田製の磁器製手榴弾
　　　　有田町歴史民俗資料館

図J-2　防衛食器
　　　　有田町歴史民俗資料館

図J-3　硝酸槽
　　　　波佐見町陶芸の館

図J-4　江里町貝塚出土の統制番号入り磁器

軍の食器には星のマーク、海軍の食器には錨のマークが入れられた。そして、磁器の耐酸性や耐薬品性を生かした製品や装置も作られた。波佐見町には火薬や爆薬の原料となる硝酸を貯留する大きな硝酸槽（図 J-3）が残っている。昭和 10 〜 13 年に製作されたものとある。高さは 1.3m、米 10 俵（600kg）が入る大きさである。さらに有田が受注した仕事は、軍の中でも最高機密であった。日本初のロケット飛行機「秋水」の燃料製造装置の製作である。小倉の東洋陶器、名古屋地区の日本碍子、日本陶器、伊奈製陶など日本のトップメーカーとともに、有田の 5 社（有田製陶所、岩尾磁器工業、工栄社、香蘭社、山本火鉢）も参画した。

　最後に戦時中の器として、**統制陶器**を紹介しておこう。戦前、戦時中の統制経済下、窯元に番号が付され、製品の裏に番号が入れられたものである。有田の窯元は「有○」、波佐見は「波○」、有田や波佐見以外の肥前は「肥○」といった具合である。ちなみに瀬戸焼は「瀬○」、美濃焼は岐阜の「岐○」（図 J-4）である。しかし、その番号が示す窯元がわかるものは数少ない。こんな簡単な符号がわからないほど、戦後の資料の焼却が徹底されていたということだろう。

第Ⅱ部
肥前磁器の歴史

第7章
肥前磁器の始まり

　第14章で述べる「青の道」が17世紀初に日本までつながった。中国から朝鮮半島へ磁器生産の技術が伝わり、16世紀末に朝鮮半島から日本に伝わった。最初は施釉陶器が焼かれ、17世紀初めに日本で初めての磁器が九州北西部の肥前地域で誕生した（図7-1）。主要な積出港であった伊万里の名に因んで、**伊万里**と呼ばれた。つまり、伊万里は突如、生まれたわけではない。陶器である「唐津」の技術を母体として生まれ出たものである。なお、伊万里は歴史用語であり、本書では学術用語の**肥前磁器**を主に用いる。肥前地域（現在の佐賀県・長崎県の大半）で焼かれた磁器の意味である。そして、肥前の陶器と磁器を合わせて肥前陶磁という。肥前で焼かれた陶磁器、やきものという意味である。

　日本で新たに磁器が開発されたと言うよりも、朝鮮半島から伝わり、潜在していた磁器の生産技術が時機を得て表出したと言った方がよいかもしれない。その時機とは磁器原料の発見であった。比較的原料の入手が容易な陶器は、世界の広い範囲で焼かれたが、特別な原料が必要な磁器は生産地が限られていた。そのため、長らく磁器は中国の特産であった。その後、中国磁器の輸出が減退した際には肥前磁器が世界中に運ばれ、各地の食文化を中心とした生活文化を彩った。ヨーロッパでは生活や文化だけでなく、その磁器生産の開始にも少なからず影響を与えている。その文化的貢献はとても大きなものであったが、それは豊臣秀吉による朝鮮出兵といういわば「負の交流」から始まったものであり、戦争が「青の道」がつながる契機となった。

　豊臣秀吉の無謀な野望のために行われた朝鮮出兵、すなわち文禄・慶長の役（1592-1598）は「やきもの戦争」ともよばれている。朝鮮半島に渡った各大名が帰国の際に多くの朝鮮人陶工を連れ帰り、九州をはじめとした地域に新しい窯業地が成立したためである。山口県の**萩焼**、福岡県の**上野・高取焼**、鹿児島県の**薩摩焼**などは、いずれも朝鮮人陶工が創業に関わっている。すなわち、李

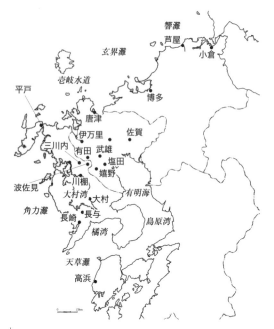

図7-1　肥前磁器関連地図

勺光、李敬（以上、萩焼）、尊楷（上野焼）、八山（高取焼）、沈当吉（薩摩焼）などの朝鮮人陶工である。

　文禄の役の前後に成立した唐津焼も連れ帰られた朝鮮人陶工らによって大きく発展した。その中の一人が有田焼の陶祖とされる**李参平**（日本名：**金ヶ江三兵衛** 生 年 不 詳 -1655）［有田焼の陶祖とされているが、その朝鮮人名については明らかではない。江戸後期の文献に「李某」、「三平」と書かれていることから、明治以降になって李参平という名称が定着した］である。『**金ヶ江家文書**』などによると、李参平は慶長の役の際に鍋島直茂に従い、日本に渡来し、最初は多久安順に預けられ、その後、有田に移り住んだという。

1　日本磁器の創始

　肥前の窯業は、陶器生産に始まる。いわゆる唐津焼である。壱岐の**聖母宮**（しょうもぐう）が所蔵する唐津焼とみられる鉄釉耳付壺（図7-2）に天正20年（1592）の銘が見

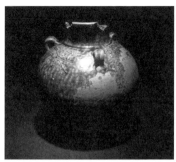

図7-2　聖母宮所蔵の褐釉耳付壷

図7-3　唐人古場窯跡
　　　　佐賀県多久市

図7-4　高麗谷窯跡出土磁器
　　　　多久市教育委員会

られるため、その頃には生産が始まっていたとみられる。そして、唐津焼の窯は肥前一帯に分布しているが、その中でも最も古いとみられている窯場が岸岳山麓に分布する**岸岳古窯跡群**（佐賀県唐津市）である。続いて文禄・慶長の役の際には多くの朝鮮人陶工が連れ帰られ、特に九州周辺に多くの陶器の窯場が築かれた。肥前でも唐津焼の生産が大いに拡大していった。そうした唐津焼を技術母体として、肥前磁器、つまり伊万里が誕生したのである。

　肥前磁器の始まりは、日本磁器の創始である。長らく日本磁器の創始については、「1616年に李参平が泉山磁石場を発見し、天狗谷窯で日本初の磁器を焼いた」という通説が語られていたが、近年の研究成果によって、天狗谷窯より前に有田西部地区の唐津系陶器の窯の中で磁器がすでに焼かれていたことがわかっている。

　しかし、近年、李参平が有田に移住する前にしばらく預けられていた多久

（佐賀県多久市）の窯で、有田西部地区以前に「磁器」が焼かれていたことが明らかになった。李参平は朝鮮半島から連れ帰られてからしばらくは多久安順に預けられていた。最初は**唐人古場窯**（図7-3）で陶器を焼き、その後、高麗谷窯、大山窯を築き、元和2年（1616）頃に有田に移り住んだとされる。これまで多久の窯では陶器ばかりを焼いていたと考えられていたが、**高麗谷窯**の出土資料の中に「磁器」（図7-4）が含まれていたのである。窯の年代から16世紀末〜17世紀初めの磁器と推定される。この「磁器」は開発途上のものでもなければ、偶発的にできたようなものでもない。朝鮮人陶工らは磁器を生産する技術を朝鮮半島にいた頃にすでに持っており、原料についてのみ試行錯誤をしていたことがわかる。多久で生産された磁器の量は非常に限定的なものであり、これまでの社会、文化、生活史の研究結果に変更を与えるものではないが、技術史における磁器の創始の窯として評価されるべき窯は、有田ではなく多久の高麗谷窯であることは間違いない。

　そして、多久に続き、有田で最初に磁器が焼かれたのは、1610年代後半頃と推定されている。鍋島忠茂が寛永元年（1624）頃に「せいじの今焼茶碗」を注文しているので、寛永元年以前であることは確かであろう。

　有田で最初の磁器が焼かれた窯場は有田西部地区（図7-5）とその周辺と考えられている。とりわけ**小溝上窯**（図7-6）と**天神森窯**は規模や操業期間の長さ、製品の種類と量、技術水準など、同時代の窯の中では群を抜いており、有田で最初に磁器を焼いた窯である可能性が最も高い窯場である。通説に登場する天狗谷窯よりも古く、陶器を焼いていた窯の中ですでに磁器が焼かれていたことは、文献史料から推測される李参平の足跡とも矛盾しない。

　陶器と磁器が一緒に焼かれていたことは、両者の熔着資料によっても知ることができる。有田西部地区の窯場で見られる陶器生産は大きく二つの段階に分けられる。胎土目積み段階と砂目積み段階である。いずれも朝鮮半島由来の技法であり、重ね積みするためのものであるが、製品と製品の間にはさむものが異なっている。**胎土目積み**は胎土（粘土）を数個挟むのに対し、**砂目積み**は砂の塊をはさむものである（図7-7）。肥前では胎土目積みから砂目積みへと移行していることが窯跡の発掘調査でわかっている。そして、有田で磁器が誕生したのは、陶器生産が砂目積み段階に移行した後のことである。胎土目積み段階

図7-5　有田西部地区風景
　　　　佐賀県有田町

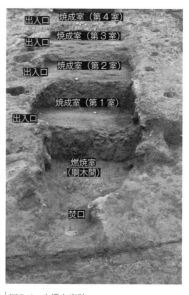

図7-6　小溝上窯跡
　　　　佐賀県有田町

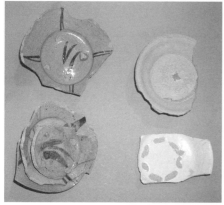

図7-7　17世紀初めの陶器と磁器
　　　　胎土目積み陶器（左2点）、砂目積み陶器
　　　　（右上）、砂目積み磁器（右下）

　で終わっている窯場では磁器は出土せず、砂目積み段階の陶器とともに磁器が出土している。また、砂目積み技法を用いて重ね積みを行なった磁器（図7-7）はあるが、胎土目積みを行った磁器はない。

　それでは、有田で焼かれた最初期の磁器はどのようなものであったか。前に挙げた小溝上窯や天神森窯の製品の中に含まれている可能性が高いが、層位的に最も古い磁器を抽出することは難しい。また、すでに高麗谷窯で磁器は技術的には完成されており、時期による差よりも窯の違いによる差が大きく、技術

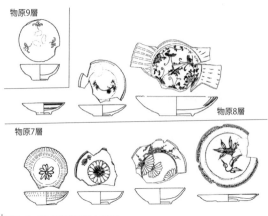

図7-8　向ノ原窯跡出土磁器

が稚拙なものが必ずしも古いとは限らず、技術的な面から型式学的に変遷を追うことも難しい。

　一方、**向ノ原窯**（佐賀県有田町）では、物原（製品の失敗品などの捨て場）の層位的な調査が行われている（図7-8）。向ノ原窯が当時の有田の中心的な窯場であれば、有田全体の初期の磁器の碗や皿の変遷を追うことができるが、向ノ原窯は技術的にも有田をリードしたような窯ではないため、この層位的調査から得られる製品の変遷はあくまでも向ノ原窯における製品の変遷を示しているにすぎない。それでも陶器生産の中で磁器が生まれていく過程を示すものとして重要である。

　向ノ原窯は1号窯と2号窯の2基の登り窯が発見されており、1号窯の方が古い。層位的に最も古い遺構・土層は、1号窯の物原9層とよばれる堆積層である。物原9層では、多くの灰釉陶器碗とともに砂目積みされた磁器碗・小坏・皿が出土している。形も文様もとても素朴な感じがする染付製品である。物原9層より新しい物原7層になると、陶器の割合が小さくなり、磁器が大半を占めるようになる。物原9層に見られた砂目積み磁器はなくなり、形も文様も洗練されたものになっている。陶器が主体であった段階から磁器主体へと移り、磁器の生産技術が向上していく過程を理解することができる。

　最も古い物原9層の年代は正確には不明であるが、物原7層からの出土品に

類似した染付碗が、寛永2年（1625）に水没したとされるみやこ遺跡（佐賀県武雄市）で見つかっていることから、1610年代後半〜1620年代初めとみられる。そして、物原9層で出土する磁器は染付である。染付は白磁の製作技術に加えて釉下に文様を描く技術が必要となるが、向ノ原窯に限らず、有田の初期の窯跡で染付に先行して白磁だけが出土するような遺構や土層は確認されていない。有田の磁器の始まりは、染付の創始であった。

　消費地の大坂では1620年あるいは1622年を下限にもつ遺構や土層が、大坂城や大坂城下町で見つかっている。それらはちょうど有田で磁器を焼き始めた頃の遺構であるが、これまでそれらの遺構から肥前磁器が出土した例はない。出土している陶器も生産地で磁器と共伴する砂目積み段階のものではなく、胎土目積み段階のものである。この生産地と消費地の編年観の差は使用期間の有無によるものかもしれない（生産地と消費地の編年の「ずれ」も考慮する必要がある。生産地では失敗すればすぐに廃棄されるのに対し、消費地では使用期間を経てから廃棄されるため、廃棄年代に基づく編年には「ずれ」が生じる。例えば、1620年以前に大坂で磁器が流通していたとしても廃棄されることがなければ、1620年を下限とする遺構からは出土することはない）のである。

　その後、有田西部地区の窯の磁器は遠隔地まで運ばれている。例えば、天神森窯から出土した瑠璃釉掛分け碗の類品は鎌倉市円覚寺門前遺跡で出土し、迎の原上窯出土の染付菊花型打皿の類品は岡山市二日市遺跡の寛永通宝鋳銭座跡で出土している。この鋳銭座の存続期間は寛永14年（1637）〜17年（1640）に限られている。やはり生産地から比較的遠い消費地まで肥前磁器が流通するようになるのは、陶器よりも磁器を主体に焼くようになる1630年代に近くなってからのことであろう。陶器を焼きつつも磁器を主体に焼く窯が現れ、増加した段階に至って、遠隔地まで広く流通するようになった。

2　三藩境界域窯業圏

　肥前の初期の窯業地である岸岳山麓の古窯群は、窯の数も少なく、焼成室もおおむね10室以下の小さなものであった。つまり、窯場の規模も小さく、生産量もまだ大きくない。そして、それらは山間部に築かれている。朝鮮半島から導入された窯は、登り窯であったため、傾斜地が必要なことは言うまでもないが、集落から離れた地域にある窯も多い。原料と燃料という直接的な生産に

関わる要素が立地条件として優先されたものである。こうした立地条件は後の有田や波佐見のような大規模な生産地よりは、地方の小規模な窯業地の条件に近い。

　有田の西部地区および周辺地域〔ここで言う周辺地域とは、有田町の南側および南西側に隣接する波佐見町、佐世保市木原地区を含めた範囲である〕の窯場では、陶器生産は胎土目積み段階に始まり、砂目積み段階に移行したと前に述べた。ここで胎土目積み段階と砂目積み段階の窯の分布（図7-9）をみてみる。

　まず有田の西部地区で胎土目積み陶器が出土する窯は、天神森窯、小物成窯（こもんなりがま）、小溝上窯、原明窯（はらあけがま）、小森窯（こもりがま）などがある。胎土目積み段階で廃された小森窯を除いて、他の窯は全て砂目積み段階まで操業が続けられている。そして、有田の南側の波佐見地区の胎土目積み段階の窯は下稗木場窯（しもひえこばがま）のみである。さらに有田の南西側の佐世保地区の胎土目積み段階の窯は、葭の本窯（よし）、柳の本窯（やなぎ）、牛石窯（もとがま）などである。葭の本窯や柳の本窯は砂目積み段階まで継続して操業されている。

　一方、砂目積み陶器が出土する窯は、有田の西部地区では前記の4ヶ所の窯場を含めて、20基以上の登り窯が確認されている。波佐見地区においても畑ノ原窯（はた）（のはらがま）、古皿屋窯（ふるさらやがま）、山似田窯（やまにたがま）の村木地区の窯場をはじめ、4基の登り窯が確認されている。木原地区における砂目積み段階の窯は、葭の本窯、柳の本窯、地蔵平窯などで窯場の数は胎土目積み段階と大きな変化はないが、登り窯の数は増えている。

　そして、これらの段階の窯の立地条件としては比較的平野が周囲に広がる丘陵地が選ばれている。また、有田で胎土目積み段階に始まる窯場は全て砂目積み段階まで同一の窯場（同一の窯ではない）で操業が続けられており、窯場の固定化も進んでいるようである。この大きな理由の一つは陶工の人口の増加である。胎土目積み段階から砂目積み段階にかけて焼成室の数も増大し、かつ窯の数も急激に増加しており、これは人口の増加を反映していると考えてよい。小さな窯場の段階では集落に近いという利便性よりは燃料が豊富な山間部に窯場の環境が求められたが、急速に人口が増大し、窯場そのものが大きなものとなれば、山間部だけでは収まらなくなったのであろう。同時に窯場そのものが大きなものとなれば固定化も進んでいった。すなわち、窯業の急速な発展によって増大した人口を支えるだけの環境を山間部には求められなくなったのである。

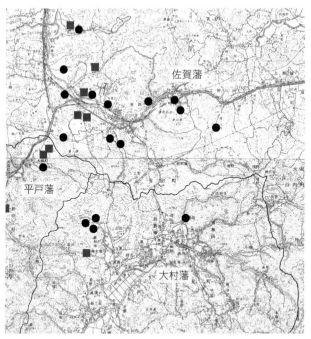

■ 胎土目積み段階から
　始まる窯
● 砂目積み段階の窯

図7-9　三藩境界域窯跡分布図

　この段階について後の有田の東部地区（内山地区）を中心とした窯業圏の段階
と比較して、窯業がまだ農業と切り離せない段階と位置づけることができる一
方、窯業そのものが産業として未熟というよりは、むしろ窯業の急速な発展が
豊富な労働力を必要としたために潜在的な労働力を擁する農業地と結びついて
いたとみることもできる。

　そして、砂目積み段階で最も一般的な製品である**灰釉溝縁皿**（図7-7右上）
の主な分布範囲は**佐賀藩・大村藩・平戸藩**の三藩の境界地域に位置している
（佐々木1988）。この三藩の境界地域に形成された窯業圏を**三藩境界域窯業圏**と
よぶ。当時、この窯業圏では、藩境を越えて多くの陶工が往来していたことは
文献史料からもうかがえる。例えば『肥陽舊章録』によれば、鍋島勝茂は寛永
14年3月20日、多久美作にあてて、「古唐人・同嫡子、一職数年居付候て罷
在候者ニハ、何様焼物可差免事。唐人之内ニも、他国より参、其所ニ家を持候
ハぬ者ハ、可相払事。又扶持人・徒者・町人・旅人、此者共何も焼者先様御法

度可申付、但、其所に居付候て罷在候者、百姓を仕可罷居と申者ハ、其まま召
置、焼物ハ不仕様堅可申付事」という書状を出している。「唐人之内ニも、他
国より参、其所ニ家を持候ハぬ者」が有田にいたことを示している。この場合
の唐人とは、朝鮮人陶工のことである。陶工の移動が頻繁に行われた状況では
藩境に対する意識も希薄であったのであろう。政治的には藩が異なるものの、
生活や経済活動においては藩境を越えた同一の窯業圏を形成していたのである。

　技術的な交流が行われていたことは、これらの地域の窯跡から出土している
製品からも知ることができる。有田の西部地区と波佐見の村木地区の両者の製
品を比較してみる。村木地区は有田の西部地区の中心である南川原と山一つ隔
てて隣接している地区であり、波佐見の砂目積み段階の中心的な位置を占める。
そして、村木地区の畑ノ原窯は灰釉溝縁皿を大量に生産した窯である。灰釉溝
縁皿はもちろんのことその他の製品も有田の西部地区の製品に極めて類似して
いる。そして、畑ノ原窯で出土している磁器は染付、白磁、青磁の三種類であ
り、染付はほとんどが型打皿（図7-10）で、白磁、青磁もその多くは型打皿で
ある。磁器皿の高台は比較的広く、削りも丁寧なものが多い。重ね積みをした
ものは見られず、陶器皿の焼成方法とは異なる。こうした型打技法を用いた磁
器皿は有田町の西部地区の灰釉溝縁皿が出土する窯では比較的多く見られるも
のである（図7-11）。この砂目積み段階においては、有田と波佐見の製品は極
めて類似しており、焼成技法、装飾技法に基本的な差異はない。

　有田の西部地区と波佐見の村木地区が基本的な焼成技法や装飾技法を共有し
ていたことは明らかであるが、一方、生産された磁器の量と種類の数は大きく
異なっている。村木地区の窯場では製品に対する磁器の割合はわずか1〜2%
であり、種類も小皿が大半を占める。村木地区の磁器製品の類例を有田の西部
地区に求めれば、磁器の割合が比較的高い窯あるいは遺構に多く、特に型打技
法による菊花形の磁器皿は、有田の西部地区では量産された磁器の一つである。
迎の原上窯は有田の西部地区の中では、生産される磁器の器種も少なく技術水
準も決して高い方ではないが、それでも最終段階の床上出土の製品53点全て
が磁器製品であり、その中の41点以上が型打技法による磁器皿である。遺跡
内で出土した遺物402点のうち、70%以上は磁器製品である。すでに磁器の
量産期に入っているとみてよい。三藩の境界地域において、基本的な焼成技法

図7-10　畑ノ原窯跡出土磁器
　　　　長崎県波佐見町

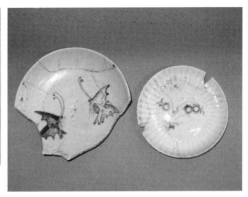

図7-11　小物成窯跡出土磁器
　　　　佐賀県有田町

や装飾技法を共有する窯業圏が藩境を越えて形成されたが、登り窯の数から推測される陶器を含めた全体の生産規模においても、当時最も付加価値の高い製品である磁器の生産においても、有田の西部地区が中心地であったと推測される。そして、有田の西部地区の中でも磁器の種類と量が最も豊富な窯場が、天神森窯のある南川原地区と小溝上窯のある小溝地区である。言い換えれば付加価値の高い製品を大量に生産した窯場である。後世の文書ではあるが、小溝や南川原はよく初期の段階の窯場として現れる。『金ヶ江家文書』（有田町史編纂委員会1985）などでは三兵衛（いわゆる李参平）らが小溝周辺に住んでいたことを記している。あるいは平戸藩三川内の『今村氏文書』には、有田の南川原で今村三之丞が「白手焼細工」を習得しようとした内容や五郎七（高原五郎七）が南川原で初めて青磁を製作したとの内容も記されている。『今村氏文書』の内容はほとんど伝承に近いような話で矛盾も多く、細かな真偽は明らかではないが、「南川原」、「小溝」が当時の窯業の中心であったことを推測させる。そして、磁器生産技術を含む先進技術が有田の西部地区の大きな求心力であった。磁器生産が盛んになるとともに藩境を越えて、その求心力が強まった結果、三藩の境界地域を一体化させる窯業圏が形成されていったと考えられる。

　そして、窯業圏を形成する上で重要となるのが商人の問題である。陶器生産の場合、基本的に窯焼き達が自前である程度の規模までなら原料や材料、燃料を調達することが可能である。しかし、磁器の染付生産の場合、少なくとも顔

料の入手については商人を介在させなければ不可能である。それぞれの窯場の窯焼きが輸入品である呉須を入手するために当時の海外貿易港の長崎まで出向いたとは考えにくい。この窯業圏に安定した供給を行う商人（あるいは有力な窯焼き）の存在を推測させる。

　この窯業圏で生産された陶磁器は莫大なものである。畑ノ原窯では1回の焼成で3万〜5万個の陶器皿を生産したと試算されている（佐々木編1988）。この窯業圏全体で生産された陶磁器の数は、それぞれの窯が1回だけ焼成されたとしても100万個を超える計算になる。畑ノ原窯の場合は、焼成室数も多い上、重ね積みの灰釉皿の割合が高いことから、他の窯より1回の焼成で生産される製品数が多いとは思うが、それぞれの窯が1回のみ焼成して廃されたとは考えられず、莫大な生産量であることは正確な実数がわからないまでも確かなことであろう。近接する大きな市場を持たない位置にこれほど大規模な生産能力をもつ窯業圏が形成された背景には、海運によって遠隔地へ運搬する流通機構が前提としてあったことは容易に推測されるし、消費地における出土例や運搬中に沈没した沈没船資料によっても確認することができる。消費地における出土例をみると慶長年間（1596-1615）頃の肥前陶磁の商圏について、日本海側は北海道まで、太平洋側は関西までの範囲で、瀬戸・美濃の出土量に近いか、それ以上の割合で出土する事例が一般化している（大橋1989）。また、玄界灘の**玄界島海底遺跡**では900点近い砂目積み段階の唐津系陶器が確認されている。おそらく肥前の生産地から玄界灘を経由して消費地にもたらされる途上で何らかの海難に遭遇し、沈没したものであろう。これらは有田西部地区周辺で大量に生産された灰釉溝縁皿などが主体である。

　そして、有田の西部地区の陶磁器を積み出すのに最も適した港はもちろん伊万里港である。有田西部地区の下流に位置しているだけでなく、玄界灘に向いた伊万里港は消費地との位置関係においても有利な場所にある。砂目積み段階の陶器皿はその伊万里湾の入口に位置する鷹島海底遺跡からも出土している。また、鷹島海底遺跡では三川内地区の砂目積み段階の陶器皿も出土している。同時期、有田の西部地区の製品と同様に三川内地区の製品も伊万里から積み出されていた可能性を示唆している。胎土目積み段階より伊万里津は陶磁器の積出港としての機能を有していたと推測されるが、砂目積み段階における有田の

西部地区を中心とした窯業圏の発展は、その後の伊万里津の積出港としての役割を決定づけ、陶磁器専門商人の活動の発展を促したと考えられる。すなわち、有田で生産し、伊万里から積み出すという江戸時代を通した物流システムが確立したと考えられる。窯業の生産と流通の両面において、有田の西部地区が三藩の境界地域の窯業圏の中心であることはもちろんのこと当時の肥前の窯業圏の中心でもあったことは間違いない。

コラムK　磁器創始の通説

　日本の磁器の創始については、一つの通説があった。「1616年に李参平が泉山磁石場を発見し、天狗谷窯で日本初の磁器を焼いた」というものである。現在ではこれを史実として紹介する専門書は少なくなったが、観光パンフレットなどには今でもよく書かれてある。

　まずこの説の根拠についてみていこう。この説は複数の古文書の記述をつなぎ合わせたものである。そして、いくつかの前提の上に成り立っている。いくつかの前提とは、①磁器の創始者が李参平であること、②最初の磁器原料が泉山陶石（図K-1）であること、③最初に磁器を焼いた窯が天狗谷窯であること、などである。これらを前提としなければ、この説は成り立たない。

　次に古文書の記述をみてみよう。通説では具体的に1616年という年代が示されているが、これは以下の文献の記述によるものである。

　（史料1）
　「皿山金ヶ江三兵衛高麗ゟ罷越候書立　　覚
　一、某事、高麗ゟ罷渡、数年長門守様江被召仕、<u>今年三十八年之間</u>、<u>丙辰之年ゟ有田皿山之様ニ罷移申候</u>。多久ゟ同前ニ候者十八人、彼者共も某子ニ御座候。（後略）巳四月廿日　有田皿屋三兵衛尉」（『多久家有之候御書物写』有田町史編纂委員会1985）

　李参平（日本名　金ヶ江三兵衛）が朝鮮半島から渡来し、有田に移り住んだ経緯について書かれたものであり、これによると「丙辰之年」から有田皿山に移り住んで今年で38年になるとある。そして、慶長の役の年代や過去帳と墓碑に記されている李参平の没年が明暦元年（1655）であることを考えると、「丙辰之年」とは1616年であることがわかる。そして、この文書が書かれた「巳四月廿日」とは亡くなる2年前の1653年4月20日である。通説にある磁器の創始年代の1616年とは、この「丙辰之年」を根拠としている。しかしながら、この古文書には磁器の創始については何も触れていない。1616年について書かれているのは、有田皿山に移り住んだということだけである。ちなみに皿山とは、地理的な山を意味するのではなく、窯場という意味である。

　次に李参平と磁器の創始を結びつけたものが次の古文書である。

（史料2）

「一、其砌皿山之儀は至而深山ニて、田中村と申、人家飛々有之、纔之田畠ニて百姓相立居候由。其末右唐人御含ニより、段々見廻り候処、<u>今之泉山江陶器土見当り、第一水木宜故、最初は白川天狗谷ニ釜を立、</u>（後略）」（『金ヶ江家文書』有田町史編纂委員会 1985）

　当時の有田皿山が至って深山にあり、田中村とよばれていた。人家が飛び飛びにあり、田畑も点在するぐらいの土地であったが、「右唐人」が探し回って、今の「泉山」で「陶器土」を発見したとある。そして、水と木に恵まれた場所であることを第一条件に、最初は「白川天狗谷」に窯を築いたとある。

　「右唐人」とあるが、この場合の唐人は中国人に限定するものではなく、東アジア人あるいは大陸人ぐらいの意味である。ここでは朝鮮人であり、右唐人とは李参平その人である。つまり、李参平が泉山で陶石を発見して、最初に天狗谷窯を築いたと書いてあるのである。泉山磁石場を発見したということはまもなく磁器を焼いたということを意味しているとしてよかろう。また、天狗谷窯からは磁器しか出土していないので、天狗谷を築いたということは磁器を焼いたということでもある。しかしながら、その年代については記されていない。（史料1）の1616年とつなぎ合わせて、通説をつくりあげているのである。この1616年という年は、有田に移り住んだ年であって、泉山磁石場を発見した年でもなく、ましてや天狗谷窯の築窯年でもない。

　もちろん、李参平が有田に移り住んで、すぐに泉山磁石場を発見すれば、前記の通説が成立しないこともない。しかしながら、李参平は有田に移ってからすぐに窯業に専念したのではないようである。

（史料3）

「（前略）右之者共御預リニ相成、<u>有田郷乱橋と申所江暫召置、差付家業之儀者右在所野開等仕、流球芋なと作食用仕候段</u>（後略）」（『金ヶ江家文書』）

　つまり、有田郷の乱橋（今の有田の西部地区の三代橋か）という場所にしばらく召し置かれ、差し当たっての家業としては開墾して琉球芋などを作って農業をやっていたというのである。さらに『今村氏文書』には、古い窯場の記録として「小溝山頭三兵衛」の記述がみられる。すなわち、小溝の窯場の頭領が三兵衛であるというのである。三兵衛とは言うまでもなく李参平であり、小溝

山は、三代橋付近にある窯場であり、陶器とともに磁器が焼かれていた。「小溝山頭三兵衛」が史実であれば、李参平は天狗谷窯よりも前に磁器を焼いていた可能性が高く、「③最初に磁器を焼いた窯が天狗谷窯である」という前提が崩れるわけである。天狗谷窯は泉山磁石場発見後に最初に築いた窯とあるので、小溝山で焼いた磁器の原料は別にあることになり、「②最初の磁器原料が泉山磁石場である」という前提も危うくなる。

　泉山磁石場の発見が1616年でなければ、いつ頃のことなのであろうか。次は考古資料も合わせて考えてみるが、そもそも何においても発見時期を考古学的に知ることは難しい。考古学において絶対年代を知ることそのものが難しいことはもちろんであるが、何かを発見しただけでは明確な痕跡を残さないからである。最初に原料の採掘を始めた痕跡もやはり残りにくい。掘り進めることで最初の痕跡は消失してしまうからである。考古学は人間の活動の痕跡をもとに研究を行うものであるため、痕跡が残っていないと知ることができないのである。一方、天狗谷窯の築窯については、最初期の失敗品の廃棄年代を考えればよいので、まだ推定が可能である。（史料2）には、泉山磁石場を発見して、最初に築いた窯が天狗谷窯とあるので、泉山磁石場の発見と天狗谷窯の築窯の間には大きな時期差があるとは考えにくい。言い換えれば、天狗谷窯の築窯年代がわかれば、泉山磁石場の発見のおおよその年代がわかるということである。

　そこで天狗谷窯の開窯年代について考える。天狗谷窯は古い方からE窯、A窯、B窯、C窯の4基以上の窯が順次操業していた。それは層位的に確認できている。天狗谷窯の開窯年代を知るには、最も古いE窯が築かれた時期がわかればよい。1965～1970年の天狗谷窯跡の発掘調査では天狗谷窯の各窯の焼成室内から製品や窯道具が出土している。E窯からも染付や青磁などの製品や窯道具が出土している。発掘調査では、E窯の製品はA窯の製品よりも古いといった相対年代しかわからないが、伝世品や紀年銘資料、年代が明らかな土層や遺構に伴う遺物との比較により絶対年代をあてはめることができる。例えば、E窯から出土している染付花卉文碗（図K-2）に酷似した紀年銘資料（図K-3）がある。それには寛永16年（1639）の銘が入っており、E窯の操業年代が1630年代を含むことがわかる。このことは大坂など消費遺跡の出土状況とも矛盾しない。よって、天狗谷窯の開窯年代は1630年代であり、泉山磁石場の発見はその年代から大きく遡るものではないであろうから、1630年代前後のことと考えてよいであろう。

　つまり、1616年に李参平が有田の西部地区に移り住んで、当初は農業も営

図K-1　泉山陶石

図K-2　天狗谷E窯床面出土染付碗

図K-3　天神山窯跡採集染付碗（寛永16年銘）

んでいた。付近の小溝山の窯場の頭領となっているので、半農半窯のような状況であったのであろう。小溝山ではすでに陶器だけでなく、磁器も焼いていた。「有田」で最初の磁器である。そして、1630年代前後に深山の中に泉山磁石場を発見して、発見後最初に1630年代に天狗谷窯を築いて、磁器だけを焼くようになり、1655年にその生涯を閉じている。

　以上、文献史料と考古資料から李参平の足跡を追いかけ、磁器創始の通説について検証してきたが、実は前提としなければならないことがもう一つあった。自明のこととされ、誰しも疑うことがなかったことであるが、最初の磁器は有田で生まれたものであるという前提である。しかし、近年、李参平が有田に来る前に預けられていた多久の窯で磁器の出土が確認された。①磁器の創始者が李参平であることを前提にするならば、日本で初めて磁器が焼かれたのは有田

ではなく、多久で焼かれたことになる。

　李参平と磁器の創始の物語には、1616年より以前の話も加えなければならないかもしれない。李参平は、1598年に朝鮮半島から日本に連れ帰られ、当初、多久に預けられていた。そこでは唐人古場窯などで陶器を焼いていたが、高麗谷窯では磁器の焼成を試み、日本最初の磁器を焼いたという話である。そして、おそらく良質で豊富な原料や窯場に適した場所を求めて、前に述べた1616年以降の話につながっていく。

　有田を磁器発祥の地とする拠り所は何より李参平の存在であったが、その存在ゆえにその座を譲り渡すことになるかもしれない。

コラムL　李参平碑文問題

　有田焼創業300年を記念して、1917年に「陶祖李参平之碑」（図L-1）が有田の陶山神社の背後の蓮華石山の尾根上に建立された。応神天皇を祀った神社の上方に朝鮮人の功績を称える碑文を建てることについては、反対する声もあったというが、当時の有田の人々は最終的に建立の決断を行なった。有田の人々にとっては、李参平をはじめとする朝鮮人陶工は、朝鮮半島から渡ってきた恩人たちであると同時に多くの人々の祖先でもある。その後、毎年5月の連休の陶器市の最中に韓国の窯業関係者を招いて、李参平の功績を偲ぶ陶祖祭が開催されるようになり、日韓友好の交流行事として現在まで続いている。

　有田焼の基礎を築いた李参平は、韓国人にとっても文化的貢献を行なった偉人である。しかし、それは一つの前提を必要としていた。この前提をめぐる問題が日韓の間で国際問題に発展することになる。

　発端は両者の友好であった。韓国にも文化的偉人の李参平の功徳碑を建立する計画が日韓の間で進められ、1990年に「日本磁器始祖李参平公紀念碑」（図L-2）が李参平の故郷と伝えられる鶏龍山に建てられた。最初のクレームはその碑文の中身であった。以下がその日本語文の全文である（読みやすいように一部句読点を加えている）。

　　李参平公は、文禄慶長の役に際して来日され、1616年九州有田泉山で磁石鉱を発見、日本最初の白磁焼成に成功して日本磁器隆盛の始祖となられました。公は有田焼発展にその生涯を捧げられ明暦元年（1655年）乙未8月11日有田で逝去されました。我々有田町民はその遺徳を追慕し心を合わせて毎年泉山を眼下にする蓮華石山で李参平公祭を催し既に八十星霜に及んでおります。

　　今般、社団法人韓国陶磁器文化振興協会のご協力を得てそのゆかりの地に記念事業として李参平公記念碑を建立し御霊の里帰りを果たすことになりました。

　　この碑が我々の李公に対する報恩と感謝の誠意を表し、国際親善と文化交流の象徴として永遠に残ることを祈念するものです。

　　　　　　　　　　1990年10月　日本陶祖李参平公記念碑建設委員会

　磁器の創始について、通説をそのまま使用していることはともかく、韓国の

図L-1 陶祖李参平碑（佐賀県有田町）　　　図L-2 李参平公紀年碑（大韓民国）

偉人である李参平への敬意や感謝も表現されており、特に問題となるような表現は見当たらないように思えるが、韓国側にとっては大きな問題であった。それは「来日され」という言葉であった。その言葉には、強制的に連れて行かれたニュアンスがなく、あたかも自分の意志で日本に行ったように歴史を「捏造」しているというわけである。つまりは、李参平が次に述べるような日本軍（鍋島軍）の協力者であったのか、それとも強制連行された被害者であったのか、である。前者であれば、李参平は韓国にとって祖国の偉人であるどころか、裏切り者になってしまう。偉人であるためには、「強制連行」でなければいけなかったのである。

　そのため、韓国側は碑文の訂正を日本側に要求し、一方の日本側は史実（証拠）に基づくべきと反論した。

　日本側の主張は次のとおりである。もともと韓国側には李参平に関する史料はなく、日本側にのみある。それによれば、李参平は鍋島軍の道案内をした後に鍋島直茂の勧めに従って、日本に渡ってきたとあり、「強制連行」を匂わせる記載はない。「強制連行」を示す証拠はないのであるから、強制連行と書くことはできないというものである。

　証拠がないものは書けないというのは、一見、理性的な対応にも思えるが、日本側の史料を客観的な証拠とするためには史料批判もまた必要である。つまり、この文書の性格をまず考えなければならない。これは李参平が亡くなって150年ほど経った後に、その子孫が先祖の功績について訴えた文書であった。李参平が日本に来て200年ほど経っており、すでにその子孫は「日本人」の視点である。また先祖の功績を訴えることを目的とした文書であれば、強制連行されたと書くよりは軍の道案内の功績を書くであろう。韓国側に言わせれば、強

制連行と書かれていなくても祖国から異国へ連れて行かれたのであるから、「強制連行」であるのは当たり前というわけである。

その後、どのような対応が取られたかと言えば、碑文に刻まれた文章を修正するのではなく、強制連行であることを記した補助説明板を記念碑の近くに設置することになった〔現在、韓国の記念碑は再開発に伴い、碑そのものが移転している〕。「明治日本の産業革命遺産」の軍艦島（端島）の世界遺産登録の際に採られた方法に似ている。

こうした歴史問題は、歴史的事実だけの問題ではなく、歴史観の問題であることが、解決を困難にしている。しかも、有田にとっては、単なる歴史問題ではなく、自らの先祖や出自の問題であることもあって妥協しにくいところがあった。

文禄・慶長の役の戦時であり、「強制連行」であった蓋然性は高いと見られるが、400年以上前の出来事を現代の視点で評価することが妥当なものであるかどうかという問題もある。李参平の時代の大陸人の視点が「現在の韓国人」の視点と同じであるわけではないからである。国家や国民の概念、国家への帰属意識も今とは異なる。当時、朝鮮人陶工が置かれていた立場、社会的地位というものも考える必要がある。後の佐賀藩の窯場の整理統合では、朝鮮人陶工を優遇する一方で日本人陶工を追放している。なかでも李参平一族は、泉山磁石場の支配までも任されていた。

加えて不幸なことに、この「強制連行」という言葉には、近現代における日韓の間の不幸な歴史が投影されて意味が増幅されている。太平洋戦争時に日本が行なった朝鮮半島からの強制連行に対する視点と重ねているところがある。それはこの碑文問題が浮上した時期も関係している。2001年、従来の歴史教科書を自虐史観的なものと批判する団体が作成した『新しい歴史教科書』（扶桑社）が教科用図書検定に合格したことで、韓国や中国から猛烈な反発を受けた。そんな中での李参平碑文問題であった。「日本版歴史修正主義」の一つと捉えられたのであろう。

韓国に建てた李参平の記念碑については、日本側の歴史観をあえて押し付けようとしたわけではなく、日韓の文化交流や友好関係を進めていくことを願った上での記念碑建設であったが、それまで長く友好的に続いていた日韓関係に冷水を浴びせることになった。世界に華開いた有田の陶磁器文化が、「負の交流」から始まったものであることを改めて思い知る事件であり、歴史の評価というものが現代の歴史観の桎梏から抜け出すことの難しさを教えられる。

第8章
磁器生産の本格化

　有田では1630年代前後に泉山磁石場という良質で豊富な磁器原料が発見された。この原料により磁器の専業化が可能となることを天狗谷窯の操業が証明した。天狗谷窯に続いて、泉山磁石場に近い有田東部地区に次々と窯が築かれていった。つまり、1630年代には有田に二つの窯業圏が形成された。三藩境界域窯業圏に加えて、泉山磁石場を中心とする窯業圏が誕生した。しかし、それは過渡的な状況に過ぎず、寛永14年（1637）の窯場の整理統合によって、有田西部地区を中核とした三藩境界域窯業圏は廃止され、泉山磁石場に近い東部地区を中心とした地域に統合された。

1　窯場の整理統合

　1630年代頃の有田には、朝鮮人陶工に加え、多くの日本人陶工が集まっていた。また、藩境を越えて、人々が行き交っていた。利害関係も入り混じっていた。そんな中、佐賀藩は**窯場の整理統合**を断行する。まずはその内容からみていこう。

　文献史料によると寛永14年（1637）、佐賀藩は陶業者が山を伐り荒らすのを防ぐことを名目に窯場の整理統合を行なった。無秩序に拡大を続ける窯業を抑制するために、有田・伊万里の計11ヶ所を廃止し、有田の東部地区すなわち泉山磁石場の近くに13ヶ所の窯場に統合したのである。そのために陶工の淘汰が行われ、日本人陶工826人を追放している。そのため、日本人の目には朝鮮人陶工のための政策と映ったようである。

　　「正右衛門が白川山天狗谷に一登りの窯を築いて窯焼きをしている頃、多
　　久美作守様が朝鮮から連れて帰られた唐人で、はじめは御側に仕えていた

が、暇を乞うて優秀な磁器を焼く者がいた。この唐人が「自分が一手に焼き物をしたいので」と日本人陶工を追放するよう願い出た。その結果、日本人は窯焼き職を営むことができなくなった。」(『皿山代官旧記覚書』)

　日本人陶工の**家永正右衛門**の子孫が書いたものである。書かれたことが事実であるかどうかはわからないが、そのように思わせるほどの朝鮮人保護措置であったことは確かである。ちなみに正右衛門とは、「九州土器元」という名を許されたという**家永壱岐守**の孫であり、李参平とともに磁器創始者の一人とみられており、彼の泉山磁石場の発見を行った功績を子孫が訴えている。

　窯場の整理統合が行われた1637年は、同じ九州で島原の乱が起こった年である。整理統合は乱の勃発より前に行われたものであるが、当時、キリシタン(カトリック信徒)の弾圧が激しさを増していた時期であったことは確かであろう。「名誉ノ焼物師」であり、有田で青磁を焼いていた**高原五郎七**がキリシタンの嫌疑をかけられて逃亡したのもその頃のことである。窯場の整理統合とキリシタン弾圧が直接結びつくものではないが、キリシタンを含めて素性のわからない人物が自由に往来する環境は、藩にとってもよろこばしいことではなかったであろう。人の出入りを厳しく管理する必要性が生じたとみられる。三藩境界域窯業圏では、技術や原料、顔料、情報を共有しながら、拡大してきたが、そうした環境が許されなくなったのであろう。

　そして、統合されたことによって、有田東部地区を中心とした窯業地が形成されたが、地理的にも非常に管理を行いやすい地区である。後に「内山」とよばれる地区であり、江戸時代をとおして、有田の中心であり続けた地区である。後には東部地区の中央部に「皿山代官所」を置き、東部地区の出入口となる位置には、「上の番所」と「下の番所」を置き、人とモノの出入りの管理を行なった。

　また、政治的には幕藩体制が確立していき、それまで比較的緩やかな境界であった三藩の境界が明確な境界として位置付けられた。朝鮮人陶工自身も日本に連れて来られてから、すでに数十年の年月が経過しており、日本での生活にも慣れ、新たなアイデンティティも獲得し、それぞれの自分の藩への帰属意識も強くなっていたのであろう。三藩の境界域である有田西部地区を離れて、泉

山に近い東部地区に移ることについて抵抗がなくなっていた。自藩で生産工程が完結する窯業圏の成立にあたり、内外の環境がすでに整っていたのである。

　佐賀藩の窯場の整理統合は、山林保護のみが目的ではなかった。結果的に達成されたことまで含めて、整理統合の意義をまとめると、無秩序に拡大する窯業の抑制、朝鮮人陶工の保護、排他的な窯業圏の確立、有田東部地区を中心とする窯業地の形成などが考えられる。さらに一つ加えるとすると、泉山陶石の管理化、ひいては窯業地そのものの管理化である。泉山陶石の他藩への流出を防ぐとともに、原料を管理することで、窯業地の統制が可能となった。この窯場の整理統合以降、佐賀藩は有田焼の窯業界への本格的な介入を行うようになった。

2　有田東部地区の窯業圏の形成

　寛永14年（1637）の窯場の整理統合によって、有田西部地区を中心とした窯業圏から有田東部地区（後の内山地区）を中心とした窯業圏に移行された（図8-1）。江戸時代をとおして、有田の磁器生産の中心となる地区である（口絵8）。政治的な思惑や複雑な利害関係があったとみられるが、それを可能にしたのも前提となったのも泉山磁石場の発見であった。豊富で良質な原料が求心力となって、新たな窯が次々と築かれていった。有田東部地区の窯業圏は、有田西部地区の陶工集団が一つの母体となり、それに武雄地区などその他の地区からの陶工が加わって形成された。例えば、有田西部地区からは李参平の集団が移り、東の武雄地区からは**百婆仙**〔朝鮮人陶工深海宗伝の妻。夫の死後、一族を率いて武雄から有田の稗古場へ移っている〕らの集団が加わった。

　泉山磁石場が発見されて最初に天狗谷窯を築く際の理由として、「第一水木宜故」とある。陶磁器生産に水は欠かせないし、登り窯の燃料となる薪の存在も重要である。つまり、水と木が豊富という生産に関わる自然条件を重視しているが、有田東部地区全体として窯業地に適しているかどうか疑問である。山深く交通や生活の便がよくないこともあるが、何より窯の立地条件としてはその地質的・地勢的条件は決して恵まれたものではない。自然条件で立地が選ばれた天狗谷窯もE窯、A窯の二つの窯が上部の崖の崩落により落石が窯に直

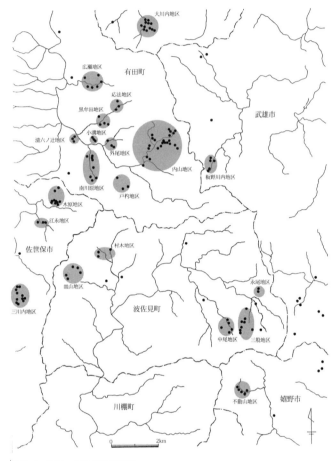

図8-1　有田・波佐見窯場地図

　撃しており、自然災害によって廃窯となったと推測される。また一つの悪条件
は水捌けの悪さである。有田の東部地区は傾斜のきつい山がちな地域であり、
不透水層となる岩盤が地表に近い。そのため、特に上流域に位置する窯を発掘
すると、焼成室の床下に大量の砂や製品を埋め込んだ例がみられる。天狗谷窯
でもみられたが、**楠木谷窯、年木谷３号窯**（旧窯）などでもみられた。つまり、
地質的・地勢的な条件よりも豊富で良質な原料産地に近いという条件が優先さ
れたということであろう。

そして、窯業圏について有田東部地区を中心とした範囲に限定することは、窯業圏そのものの管理を容易にしたと推測される。有田東部地区は泉山磁石場を東端とする東西に細長い谷筋であり、西部地区と異なり地形によって隔絶された閉鎖的な空間である。窯業圏を管理する上で適した条件を備えていると言える。特に泉山陶石の管理が容易となる。磁器原料を一元的に供給し、かつ他地域に原料等が流出しない排他的な供給を行うことで窯業圏そのものを管理する環境が整ったと考えられる。この場合、必ずしも藩そのものが原料の管理を行わなくてもよい。当初、泉山磁石場の発見に功績があった朝鮮人陶工金ヶ江三兵衛（李参平）が泉山磁石場を支配しており、その死後はその一族が土伐り支配を任されたとされる。土伐り支配を行う立場を保障することで、藩にとっては間接的に原料の管理を行うことができた。東部地区から離れた位置にある黒牟田山などが窯場の整理統合で廃されなかったのは泉山の原料を一元的に供給及び需要する体制の中に組み込まれていなかった可能性も考えられる。佐賀藩による窯場の整理統合は、佐賀藩が本格的に窯業という産業に介入を行った最初のものであり、それまで自然発生的に形成をまかせておいた窯業圏を一定の管理化におくものであった。そして、それは窯業圏の単なる空間的な管理にとどまらず、泉山陶石の一元的かつ排他的な供給を基礎におく管理システムを伴った窯業圏へと変化させることになった。そして、他藩に対しては排他的な性格をもつ窯業圏の形成となったのである。

3　波佐見東部地区（三股地区・中尾地区）の窯業圏の形成

大村藩の波佐見は、1630年代頃には三藩境界域窯業圏の村木地区の窯場が廃止され、三股や中尾の原料産地を中心とした東部地区に窯業圏が新たに形成された。陶器と磁器の併焼から、磁器の専焼へと転換した。陶器と磁器の併焼と言っても、有田に比べると磁器の比率は非常に小さかったため、生産の主体を陶器から磁器へ、有田よりもさらに劇的に転換させている。

有田で泉山磁石場が発見されたように、波佐見でも豊富な磁器原料産地である**三股砥石川陶石採石場**が発見され、農業にも適した平野部から山間部へと窯業圏が移ったことも有田と同様である。佐賀藩の窯場の整理統合のような政治

図8-2　三股陶石採石場の坑道
長崎県波佐見町

的事件がなくても、同様の変化を見せていることを考えると、陶器から磁器へという流れは経済的な必然性があったのであろう。

　また、三藩境界域窯業圏の中心核は有田西部地区であり、その技術や原料、顔料、情報が求心力となって、窯業圏が拡大してきた。佐賀藩の窯場の整理統合によってその中心核が消失したことで、三藩境界域窯業圏に陶工がとどまる必要もなくなっていた。有田西部地区を中心としながら藩境を越えて技術と情報を共有しながら成立していた窯業圏が、各藩で生産工程が自己完結するような窯業圏へと変化していったのである。

　波佐見東部地区の窯業圏が形成される過程の陶工の動きをみてみる。まず村木地区と三股地区の関わりが明確ではない。むしろ両者の製品の間に共通性を見出すことは難しい。村木地区の窯場が陶器主体で三股地区の窯場が磁器専業という性格の違いもあるが、磁器製品の器種組成が大きく異なっている。村木地区の磁器製品のほとんどは皿類であったのに対し、三股地区では多くの器種を網羅しているのである。また、村木地区の磁器製品が染付・白磁主体であったのに対し、三股地区は青磁主体である。よって、単純に村木地区の窯場の廃止後、三股地区に移動して窯場を築いたとは思えないのである。村木地区の陶工ももちろん移転したとは思うが、おそらくその他の地域の陶工が移住して加わったのであろう。

　『今村氏文書』には、今村三之丞が有田の南川原で高原五郎七の弟子となり、「白手焼細工」を学んだが、五郎七が上方へのぼって病死した後に波佐見の三

股へ移ったこと、あるいは南川原から波佐見の中尾川内皿山に陶土を発見し、その地で小柳吉右衛門を弟子としたこと、など平戸藩の今村三之丞が有田や波佐見を行き来していたことが記されている。細かい内容そのものは矛盾が多く、信憑性に欠けるが、他藩の陶工が波佐見に出入りしていたことは確かであろう。そして、興味深いのは高原五郎七の名が今村三之丞を介して登場することである。『今村氏文書』の他の部分をみると、竹（高）原五郎七は椎峰を経て有田の南川原皿山へ移り、この年に青磁ができたとある。また、『有田皿山創業調』の「副田氏系図」には、高原五郎七は岩谷川内に移って青磁を焼き出したとあり、さらに「青磁ノ法、人不知ニ依」とあり、青磁生産が限られた集団によるものであったことを記している。高原五郎七と青磁の関わりを示す内容は少なくない。高原五郎七がキリシタンの嫌疑をかけられ、逃亡したことは前に述べたとおりである。三股地区の青磁製品の年代が1630年代頃以降であることを考え合わせると、高原五郎七の逃亡後にその技法をもった集団の一部が波佐見に移った可能性も考えられよう。あるいは佐賀藩の窯場の整理統合によって有田を追放された陶工が波佐見に流入した可能性もある。村木地区と三股地区の製品の違いは、単なる内部発展によるものではなく、外部からの技術導入によるところがあるのではないかと考える。

　有田東部地区、波佐見東部地区いずれの地域もその窯業圏の基盤は、地域の磁器原料である。泉山陶石、三股陶石の発見が契機となり、窯業圏が形成されたことは明らかである。三藩境界域窯業圏が有田西部地区そのものを求心力としていたのに対し、有田東部地区、波佐見東部地区は良質で豊富な原料が求心力となってそれぞれ窯業圏が形成されていったのである。

4　三川内地区の窯業圏の形成

　平戸藩の三川内焼についても少し触れておこう。平戸藩内の窯場についてはまだ調査例が少なく不明な点が多い。しかし、寛永10年（1633）頃に針尾三ツ岳で白磁の原料である網代石が発見されたとする説があり（金森1857）、三川内地区の長葉山窯では磁器の本格的生産を1640年代頃には始めている。また、『肥前陶磁史考』には寛永18年（1641）に三之丞が「皿山棟梁代官」の職

を受けたとする説、寛永 20 年（1643）に木原山と江永山に皿山役所の出張所をおいたとする説などが記されている（中島 1936）。平戸藩と窯業の関わりを示す考え、あるいは平戸藩内で完結する窯業圏の確立の条件が整ってきていることを示唆している。やはり、有田や波佐見と同様に原料発見を契機として、自藩の地域的窯業圏を形成する過程にあると考えられる。

　有田における泉山磁石場の発見、波佐見における三股陶石の発見、あるいは平戸藩における網代石の発見は、技術や情報を媒体とした三藩境界域窯業圏から、地域の原料に立脚する地域的窯業圏へと変化させることになった。すなわち、三藩が交流を図りながら形成された窯業圏から、それぞれの藩の中で生産ネットワークが完結する自己完結的な窯業圏をつくりあげていった。それを大きく促した政治的事件が佐賀藩による窯場の整理統合であったと考えられる。藩の窯業圏に対する政治的介入は、藩自身の自己完結化あるいは経済自立化を目指すためのものでもあり、当時の全国支配機構である幕藩体制の確立とも関わりをもつものであろう。現在の有田焼、波佐見焼、三川内焼の産地形成はこの頃に始まるといってよい。

5　有田と波佐見の比較

　有田と波佐見は、ともに日本有数の磁器産地であるが、全国的な知名度を見ると、大きな違いがある。波佐見焼は日用食器のシェアの全国上位を常に占めながらもその知名度は全国的には高くはない。常に有田の陰に隠れていた感があった。波佐見の名を知る人であっても、有田焼が華やかな色絵に代表される割烹食器のイメージに対して、波佐見焼のイメージは量産品の日用食器というものである。そうしたイメージは現代の両者の陶磁器の実態だけではなく、それぞれもっている歴史が反映されたものでもある。もちろん、それは産地の優劣を示すものではなく、産地としての長い間の方向性の違い、役割の違いを示すものである。

　有田も波佐見の磁器生産の開始年代はあまり変わらない。1610 ～ 1630 年代、有田は小溝窯や天神森窯などの西部地区、波佐見は村木地区に窯場が存在し、その中で陶器生産を行う中、磁器が生まれた。有田の磁器は 1610 年代頃に誕

生し、波佐見の磁器もまた同じ頃かやや遅れて生まれたものとみられる。藩境によって隔てられているものの、成形技術や装飾技術、築窯技術や焼成技術も共通である。そして、種類や大きさは有田が豊富であるが、両者の製品を比べても明確に区別できるほどの差異はない。技術を共有しているためであり、この段階では有田焼と波佐見焼の区別はない。有田焼や波佐見焼が成立するのは、やはりそれぞれの藩で生産工程が自己完結するようになってからである。それまでは、三藩境界域窯業圏で焼かれたいわば「肥前焼」を構成する地域窯であった。産地としての有田焼と波佐見焼の成立は磁器の専業化を実現した後の1630年代といってよかろう。

　有田焼と波佐見焼の生産量を比較してみよう。年間焼成回数が不明であるため、正確な生産量の比較はできないが、窯の数の比較から単純に生産量の差を推測してみる。有田の方は寛永14年の窯場の整理統合によって、有田・伊万里の窯場11ヶ所が廃止され、13ヶ所の窯場に統合されているので、窯場の数は13である。承応2年（1653）の窯場の一覧には14ヶ所の窯場の名前が記されているため、1630〜1640年代頃の窯場の数は13〜14ヶ所であろう。それに対して、波佐見の1630〜1640年代の磁器の窯場は三股山と中尾山の2ヶ所であり、登り窯の数も**三股古窯、三股青磁窯、広川原窯、中尾上登窯**など4基程度であろうと推定される。窯の数は圧倒的に有田の方が多い（もっとも窯の数は江戸時代をとおして、有田の方が多かった）。波佐見焼のイメージの一つは「量産」であるが、当時、量的には有田が圧倒していた。

　また、有田は染付、白磁が主体であったが（図8-3）、波佐見では青磁製品を主体に焼く窯が多かった。波佐見にとりわけ青磁生産の伝統があったわけではない。波佐見の畑ノ原窯跡では青磁製品も見られるが、完成された青磁という感じはせず、量も多くない。むしろ波佐見以外の技術の導入ではないかとみられる。例えば、本章の第3節で述べたように佐賀藩の窯場の整理統合の際に佐賀藩から追放された陶工が技術をもたらした可能性が考えられる。高原五郎七のように青磁の生産技術をもった陶工が有田から逃亡を図っているし、その五郎七のところで技術の習得を図っていた今村三之丞も波佐見の三股に逗留している。技術の導入元の具体的な特定はできないが、1630〜1640年代の陶工の移動に伴い、もたらされた技術ではないかと推定される。

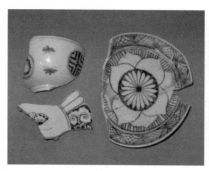

図8-3　岩中窯跡出土磁器
　　　　佐賀県有田町

図8-4　三股青磁の盃台

　三股陶石と泉山陶石を比べた時、白い磁器を追求するのは泉山陶石の方が有利であった。一方、青磁をつくるには三股陶石が向いていたのであろう。当時の波佐見の青磁は技術的にも高水準なものであった。美しい青磁釉で覆い、丁寧な細工が施されたものや縁が辰砂で飾られたものもある（図8-4）。**三股青磁**は仙台城などでも出土している。有田と品質差があるわけではなく、有田の染付・白磁に対して、波佐見の青磁というように、「種類」による棲み分けが行われていた。生産工程が自藩の中で完結する環境の中で、磁器原料の品質、染付の顔料である呉須（天然コバルト）の入手量によって、生産する陶磁器の種類の選択が行われたのであろう。この段階ではまだ現在の有田焼と波佐見焼のイメージにつながるものではないが、この棲み分けが、有田と波佐見のその後の歴史に大きな影響を与えることになる。それについては次章以降で述べることにする。

コラムM　天狗谷窯の意義

　日本磁器の創始について、現代的な関心に基づけば、日本最初の磁器を焼いたのは誰かということに注目が集まる。その視点から『金ヶ江家文書』や『皿山代官旧記覚書』などの古文書を読み、解釈したために、史実と異なる通説が広まることになった。そもそも古文書にはそのような内容は書かれていなかったのである。

　『金ヶ江家文書』や『皿山代官旧記覚書』にみられる李参平や家永正右衛門に関する記載は、初期の有田焼の発展に貢献した彼らの子孫が先祖の功績について訴えているものである。両者の功績として共通しているのは、泉山の磁石場（図M-1）を発見して、天狗谷窯を築いたというものである。それを現代的な視点で磁器の創始という技術的な功績に結びつけてしまったのである。しかし、それは間違いであった。それでは、彼らは何を訴えているのか、と言えば、やはり泉山磁石場の発見であることには変わりないが、それは磁器の創始に結びつく話ではなく、その発見こそが現在の有田の産業の礎であると訴えているのである。

　改めて文献を見てみると、彼らの子孫は、他の部分においても磁器を初めて焼いた功績については何も触れていない。おそらくそれは特段、評価されるべきものではなかったのであろう。多久の高麗谷窯ですでに磁器の焼成に成功していたし、初期の陶器と磁器を併焼していた窯場では同じ窯の同じ焼成室で陶器と磁器を焼いていた。中には陶器と磁器が熔着している資料も出土している。有色粘土を白色の磁器原料に代え、鉄絵の顔料を呉須（天然コバルト）に代えれば、染付も技術的には生産可能なものである。朝鮮半島から渡ってきた時にはすでに潜在的に磁器生産技術を持っており、豊富で良質な「陶石」と舶来の「呉須」との出会いを待つだけであったのであろう。原料の入手、顔料の確保が重要課題であったのである。

　現在では天狗谷窯を磁器創始の窯と考える研究者もほとんどいなくなったが、それは天狗谷窯の歴史的意義が失われることを意味するものではない。有田よりも前に磁器が焼かれた多久の高麗谷窯、同じ有田において先行して磁器生産を行った小溝窯や天神森窯の名前などが残らず、天狗谷窯の名前を残したことについてはやはり意味があるのである。

　田畑や人家もろくにない山間の谷に長さ50mもの登り窯を築き、磁器だけを焼くようにした。それが天狗谷窯である。それは半農半窯の生業形態から窯

図M-1　泉山磁石場の坑道

業のみに専業するものであり、すでに一定の評価を得ていた陶器の生産を離れ、磁器生産に集中するものでもあった。農業と窯業の分業、陶器生産と磁器生産の分業を実現した窯であった。農業や陶器生産と決別する未来を描けるだけの有田焼の可能性を泉山磁石場は見せてくれたのであり、それを証明したのが天狗谷窯であったのである。

第9章
海外輸出の始まりと本格化

1 海外輸出の始まり

　肥前磁器の海外輸出の記録上の初見は、1647年に長崎を出帆し、シャム経由でカンボジアに向かう**唐船**が「粗製の磁器174俵」を積んでいたというものである（山脇1988）。記録上、1640年代頃には海外輸出が始まっている。

　そして、海外遺跡における1640年代頃の出土資料としては、インドネシアの**バンテン遺跡**で出土した染付手塩皿、ベトナムの**ホイアン市内遺跡**で出土した染付瓶の破片（図9-1）がある。これらは海外市場向けに特別に生産されたものではなく、日本国内市場に一般に流通していた製品である。当時の肥前磁器の中で特に粗雑な製品というわけではないが、記録では「粗製」と表現されていることが少なくなく、中国の**景徳鎮**の製品などと比べるとまだ見劣りしたのであろう。一方、オランダ船も1650年にはすでに肥前磁器の輸出を行なっている。1650年代にはバタビアや台湾の病院向けの薬瓶、薬壷などが輸出されている。

　豊富な磁器原料である泉山陶石や三股陶石の発見を機に、1630 ～ 1640年代にかけて肥前は磁器生産を本格化させた。窯業と農業を切り離し、磁器生産と陶器生産を分業した。時には高台に釉をかけずに質よりも量を優先させた製品（図9-2）を生産することも行なった。その結果、国内の磁器市場を独占していくこととなった。それは生産地の努力の結果であったが、それだけではなかった。当時のアジア情勢が大きく影響している。輸出記録の初見の1647年頃は中国では明から清へと王朝が交替する混乱期にあたり、前年の1646年には景徳鎮のある江西省饒州府も清軍により攻略されている。この混乱は一方で中国の陶業者の流出を招き、肥前磁器産業の技術革新をもたらすとともに、他方では日本国内への中国磁器の輸入が減少することによって、国内の磁器市場は肥

前磁器によって埋められることになったのである。全国の消費地遺跡における出土例も 1640 〜 1650 年代頃から急増し、有田皿屋の運上銀も 1641 年から 1648 年の 8 年間で約 35 倍に急増している（大橋 1988）。肥前陶磁の海外輸出はこうした状況の中で始まったのである。

　さらに肥前磁器の海外輸出を加速させたのは、清の海禁政策である。海禁政策の発端となったのは明の遺臣である鄭成功（1624-1662）の清への抵抗であった。鄭成功は中国人の鄭芝龍を父に、日本人の田川マツを母に持つ日中混血児であり、平戸（長崎市平戸市）で生まれ育ち（図 9-3）、7 歳の時に父の故郷の福建に移った。海商（海賊）であり、軍人でもあり、為政者でもあった。近松門左衛門の人形浄瑠璃「国性爺合戦」の主人公のモデルになった人物としても知られている。そして、鄭氏一派は、海上交易によって勢力を維持拡大しており、清はその勢力をそぐために海禁政策をとった。1656 年には海禁令を公布し、鄭氏一派らとの交易を禁じた。さらに 1661 年には海禁を強化した遷界令を公布し、海禁を徹底した。

　17 世紀前半まで世界の磁器市場は、中国磁器が圧倒的にシェアを占めていた。景徳鎮や漳州などの窯の染付や色絵製品は世界中に運ばれていた。アジアはもとよりアフリカ、ヨーロッパ、アメリカまで中国磁器は運ばれていた。その中国磁器の輸出が海禁政策によって滞ることになると、瞬く間に市場に磁器が欠乏することになった。そこで中国磁器の代わりに輸出されるようになったのが肥前磁器である。17 世紀前半の中国磁器を模倣した製品が海外に輸出されるようになった（図 9-4）。1640 年代頃の初期の輸出品は、日本国内に流通していた製品がそのまま海外に輸出されたものであったが、1650 年代頃からは明らかに海外市場を意識した製品が生産され、輸出された。染付日字鳳凰文皿、粗製の染付芙蓉手皿などはその典型である。

　しかし、1630 年代以降、磁器生産を本格化させたとは言え、中国磁器の代わりとなるためには、質量ともにまだ水準を満たしていなかった。そのため、質的には技術革新、量的には生産体制の確立が必要であった。

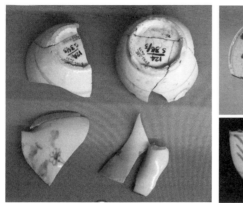

図9-1　ホイアン出土染付瓶

図9-2　1630〜1640年代の有田磁器

図9-3　鄭成功誕生石（長崎県平戸市）

図9-4　17世紀の中国磁器（上段）と肥前磁器（下段）

2　17世紀中頃の技術革新

　初期の肥前磁器の海外輸出の記録には、しばしば「粗製」と形容されている。中国の景徳鎮の製品などと比べると、質的に劣るものとみられた。そして、17世紀中頃の技術革新を経て、景徳鎮並みの水準の製品が焼かれるようになった。技術革新以前の製品は、**初期伊万里**ともよばれ、朝鮮半島の技術を色濃く残すものであったが、技術革新以後は朝鮮的な技術から脱却し、中国的な技術で磁器を焼くようになった。技術革新は、製土、成形、装飾、焼成など生産の主要な工程だけでなく、築窯技術などにも及ぶものであった。それらの中で主なものを紹介する。

　①色絵（赤絵）

　1640年代に新しい装飾技法が導入された。釉の上に上絵具で文様を描き、焼き付ける**色絵**技法である（図9-5）。上絵（上絵付け）ともよばれ、有田など肥前では**赤絵**とよばれている。有田の酒井田柿右衛門家に残る『柿右衛門家文書』の「覚」の「赤絵初り」によれば、長崎で中国人の「四官」から伊万里の商人の**東嶋徳左衛門**が色絵の技術を学び、喜三右衛門（初代**柿右衛門**）に焼かせたとある。1647年頃のこととされる。有田の**山辺田窯**や**楠木谷窯**などの付近の工房跡で初期の色絵片が出土している。

　②ハリ支えと蛇の目釉剝ぎ高台

　17世紀前半のいわゆる初期伊万里の皿は高台も小さく、器壁も厚みのあるものであった（図9-6）。原料の違いから、中国磁器のように高台を大きくすれば、底がへたってしまうため、高台は小さなものしか作れなかった。そこで円錐形の「ハリ」で底を支えて焼成する**ハリ支え技法**（図9-7）を開発した。通常、焼成後にハリははずされるが、ハリが残るものもある。肥前磁器はその創始段階から中国磁器を目指していたが、それは文字通り、表面的なものに限られていた。ハリ支え技法が開発されて、その裏面まで意識して模倣するようになり、高台銘や裏文様を積極的に入れるようになった。

図9-5　色絵牡丹文方形皿

図9-6　17世紀前半（左側）と17世紀後半
　　　　（右側）の染付皿

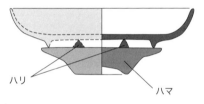

ハリ

ハマ

図9-7　ハリ支え模式図

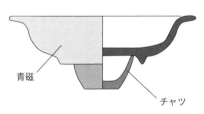

青磁

チャツ

図9-8　チャツ使用模式図

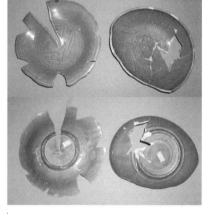

図9-9　丸高台（左側）と蛇ノ目釉剥ぎ高台
　　　　（右側）の青磁皿

　青磁もまた裏面まで模倣するようになった。龍泉窯の青磁のように高台内を
蛇の目状に釉を剥ぎ（**蛇の目釉剥ぎ高台**）、「**チャツ**」（図9-8）とよばれる窯道具
をあてて焼くようになった（図9-9）。

③素焼き

　初期伊万里の製品は、成形後に乾燥させた生地に絵付けし、釉薬をかけるい

わゆる**生掛け**であった（図9-10）。17世紀中頃に成形後に**素焼き**を行うようになった。600〜900度で仮焼を行うものであり、これにより焼き歪みが小さくなり、薄い器壁の製品もつくれるようになった。また、釉薬とのなじみもよくなり、素地に吸水性をもたせることで細かい絵付けが可能になった。しかし、全ての種類や産地の製品で素焼きが行われるようになったわけではない。江戸後期においても波佐見では素焼きは行わなかったし、有田でも品質の低い窯場では素焼きが行われなかった。

④トンバイ使用

トンバイとは、直方体の耐火レンガである（図9-11）。初期の登り窯は基本的に粘土づくりである。17世紀前半には**通炎孔**（温座ノ巣）の分炎柱にのみ、トンバイを使用していたが、17世紀中頃には焼成室の奥壁にトンバイが積極的に使用されるようになった。トンバイの積極的使用は窯規模の拡大、すなわち量産につながった。

⑤糸切り細工

ロクロを使用せずに、型と糸切りで成形する技法である。1650年代頃に始められ、変形皿などを作る時によく用いられる。17世紀前半はロクロ成形した後に**型打ち成形**をしたもの（図9-12）であったため、高台は円形のままであったが、この**糸切り細工**を用いれば高台も器形に合わせて作れるようになったため、より自由な形の変形皿が作れるようになった（図9-13）。

⑥墨弾き

塗りこめた呉須の藍色の地に白抜きの線の文様を表現する場合、17世紀前半は釘のような尖ったもので藍色の絵具を掻き取っていたが、17世紀後半になると呉須を塗る前にあらかじめ墨で白抜きの文様の部分を描き、墨で呉須を弾かせる**墨弾き技法**で白抜きの文様を表現するようになった（図9-14）。染色の蠟結染めの蠟の役割を墨が担い、**掻き取り**よりも精緻な白抜き文様を描けるようになった。

図9-10　生掛け焼成に見られる雨漏り痕
　　　　のある染付皿

図9-11　トンバイを再利用したトンバイ塀

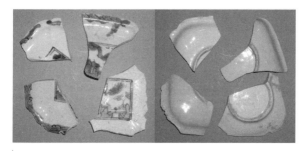

図9-12　ロクロ成形と型打ち成形による変形皿

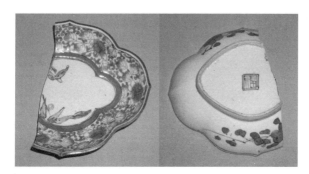

図9-13　糸切り細工による変形皿

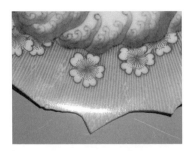

図9-14　色絵技法と墨弾き技法

図9-15　紐作り成形ボシ（左側）とロクロ成形のボシ（右側）

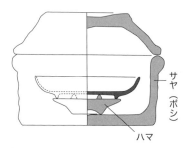

図9-16　ボシ使用模式図

　⑦紐作りボシ（匣鉢）

　初期の磁器生産の段階から、容器状の窯道具である**ボシ（匣鉢）**に製品を入れて焼くことが行われていたが、17世紀前半のボシは**ロクロ成形**によるものであった（図9-15）。ボシの内底の大きさが限られており、碗や小皿、瓶などしか入れることができなかった。**紐作り**によって桶形のボシが作られるようになり、口径の大きい皿類もボシに入れて焼くことができるようになった（図9-16）。1630年代ごろの天狗谷E窯の出土品にも見られるが、一般に普及するのは17世紀中頃のことである。

　⑧水碓

　水碓は川の水力を利用して陶石を粉砕し、焼物土をつくるための装置である。波佐見では、寛文年間（1661-1673）に**水唐臼（唐臼・水碓）**の使用が始まったと伝えられている。『大村記』によれば、「右からうす寛文八申年福田代助と云者

工夫を以仕出すなり」とある。寛文8年は1668年である。おそらくそれまでは人力で行う踏み碓であったと思われる。波佐見以外でいつ始められたかは不明であるが、「壱ヶ年に拾人手間にかわる」とあるように、水碓の使用によって製土工程が大幅に効率化された。

3　17世紀後半の生産体制の確立

前に述べたように寛永14年（1637）の窯場の整理統合によって、泉山磁石場に近い有田東部地区の窯場が形成され、それは後に**内山**とよばれ、江戸時代の有田皿山の中心部となった。その内山の外側に形成された窯は**外山**とよばれた。ただし、内山のような明確な地理的な範囲があるものではなかった。

有田の17世紀中頃から後半にかけての生産体制の確立には二つの段階がある。一つは「外山」における窯場の増加である。寛永14年（1637）の窯場の整理統合によって、一時は有田東部地区を中心とした13ヶ所の窯場に統合されたが、磁器需要の増大に伴い、有田東部地区以外の窯場が新興、再興している。広瀬山、応法山、南川原などの窯場である。これらは1640〜1650年代の国内需要の拡大に伴うものであった。

もう一つは「内山」における窯場の再編成である（図9-17）。これは海外貿易の本格化に伴う対応である。泉山磁石場が発見されてから、初めて築かれたと伝わる天狗谷窯は、「第一水木宜故」（『金ヶ江家文書』）、すなわち水と木が豊富な生産条件に恵まれた位置に窯が築かれている。そして、次々と泉山磁石場の近くに窯が築かれていった。

ここで有田内山地区の1650年代から1670年代にかけての窯場の興廃についてみていく。まず承応2年（1653）の『万御小物成方算用帳』に記されている当時の内山地区の窯場は、岩屋川内山、稗古場山、上白川山、中白川山、下白川山、大樽山、中樽山、小樽山、歳木山の9ヶ所である（図9-17上段）。

そして、続く1650年代後半〜1660年代頃の窯場の分布をみると、泉山磁石場に近い上流域の窯場が廃窯している（図9-17中段）。山深い辺鄙な場所のため廃窯となったとみられるが、泉山磁石場と単に距離的に近いということが利点とならなくなっていたのであろう。泉山磁石場の陶石の供給体制に変化が

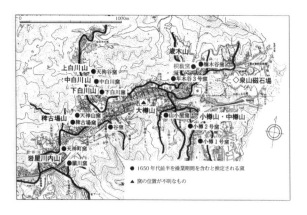

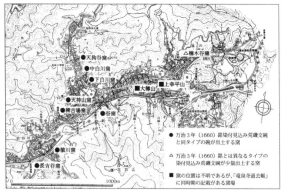

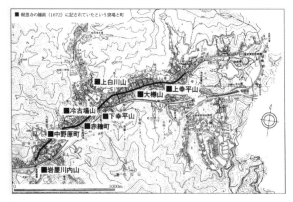

図9-17　17世紀中頃〜後半にかけての有田内山の窯跡分布図

あったとみられ、供給がシステム化されたのであろう。

　1670 年代になると、白川の上流域の窯場も廃窯となり、有田内山を東西に貫く幹線沿いに窯場が集約されている（図 9-17 下段）。そして、その中心部に**赤絵町**が成立している。赤絵町は、上絵付け業者である赤絵屋をそれぞれの窯場から切り離して集めた地区である。内山地区で生産される色絵製品は全てこの赤絵町に持ち込まれることになる。内山全体で一つの窯場として機能するように変化したものであり、赤絵町の位置はそのための機能的配置によるものと言える。

　窯場の内部構造の変化もみてみよう。白川地区の天狗谷窯の 1650 年代頃の製品をみると、前に述べた技術革新による新技術で作られた製品と旧来の技術で作られた製品が混在している。つまり、技術水準に差のある集団が混在している。1660 年代になると、旧来の技術で作られた製品は見られなくなる一方で、外山の応法山に陶工が移っている。全ての陶工が新しい技術を習得したのではなく、旧来の技術しか持たない陶工は内山から外山へと移り、新しい技術を習得した集団のみ内山に残っている。技術革新による新しい技術が内山地区で極めて短期間に普及した背景には、こうした陶工らの技術的淘汰があった。

　技術的に低い陶工を淘汰し、窯場を幹線沿いに集約して、内山全体を一つの窯場として機能させる目的は、良質かつ多品種な製品の量産であった。そして、それは過当競争を抑えることにもなった。オランダ商館長ワーヘナールの総督宛の報告（1659 年 12 月 10 日）によれば、「（肥前の）焼き物が年々改良されて、さらに立派なものとなってきている」とあることから、技術が確実に進歩していることを示す一方で、「一方が技術と速さで、またさまざまな種類の焼き物を生産し、価格を下げることによって他方を負かそうとしていることもあって、彼らは共倒れの状態にすらなって」いたのである。窯場の再編成による合理化はこうした過当競争による共倒れを防ぐ効果もあった。

　一方、波佐見地区はどうかと言えば、1660 年代に新たな窯場が興っている。1650 年代頃の窯場は、三股山（三股古窯跡、三股青磁窯跡）と中尾山（広川原窯跡、中尾上登窯跡）の 2 ヶ所に限られていた。窯も 4 基程度であり、有田に比べると生産規模は小さい。しかし、1660 年代になると、永尾山、木場山、稗木場山などの窯場が新たに興り、1660 〜 1680 年代に操業したとみられる窯も 10

基程度、確認されている。

　1630 ～ 1650 年代の波佐見は青磁生産が中心であったが、1660 年代になると染付が大量に生産されるようになる。青磁生産も継続されるが、ほとんど青磁を焼かない窯も存在した。これは主に東南アジア向けに生産された**染付雲龍見込み荒磯文碗**（図 9-18）をはじめとした大振りの染付碗を主力製品とする窯場が増加するからである。東南アジア向けの染付製品の量産化を図った生産規模の拡大とも言える。

　さらに 1660 年代には皿山役所が設けられ、長崎までの陶磁器の運搬費も定められた。この波佐見の生産体制の確立は、直接的には海外輸出の本格化に起因するものであり、質より量が優先される製品の量産への対応であった。

4　有田と波佐見の比較

　1630 ～ 1640 年代頃、有田が染付や白磁を主に生産したのに対し、波佐見は青磁を主に生産した。原料とした三股陶石の特性、染付に使用する呉須の入手状況などいくつか理由が考えられるが、結果的に有田との棲み分けが種類によって行われていた。そして、1640 年代頃からの国内需要の拡大に伴い、有田は窯場の数を増やしていった。

　1656 年の海禁令以降、本格化する海外貿易によって、有田と波佐見は種類による棲み分けから、品質による棲み分けに移行していった。有田は染付と白磁が主体であったため、手描きと素地の白さをさらに追求した。17 世紀中頃の技術革新を経て、景徳鎮並みの製品がつくれるようになった。技術革新の中の新技術には色絵の技術も含まれていた。そして、付加価値の高い色絵製品はオランダ貿易の受注へとつながることになる。オランダ側の要求は多様で厳しく、質量ともに要求された。良質で多品種の製品を量産するために、内山地区の技術淘汰を行い、窯場を再編成した。有田の生産技術はオランダ側の要求に応えることでさらに鍛え上げられていった。

　一方の波佐見は海禁令以降の海外需要の増大に応えて 1660 年代を中心に窯場の数を増やしていった。有田のように窯場を再編成するのではなく、量的な要求に応えるために新たに窯場を興している。波佐見が主に生産していた青磁

図9-18　波佐見諸窯出土の染付雲龍見込み荒磯文碗

図9-19　波佐見の青磁大皿

については、一部の窯場で継続され、**青磁大皿**（図9-19）など海外へも輸出された。が、波佐見の海外向けの主力製品は東南アジア向けの染付雲龍見込み荒磯文碗などの染付製品であった。そのため、染付を主体に生産する窯が増加した。有田は染付、波佐見は青磁といったように種類による棲み分けはなくなり、波佐見は有田と染付生産という同じ土俵で質による棲み分けを行うことになる。波佐見は、有田で生産される多様な製品の中から、特に質よりも量が優先される種類の製品を選んで、量産する方法を採った。多品種の量産を行う有田に比べて、波佐見は少品種の量産に特化することにつとめた。そして、波佐見が取捨選択したのは、製品の種類だけではなかった。有田内山の技術革新の新技術の取捨選択も行われた。必要な新技術のみを導入したのである。

　東アジア情勢の変化から、中国磁器に代わって海外市場の需要に応えるためには、質量ともに対応が必要であった。1630年代に泉山磁石場を発見し、窯場の整理統合などによって、磁器の量産化を図ったが、それだけでは不十分であった。有田を中心とした技術革新、有田の窯場の再編成と波佐見の窯業圏の拡大、これらによって、ようやく世界市場を相手にした大量輸出時代を迎えることができたのである。

コラム N　清の海禁政策下の中国磁器貿易

　清による 1656 年の海禁令の公布により、中国磁器の海外輸出が止められ、その代わりに肥前磁器の海外輸出が本格化したと言われる。それでは、海禁政策下では中国磁器は輸出されなかったのか。

　当時の記録をみると、必ずしも海禁政策が完璧なものではなかった可能性を示している。密貿易による逮捕者などの存在も指摘されているし、海禁政策下にマカオに近いランパカオで盛んに密貿易が行われていたことが報告されている（フォルカー 1979-1984）。また、やはり海禁政策下に福建省の靖南藩が船を長崎に派遣して貿易を行っており、福州から長崎に向けて出帆した唐船の数が康熙 6 年（1667）に最も多くなっている（王 2010）。さらにマニラの税関記録をみると、1674 年から 1680 年代では厦門を出帆地とする唐船の数が最も多くなっている。1674 年から 1680 年にかけては、鄭成功の子の鄭経が再度厦門を根拠地とした時期であり、厦門周辺に関して言えば、実質的に海禁令が機能していないことをうかがわせる。文献史料をみる限り、必ずしも対外交易ができない時間がずっと続いたわけではないようである。

　それでは、どのような製品が輸出されていたのであろうか。17 世紀後半を中心に生産されたもので、海外でも出土が確認されるものは、粗製の染付寿字文端反碗と染付葉文皿である。いずれもフィリピンのセブ島で数多く出土する（図 N-1）。粗製の染付寿字文端反碗は、アジアのみならず、メキシコのメキシコシティ、グアテマラのアンティグアなどでも出土が確認されている。おそらく唐船によってマニラに輸入されたものが、スペイン船によって太平洋を越えて運ばれたものであろう。1690 年代頃に沈んだとされるコンダオ沈船資料にも同種のものが見られるため、必ずしも展海令以前の海禁政策下に流通した陶磁器に限らないが、生活用品としてマニラの華僑世界に持ち込まれたものが、結果的にガレオン貿易の商品として運ばれた可能性を考えることができる。

　染付葉文皿（図 N-2）は、一枚の葉を内面に大きく描いた染付皿である。台湾、フィリピン、インドネシアをはじめ、アジア各地で発見されている。その多くは粗製品である。この種の皿も展海令以前に海外輸出されたものばかりではないが、1676 年や 1677 年の年号が記されたものを含むことを考えると、流通の主体は 17 世紀後半であったと考えてよい。

　よって、少なくとも福建あたりで生産された粗製の生活用品に関しては、海外にかなりの量が輸出されているとみられる。その担い手については、1656

年の海禁令直後はまだ鄭成功が大陸側拠点を有していたので、鄭氏一派の船が積み出すことも可能であろう。そして、1661〜1662年に鄭成功が台湾に移り、大陸側拠点を失ってからは、いわゆる密貿易で輸出されることになろうが、1674年には再び鄭氏一派が大陸側拠点を奪還するため、再び鄭氏一派の船が輸出することができる。また、鄭氏一派以外の船であっても前述したようにマカオ付近などで海上取引して、密貿易することが行われていた。

　それでは、景徳鎮の製品についてはどうか。海禁令によって、国内向け中心に転換せざるをえないのは確かであろう。中国沿岸部に近い福建・広東地方の窯業地に比べて、より輸出されにくい状態になったとみられるが、それでも海禁政策下に景徳鎮産の製品が大量に輸入されている例をインドネシアの**ティルタヤサ遺跡**に見ることができる。離宮跡という遺跡の特殊性を考慮に入れる必要はあるが、少なくとも一定量の景徳鎮産の磁器が輸出されていることは認められる。景徳鎮産の磁器が輸出される経緯は、福建・広東産と同様であろうと思われる。すなわち、1670年代には鄭氏一派らが大陸側拠点を奪還しているため、大陸で入手した中国磁器を海外に輸出できる環境にあったからである。

　それでは、海禁政策下の陶磁器貿易は、中国磁器に肥前磁器がとって代わったというものではなく、単に中国磁器の輸出量が減少した分を肥前磁器が量的に補完しただけに過ぎなかったのであろうか。

　まず鄭氏一派が台湾を拠点として、大陸側の拠点を失っていた1660年代頃については、肥前磁器が市場の中で圧倒していたとみてよかろう。しかし、1670年代以降となると、中国磁器も海外に輸出されるようになった可能性が高い。海禁政策によって生じた磁器市場の空白を埋めるように、肥前磁器の産業は著しい発展を遂げたわけであるが、それでも需要に対して量的に追いつくものではなかったのであろう。中国磁器と肥前磁器の両者の量的な分析は困難であるが、中国磁器が支えていた磁器市場は、日本の一地方の生産規模でまかなえる量ではなかったとも言える。しかし、量的には全てをまかなうことはできなかったとしても、決して肥前磁器は中国磁器の量を補完するだけの役割ではなかった。海禁政策下において、中国磁器と肥前磁器で大きく異なる点がある。肥前磁器は意匠、デザイン、器形を含めて、海外向けの製品を量産した。とりわけ17世紀中頃に開発された色絵技術は、技術的にも様式的にも大きく発展し、海外の磁器市場に大きな影響を与えた。磁器市場における色絵磁器の地位を大きく向上させ、それは18世紀に肥前磁器の金襴手色絵磁器の影響を受けて、いわゆるチャイニーズ・イマリが中国で量産されたことでも理解でき

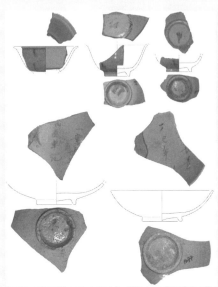

図N-2　ボルホーン遺跡出土の中国磁器
　　　　（染付皿）と肥前磁器（染付瓶）

図N-1　セブシティ出土の染付碗・皿

図N-3　染付見込み荒磯文碗の変遷
　　　　（左：17世紀前半の中国　中：17世紀後半の肥前　右：17世紀末の中国）

図N-4　染付芙蓉手皿の変遷
　　　（左：17世紀前半以前の中国　中：17世紀後半の肥前　右：18世紀前半の中国）

る。一方、中国磁器の場合、17世紀後半においてはいわゆる海外向けの製品の生産が大きく減退している。例えば、芙蓉手皿や見込荒磯文碗の類い、ヨーロッパの注文品などはあまり見ない。展海令後の1690年代に沈んだとされるコンダオ沈没船資料の中に福建・広東産の粗製の染付見込み荒磯文碗（図N-3）が見られ、18世紀前半の雍正年間に沈んだとされるカ・マウ沈没船資料の中には染付芙蓉手皿（図N-4）が見られるが、17世紀代のそれらとは意匠やデザインの連続性が感じられないこともそれらの生産の一時的な断絶をうかがわせる。あえて海外向けに生産したものはなかったが、中国の製品自体は中国国内にあまねく流通しており、沿岸部に流通の担い手を得た時にそれらがそのまま海外に運ばれたように思うのである。

　海外向けの製品の生産が減退した理由としては、一つには海禁令や遷界令によって、沿岸部と内陸部が分断され、流通の担い手と生産地の間の受注ラインの機能低下を招いたことが考えられる。また一つには沿岸部の戦闘状況や支配状況によって不安定化する海外需要を生産地側が嫌ったのかもしれない。1670年代には鄭氏一派が大陸側拠点を奪還し、中国磁器を海外輸出できる環境になっても、沿岸部と内陸部の連携の回復には至らなかったのであろう。

第**10**章
唐船・オランダ船による貿易

1 海禁令と肥前磁器の海外輸出

　明から清へ王朝が変わっても抵抗を続ける鄭成功の勢力をそぐために、清は1656年に**海禁令**を公布し、商民の船の出海や鄭成功らとの交易を禁じた。その結果、中国磁器の海外輸出が止まり、肥前磁器の海外輸出が本格化した。

　海禁令の公布後まもなく1658年には唐船が長崎から大量に磁器を積んで、鄭成功の支配下へと向かった。例えば、1658年11月5日から8日までに長崎を出帆した7艘は大量の各種「粗製磁器」を積んで、全て厦門と安海に向かい、同月中に出帆した他の8艘の積荷もほとんど粗銅と磁器であった（山脇1988）。大量輸出時代の幕開けであり、その後も唐船は盛んに肥前磁器を輸出した。

　一方のオランダによる肥前磁器の輸出も1659年には本格化する。1650年・1651年にはすでに**オランダ船**がベトナムのトンキン（今のハノイ）に向けて肥前磁器を積み出しているが〔1650年にウィッテン・ファルク号がトンキンのオランダ商館に届ける「種々の粗製磁器145個」を積んで長崎を出帆し、1651年にもカンペン号が「176個の日本製の磁器平鉢」をトンキン商館に積送している（山脇1988）〕、その後の1652年から1657年までの5年間の輸出は、「膏薬壺」のような薬剤容器などであり、バタビアの政庁所属の病院などに向けられたものであった。1659年にスリランカのゴール沖で沈んだアーフォントステル号では、肥前磁器が数点発見されている。1650年代頃の染付膏薬壺（**アルバレロ壺**）（図10-1）や染付芙蓉手皿（図10-2）などである。この船は1656年に長崎に来航しており、おそらくその際に購入したものであろう。この資料によって1650年代の輸出品がどういったものであったかわかる。そして、オランダ東インド会社は1659年に大量注文を行い、オランダ本国をはじめ、アラビアのモカ商館、インドのスラッテ（スーラト）商館、コロマンデル商館、ベンガル商館など多方面に肥前磁器を送った。その数量も33,910個を数え、オランダ船による海外輸出が本格化した。

図10-1　アーフォントステル号出土の染付薬壺
（スリランカ）

図10-2　アーフォントステル号出土の染付皿
（スリランカ）

　そして、清が1661年に海禁令をさらに強化した**遷界令**を公布したことで、さらに肥前磁器の海外輸出が加速した。肥前磁器がアジア、アフリカ、ヨーロッパ、そして、アメリカへと世界中に運ばれた。1683年に鄭氏一派が清に降伏し、翌年に**展海令**が公布され、海禁が解除されるまで、肥前磁器の大量輸出時代は続いた。

2　初期輸出時代の製品

　海外貿易が本格化した直後の資料は、長崎の寛文3年（1663）の大火に伴う遺物（図10-3）によって知ることができる。1663年と言えば、1661年の遷界令の2年後のことであり、長崎を焼き尽くした寛文大火は多くの商家や倉庫（蔵）を焼いた。そして、蔵などに収められていた輸出用の肥前磁器が大量に焼け出された。同じ種類のものが大量に見つかるので、それらが商品であったことがわかる。万才町遺跡（大村町）では、大火の際の整理土壙から大量の陶磁器や瓦が出土した。蔵に納めていたものを火災のため一括廃棄したものと考えられている。**染付日字鳳凰文皿、染付雲龍見込み荒磯文碗、染付芙蓉手皿**など典型的な海外向け製品の他に染付足付坏、染付蓋付小壺、燭台、青磁中皿などが出土している。

　そして、鹿児島県**吹上浜**で採集された陶磁器（図10-4）も初期の輸出品を知ることができる資料である。長崎を出帆した唐船が、東シナ海を南下中、何らかの海難に遭い、沈没したか、積荷を投棄したものとみられる資料である。陶

図10-3　興善町遺跡出土遺物
　　　　長崎市教育委員会

図10-4　鹿児島県吹上浜採集遺物

磁器の年代は 1660 年代頃とされる。東南アジア向けの染付雲龍見込み荒磯文碗などの大碗や鉢、色絵碗、染付芙蓉手皿、染付や色絵の蓋付鉢、瑠璃地（金）銀彩合子などがある。

　長崎寛文大火に伴う出土資料も吹上浜の採集資料も多くは有田焼とみられる。有田以外の波佐見などで海外向け製品の量産を行うようになるのは、1660 年代でも中葉以降とみられる。

3　唐船による輸出

　いわゆる「鎖国」政策下、長崎に来航が許されたのは、唐船とオランダ船であり、日本の船は海外へ渡航することが許されていなかったため、長崎から肥前磁器を積み出したのはこれら唐船とオランダ船だけであった。

　唐船が運んだ肥前磁器の量は莫大である（図10-5）。寛文元年（1661）から天和 2 年（1682）まで唐船がバタビアへ輸出した肥前磁器の数量は 203 万 8283個と推定されている（山脇 1988）。バタビアに限ったものだけでも莫大な数量である。もちろん、唐船が寄港したのはバタビアだけではない。

　唐船が輸出した磁器はどの地域の需要に応えたものであったか。寛文 6 年（1666）に長崎を出港した唐船数は 35 隻であり、その内訳は台湾船 11、広南船8、柬埔寨船 4、暹羅船 5、太泥船 2、六昆船 2、宋居勝船 1、潮州船 2 である。

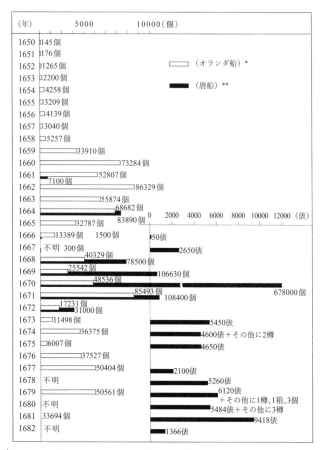

図10-5　唐船・オランダ船による海外輸出量
　　　*　オランダ連合東インド会社による肥前陶磁輸出数量（バタビア城日誌・送り
　　　　状・仕訳帳・船荷証券記載分）
　　**　唐船による肥前陶磁輸出数量（バタビア城日誌記載分）

　天和元年（1681）の長崎入港の唐船数は30隻で、内訳は台湾船9、福州船5、
広東船5、暹羅船2、カラパ船4、泉州船3、東京船2である（山脇1964）。広
く中国及び東南アジアの船が長崎へ往来している。長崎に来航する唐船が全て
肥前磁器を輸出するものではないが、唐船による肥前磁器の輸出が東南アジア
の需要に応えたものであることは確かであろう。一方、唐船がインド洋以西に
赴いて交易を行った資料は今のところない。

1 台南(台湾)　　　　10 ハノイ(ベトナム)　　19 コンダオ　　　　　28 コタ・ティンギ
2 高雄　　　　　　　11 ホアビン　　　　　　20 キエンザン　　　　29 ヘルデルマルセン号(シンガポール沖か)
3 澎湖諸島　　　　　12 ハイズォン　　　　　21 ウドン遺跡(カンボジア) 30 ギエン遺跡(インドネシア)
4 金門島　　　　　　13 タインホア　　　　　22 ヴィエンチャン(ラオス) 31 バンテン・ラーマ遺跡
5 東山冬古湾沈船遺跡(中国) 14 クアンチ　　　　　23 アユタヤ(タイ)　　32 ティルタヤサ遺跡
6 モンテ・フォートレス遺跡(マカオ) 15 フエ　　　　　　　24 ロッブリ遺跡　　　33 バタビア
7 イントラムロス遺跡(フィリピン) 16 ホイアン　　　　　25 チェンマイ　　　　34 ソンバ・オブー城跡
8 セブシティ　　　　17 ビンディン　　　　　26 ナコン・シー・タマラート 35 ウォリオ城跡
9 ボルホーン遺跡　　18 ラムドン　　　　　　27 マラッカ(マレーシア)

図10-6　東南アジアにおける肥前磁器出土分布図

　唐船が東南アジア一帯に肥前磁器を運んでいることは考古学的にも明らかである（図10-6）。フィリピン、ベトナム、カンボジア、ラオス、タイ、マレーシア、インドネシアなどの遺跡からは肥前磁器が数多く出土する。東南アジアといってもそれぞれの国や地域によって、需要が異なっており、ベトナムではやや大きめの小皿と大碗、タイやカンボジアでは大碗、インドネシアやフィリピンでは中皿・大皿など、食文化に応じて、特定の器種に偏る傾向がある。

　東南アジア一帯でみられる製品は、染付雲龍見込み荒磯文碗である。タイやカンボジアなどではこの種の碗が中心となって出土する。染付雲龍見込み荒磯文碗に加えて、ベトナムに染付日字鳳凰文皿、フィリピンに染付芙蓉手皿、インドネシアに色絵大皿、染付芙蓉手皿や青磁大皿などが数多く運ばれた。陶器も唐津系の**刷毛目大皿**（大鉢）などが海外に運ばれている。これらの生産窯を

みていこう。

　まず1640年代頃の輸出製品は、有田を中心とした窯場の製品である。これらは海外向けに生産されたものではなく、日本国内に流通していた肥前磁器がそのまま輸出されており、1640年代当時の肥前全体の磁器生産量の中で有田の窯場が占める割合を考えると確率的にそのようになろう。

　ベトナムで数多く出土する染付日字鳳凰文皿は、海外向けに規格化された最初の製品の一つと考えられる。このことは肥前磁器の海外輸出が記録上インドシナ半島向けに始まったこととも関わりがあろう。有田、波佐見、三川内、嬉野など当時の主だった窯場で生産されているが、量的には有田や嬉野の製品が多い。

　東南アジア一帯で出土する染付雲龍見込み荒磯文碗については、比較的上質なものは有田の製品と推測されるが、その他は生産窯も多く、特定が難しい。一方、同じ大振りの碗でも牡丹唐草文や見込み団竜文などは、生産量から推測して、特定がある程度可能である。いずれも有田においても生産されているものであるが、有田産を除けば牡丹唐草文碗は波佐見地区、見込み団竜文碗は三川内地区のものが多いと推測される。牡丹唐草文碗はインドネシアなどでも出土をみるが、見込み団竜文の文様が著しく崩れたものはベトナム、タイで出土している。そして、見込み荒磯文碗、牡丹唐草文碗、見込み団竜文碗以外にも大振りの碗の出土が見られるが、それらについては有田地区の製品が多いのではないかと思われる。

　粗製の芙蓉手皿（図10-7）はベトナムでも出土をみるが、最も多く見られる地域はフィリピンである。波佐見や三川内で見られる見込みに「日」字を入れた粗製の芙蓉手皿もフィリピンで確認されている。上質の芙蓉手皿はインドネシアとフィリピンに出土が多く見られる。粗製の芙蓉手皿は色絵製品も含めて有田外山各窯や嬉野吉田山の製品である可能性が高い。上質の芙蓉手皿は有田の製品がほとんどであろう。有田以外に天草地区、嬉野不動山などで生産しているものの量的には少なかろう。また、インドネシアやフィリピンを中心に出土する**印判手仙境図色絵皿**は吉田山の製品である。

　インドネシアに出土が集中する青磁大皿については、釉色などから比較的特定しやすい。有田や**不動山**（佐賀県嬉野市）の青磁大皿も相当量輸出されてい

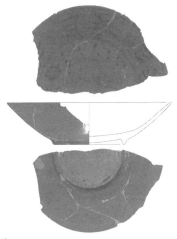

図10-8　出島和蘭商館
　　　　長崎市

図10-7　セブシティ出土染付芙蓉手皿

るが、波佐見の青磁が大きな割合を占める。

　タイやインドネシアで出土している唐津二彩刷毛目大皿については武雄・嬉野地区などの唐津系陶器窯であろう。そして、インドネシアで出土している唐津系甕については塩田地区などの製品であろう。そして、唐津系陶器の甕の輸出年代については、磁器の輸出よりもさらに年代が遡る可能性がある。商品そのものである磁器の場合は、消費地の需要に見合うそれなりの品質がなければ輸出されにくいが、甕や壺などは単に容器として用を足せるものであれば積み出される。特に甕の場合、船上では飲料水を貯蔵する容器が不可欠であるため、航海用の水甕として船積みされる可能性がある。沈船資料の中には大形の壺や甕を積載していたことを示す例が多く見られる。

4　オランダ船による輸出

　オランダ船によって長崎の出島和蘭商館（図10-8）から盛んにアジアやヨーロッパに輸出された。出島内に「伊万里焼物見せ小屋道具入」が置かれたこともある。輸出された製品は、その輸出形態から大きく二つに分けられる。一つは会社としての公式貿易であり、一つは商館職員たちの私的購入による脇荷貿

易である。

4−1　公式貿易

　公式貿易は長崎商館の貿易すなわちオランダ東インド会社の貿易である。ア
ジア各地の商館に運ぶほか、ケープタウンを経由してオランダ本国へ運んでい
る（図10-9）。1650年代は医療容器を主とした注文であったが、1659年の大量
注文以降、様々な種類の磁器を注文している。例えば、1659年10月に長崎を
出帆したフォーゲルザンク号が積んでいた陶磁器を具体的に一覧にした「送り
状」をみると、「白い角張ったティーカップ」、「銀の花付きのティーカップ」、
「青の絵付けの大鉢」、「銀の花付きの白い皿」などの他、「マスタードポット」、
「インク壺」のようにヨーロッパの生活様式に合わせて注文されたものも含ま
れている。これらは中国磁器、デルフト焼などの陶磁器を見本としたものであ
ろう。

　オランダ本国への輸出磁器の内訳をみると、色絵製品の割合が高い。有田で
色絵が開発されたのが1640年代であり、肥前磁器の中では最も付加価値の高
い種類の製品の一つが選ばれていたことがわかる。前に挙げた送り状の中に
「銀の花付き」とあるが、**金銀焼付け技法**は1655〜1657年ごろに開発された
と考えられているため、肥前の最先端の技術が用いられた製品が輸出されてい
ることがわかる。遠隔地の消費地に輸出するに値するものとして選ばれたとい
うことであろう。

　金銀彩を含めた色絵製品に限らず、当時のヨーロッパに運ばれた肥前磁器の
ほとんどは有田の内山や南川原など一部の外山の窯場の製品であった。会社の
貿易による総輸出量については、慶安3年（1650）〜宝暦7年（1757）までの
間に123万3418個の肥前磁器が輸出されたことが記録に残されている（山脇
1988）。

　製品の種類によって会社による貿易と個人貿易を区別することは難しいが、
オランダ船によって運ばれた肥前磁器がどのようなものであったかについては、
ヨーロッパ各地の宮殿や王宮に残るコレクションの他、アムステルダムなどの
都市遺跡の出土資料、オランダ船の沈没船資料をみると理解できる。ドイツの
ツヴィンガー宮殿（図10-10、口絵10-1）、**シャルロッテンブルク宮殿**（口絵10-

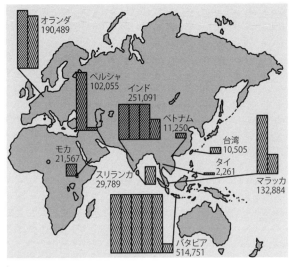

図10-9　オランダ東インド会社による輸出地図

図10-10　ツヴィンガー宮殿
　　　　　ドイツ・ドレスデン

図10-11　バタビア（現ジャカルタ）の倉庫群

2)、**ミュンヘン・レジデンツ**などをはじめ、イギリス、オランダ、チェコ、オーストリア、ロシア、ハンガリーなどの博物館には色絵磁器を含んだ多数の肥前磁器が残されている。これらのほとんどは、長崎からインドネシアのバタビア（図10-11）を経由して、インド洋を横断し、ケープタウンを中継して、大西洋を北上して、オランダに到達し、ヨーロッパ各地に流通したものであろう。正確な数量は把握していないが、清による海禁政策下の17世紀後半と展海令以後の17世紀末〜18世紀前半を比べて、とりわけ展海令以後に数量が減

るようにはみえない。

　アムステルダムにおける出土遺物をみて最も多いのは、17世紀末〜18世紀前半の遺物であり、清の海禁政策下における17世紀後半の肥前磁器の大量輸出時代の遺物よりも多い。例えば、アムステルダムでは約100点の肥前磁器が出土しているが、その内訳は1690年以前の製品が37点、1690〜1730年代の製品が58点である（バート2000）。つまり、中国磁器の輸出が抑制され、肥前磁器が市場の多くを占めていた時代よりも、中国磁器にシェアを奪われながらも量的にはより多く輸出していた可能性を示している。しかも18世紀前半はヨーロッパでも磁器生産が始まった中での輸出であった。それだけ市場の規模そのものが大きくなったということであろうか。まだ調査例が少なく、ヨーロッパ全体の傾向として捉えることは難しいが、少なくとも展海令以後、激減するようには見えない。

4-2　脇荷貿易

　商館職員、オランダ船の乗員らの個人の売買荷物を脇荷という。そのため、**脇荷貿易**はいわゆる私貿易であるが、オランダ東インド会社の公式貿易をしのぐ貿易量であったという（山脇1988）。

　脇荷貿易の実数は40万5972個と蓋茶碗413組、ひな道具5334組であるが、その他にオランダ船による総量である「阿蘭陀船日本ニて万買物仕、積渡寄帳」の数値から会社の貿易高である「**商館仕訳帳**」の数値を差し引いた数量が脇荷貿易による輸出量として推定されている。すなわち、寛文・延宝・天和期の23ヶ年が115万個、貞享・元禄期の19ヶ年が133万個、宝永・正徳期の9ヶ年が63万個、享保8年までの7ヶ年が49万個、合計360万個を極めて控え目な推定量としてあげられている。前記の実数を加えると400万個以上を超える数字となる。オランダ東インド会社による貿易が123万3418個であるため、会社の貿易の数倍に上る。

　そして、注目されるのは、その輸出年代である。清朝による海禁政策下の寛文・延宝・天和期の輸出量の倍以上の肥前磁器が展海令以後に輸出されている。記録で見る限り、会社の貿易による肥前磁器の輸出の最盛期は17世紀後半、すなわち清による海禁政策下とみられるが、脇荷貿易まで含めて見た場合、最

盛期はむしろ展海令以後となるのである。そして、この傾向は消費地における出土量の傾向にも符合する。

　ヨーロッパでもてはやされた**金襴手様式**の色絵製品は、ヨーロッパ以外の地域でも発見されている。インドネシアのバタビア、バンテン、チルボンなど、ケニアのモンバサ、南アフリカのケープタウン、メキシコのメキシコシティ、ベラクルス、グアダラハラなどである。その中でバタビアやケープタウンに残された製品は、上記の長崎からオランダまで至る一般的なルート上に位置しているため、そのルートの運搬途上に残されたものであろう。オランダ東インド会社の拠点や中継地であることから、会社の貿易によってもたらされた可能性と脇荷貿易である可能性といずれも考えられる。しかしながら、その他については東南アジア市場で販売するために長崎から輸出されたものと考えられ、脇荷貿易による可能性が高い。つまり、長崎からバタビアへ脇荷貿易によって運ばれたものが、インドネシア各地に運ばれ、バタビアから唐船によってマニラへ運ばれ、そこからスペイン船によってさらに遠くのメキシコへ運ばれた。あるいはイスラーム商人やインド系商人が購入して東アフリカなどのインド洋世界に運ばれた。こうした金襴手様式の色絵製品の流通の広がりを脇荷貿易による輸出が支えていた可能性が高い。

5　唐船とオランダ船

　長崎から出帆した唐船が主として東南アジアの海を活動海域としたのに対し、オランダ船は肥前磁器をアジア各地の商館、そして、ケープタウンを経由してオランダ本国に運んでいる。扱った磁器の生産地は、唐船が扱った商品が肥前一帯の窯場で生産されたのに対し、オランダ船が扱った商品の多くは有田の内山地区や南川原地区の窯場の製品であった。相対的に品質の高い製品を生産する窯場である。また、より付加価値の高い製品として色絵が好まれた。当時、すでに有田では赤絵付業者が集約され、赤絵町が形成されていたため、内山地区が肥前の色絵製品の主たる生産地であった。オランダ船によって運ばれた色絵製品の大半が内山地区の製品であったと言ってよい。唐船もまたマニラやマカオなどヨーロッパの植民地や居留地向けの製品を輸出したが、その様々な種

類のヨーロッパ世界向け製品が有田で最初に生み出されたのは、長崎商館による注文によってであろう。唐船は新たに生み出された種類の製品の需要の「量」の把握をしながら、各地に運んだものであろう。例えば、**チョコレートカップ**を最初に注文したのは**オランダ東インド会社**の長崎商館であると見られるが、チョコレートカップの需要がマニラを経由した中南米にあることを把握し、唐船は盛んにマニラにチョコレートカップを輸出した。

　オランダ東インド会社による多種多様な種類の注文や一定の品質の要求が、有田の技術力を景徳鎮に並ぶ高みに導くこととなり、色絵の需要の高まりが様々な意匠や様式を展開させていく原動力となった。そして、唐船による量的な輸出は窯業圏の拡大につながっている。

　次にその量的な経緯を見てみよう。唐船による海外輸出の最盛期は清の海禁政策下の 17 世紀後半である。特に 1660 ～ 1670 年代である。波佐見などで新興の窯場が次々と築かれる時期である。発掘調査にみる生産地と消費地の状況は矛盾しない。そのため、展海令以後には、急速に窯場が縮小し、廃止されるものもあった。一方のオランダ船による海外輸出について、会社の貿易は記録からみる限り、唐船と同様に 17 世紀後半に最盛期を迎えている。17 世紀末以降、会社の貿易による肥前磁器輸出は減退し、中国磁器の輸出が本格化されるが、脇荷貿易はむしろ 17 世紀後半より 17 世紀末～ 18 世紀前半の方が盛んに行われている。そして、オランダ船による磁器貿易全体をみた場合も 17 世紀末～ 18 世紀前半の方が多い。つまり、会社による磁器貿易が減退した分を脇荷貿易が補ってさらに余りあるものとしたとみられる。

　このことは 17 世紀後半においてオランダ船と比べた場合の唐船による貿易量の大きさとともに、ヨーロッパ市場における磁器需要の飛躍的な増大を示している。

　オランダ船による磁器輸出の最盛期が 17 世紀末～ 18 世紀前半であったとしても、肥前磁器の総輸出量はやはり 17 世紀後半に及ぶことはない。1684 年の展海令の公布により、東南アジア市場を丸ごと失い、インド洋海域においてもアメリカ大陸においても流通量はとても小さいものになるわけであり、生産地側においても肥前一帯で生産していた海外向け製品（例えば染付雲龍見込み荒磯文碗など）が消え、中には窯場そのものが消失するところもあるほどの減退で

あった。つまり、それだけ唐船による輸出が多かったということである。

　そして、このように唐船が中国磁器の輸出に立ち戻ったことにより貿易は大きく減退したものの、オランダ船による貿易は脇荷貿易の増大によりむしろ17世紀後半よりも増大している。これは唐船の減退分をオランダ船が引き継いだという構図ではない。オランダ船もまた中国磁器を主に扱うようになっているからである。世界市場において扱う商品は中国磁器が主流となっていたが、それでもオランダ船による貿易による肥前磁器の輸出が増大したことが注目される。つまり、ヨーロッパ市場においても中国磁器にシェアを奪われた中で盛んに長崎から肥前磁器がヨーロッパに向けて輸出されたということは、磁器需要全体が17世紀後半に比べて飛躍的に拡大したということであろう。

コラムＯ　三つの口から輸出された伊万里

　江戸時代の日本は、いわゆる「鎖国」状態であったが、完全に閉じられていたのではなく、長崎以外にも三つの外交的窓口があった。松前口、対馬口、薩摩口（琉球口）である。松前口ではアイヌとの北方交易が行われ、対馬口では対馬藩を介した朝鮮貿易、薩摩口では薩摩藩が付庸国とした琉球国を介して対外貿易を行なった。そして、これらの口からも肥前磁器が海外へ運ばれている。

松前口

　松前藩を介した蝦夷地における対外交易である。北方に運ばれた肥前磁器はカムチャッカ半島やサハリンにも及んでいる。例えば、カムチャッカ半島に位置するジュパノヴォ遺跡から日本製の寛永通宝やキセル刀子などとともに1660年代〜18世紀初におさまる肥前陶磁が見つかっている（大橋2000）。またサハリンの東西多來加遺跡から肥前磁器が1点出土している（関根2009）。

　また蝦夷地においては、和人とアイヌが交易を行った「場所」関連遺跡、チャシやコタンといったアイヌの居住地から肥前陶磁を含む近世陶磁器が出土するが、陶磁器はアイヌの物質文化には本来みられないものであり、彼らにとっては必需品ではない（関根2009）。そして、19世紀になって初めてアイヌの人々の日常生活で陶磁器が使われるようになったが、その際に彼らが使用したのは、いわゆる「蝦夷地3点セット（肥前系磁器膾皿、高取焼甕、徳利）」であった（関根2009）。この3点セットの内、肥前磁器は磁器膾皿と染付笹絵徳利、コンプラ瓶などである。

対馬口

　対馬藩を介した朝鮮貿易である。朝鮮貿易による肥前磁器の輸出は17世紀から行われている。寛文年間（1661〜1673）には対馬藩から朝鮮へ肥前磁器を献上しており、安永年間（1772〜1781）には対馬藩主経由で朝鮮へ肥前磁器の輸出許可も出ている。実際に韓国の慶尚南道梁山市通度寺の花峯堂浮屠舎利具の中に肥前磁器か対州磁器とみられるものが残されている（家田2006）。近年、調査が行われた釜山の草梁倭館からも18世紀頃の肥前磁器が出土している。

　また、対馬では18世紀末以降、肥前磁器を仕入れて輸出するだけでなく、地元の志賀窯や立亀窯（図Ｏ-1）で磁器を焼き、朝鮮半島に輸出しているが、

図O-1　対馬の立亀窯（長崎県対馬市）

19世紀初めにおいても肥前磁器が相変わらず朝鮮に輸出されており、その輸出が中継担当の対馬藩の収益にはなってないとの記録もある（泉1990）。そして、文政3年（1820）には有田の北島源吾が朝鮮向焼物専売の許可を得ており、有田焼と競合しながらの輸出であった。

琉球口

付庸国とした琉球国を介して行なった薩摩藩の対外貿易である。琉球国は薩摩藩に従属するとともに清の冊封国でもあり、入手した肥前磁器を輸出したとすれば中国向けとなるが、考古資料としては確認されていない。なお、台湾の国立故宮博物院には数十点の肥前磁器が収蔵されており、これらは清宮の旧蔵品を引き継いだものとされる。後世に持ち込まれたものでないとすれば、オランダ人が朝貢したものである可能性とともに、琉球国を介して朝貢されたものである可能性も考えられる。

一方、琉球国自体、独立国家の体裁を取っていたため、中継地となった琉球国にもたらされた肥前磁器もまた当時の輸出品と言える。沖縄県下で出土している肥前磁器は、薩摩船によって運ばれたと推測されるが、その場合、薩摩藩あるいはその商人が肥前磁器を入手し、琉球国に運ぶことになる。沖縄県下で出土している肥前磁器の多くは日本本土で出土している同時期の組成と大きく異なるものではない。沖縄本島だけでなく、離島である久米島の**ヤッチのガマ**でも大量の染付碗が出土している。

あえて異なる点を挙げるとすれば、網目文などの小ぶりの染付瓶（図O-2）が数多くみられる。同程度の法量の瓶は沖縄産陶器にもみられるので、沖縄の

図O-2　ヤッチのガマ出土の染付瓶

地域性を示しているのであろう。伊万里など国内市場向けの港から直接、琉球国に輸出したとは考えられないので、薩摩を介した注文ということになろう。また、染付雲龍見込み荒磯文碗などの大碗の出土比率が本土よりもやや高い印象を受ける。日本本土と食生活と異なる沖縄の需要を示しているのか、東南アジアを含めた海域ネットワークに組み込まれていたものか、よくわからない。

コラムP　肥前磁器の「分布範囲」

　いわゆる「鎖国」時代に輸出された肥前磁器は、生産地からの距離が0～16000kmの範囲、標高は推定−900m～2820mの間に分布している。

　まず最も深い場所で確認された近世の肥前磁器は、舳倉島（石川県）沖の推定水深900mの海底から引き揚げられた17世紀末の有田焼の染付皿である（図P-1）。どういう経緯で入ったものか、わからないが、カニ籠漁の籠にかかって引き揚げられたものである。正確な水深はわからないものの、漁の手法から考えて数百m以上の深さであることは確かであろう。磁器は水よりも比重が大きいことから、さらに深い深海に船とともに沈むこともあるだろうが、深ければ深いほど、見つけることが難しくなる。数百m以上となると、奇跡に近くなる。しばらくはこの記録が塗り替えられることはないだろう。

　それでは、肥前磁器が発見されている最も高い場所はどこであろうか。深さと異なり、高さの場合、重力に逆らって人がその場所まで持ち上がらなければならない。高みへ運ばれる状況については、主に二通り、想定される。一つは日常的に生活する空間から非日常的な山の世界へ持ち上がる場合であり、もう一つは標高の高い都市が消費地である場合である。

　山に陶磁器を持ち上がるとはどういうことか。波佐見焼の産地の近隣に虚空蔵山（長崎県川棚町・佐賀県嬉野市、標高608.5m）という山があるが、登山道には肥前磁器の破片が落ちており、頂上でも見つかる。江戸時代中期から後期にかけての碗や瓶の破片である。この山に限らず、山頂の祠（図P-2）などに碗や瓶が供えられている様子を目にしたことがあるであろう。日本では古代より山が信仰の対象となり、登られてきた。例えば、明治40年（1907）に参謀本部陸地測量部員が劔岳に登頂した折に、古代の銅錫杖頭と鉄剣（いずれも奈良時代後期～平安時代初期のものと推定）を発見している。これまで山岳信仰関係の施設で肥前磁器が発見された例は少なくなく、その中で最も標高の高い施設は立山芦峅寺室堂（標高2450m）である。「伊万里系磁器10点」が出土している（図P-3）。器種は碗・瓶・香炉などである。今のところ、国内でこれより高い場所から肥前磁器が出土した例はないと思う。今後の可能性についてであるが、山岳信仰と言えば、江戸時代には富士山への登拝が行われた富士講がよく知られている。富士山の標高は3776mであり、頂上で肥前磁器が発見されれば、国内ではこの高さを超す地点は他にない。

　近世の肥前磁器が発見されている標高の高い都市はどこであろうか。日本で

図P-1　舳倉島沖引き揚げの染付皿

図P-2　虚空蔵岳頂上の石祠

最も高い県庁所在地は長野市（標高371.3m）であり、国内では標高1000mを超えるような場所にいわゆる都市はないが、中南米には標高1000mを超える場所に都市が数多くあり、すでに肥前磁器が発見されている。例えば、かつてのヌエバ・エスパーニャの首都メキシコシティ（メキシコ、標高2240m）、オアハカ（同1555m）、プエブラ（同2175m）などでは、コロニアル都市遺跡から肥前磁器が出土している。考古資料ではないが、グアダラハラ（同1566m）では教会に金襴手の壺が伝世し、トゥンハ（コロンビア、標高2820m）では教会内の装飾として染付芙蓉手皿が嵌め込まれている。特に後者については、後世に持ち込まれたとは思えず、考古資料と同様に当時、持ち込まれたものと考えてよいであろう。今のところ、考古資料ではメキシコシティ、それ以外ではトゥンハのものが最も高いところへ運ばれた肥前磁器となる。それでは、今後はどうかと言えば、ネパール・ヒマラヤ山中の集落、チベット高原のラサ（標高3650m）などは3000mを超える高さにあるが、これまで周辺を含めて出土例はなく、見つかる可能性は大きくない。一方、今後も中南米のコロニアル都市では、肥前磁器が発見される可能性が高く、未調査の都市で標高の高い都市と言えば、ボリビアのラパス（標高3600m）がある。ラパスの周辺都市エル・アルト（ボリビア）は、4150mにあるが、日本の近世当時は無人の荒野であったようなので、少なくとも当時、肥前磁器が持ち込まれたことはないであろう。よって、今後、3600mの高さまでは出土が期待できる。

　次に最も遠くまで運ばれた近世の肥前磁器と言えば、今のところ、南米のペルーのリマである。およそ16000km離れている（図P-4）。南米以外では南アフリカのケープタウンが遠く、航行距離で言えば、そのケープタウンを回り込

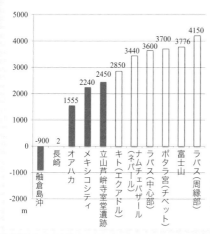

図P-3　肥前磁器出土地の標高グラフ

図P-4　正距方位図法地図による肥前磁器分布図

まなくてはならないヨーロッパが南米よりも遠いことになる。図P-4は肥前を中心とした正距正方位図法による地図上に分布図を作成したものである。中央の楕円形が唐船と和船のおおよその活動範囲であり、近世の波佐見焼の主な流通圏である。ただし、波佐見焼も青磁製品に限ってはその円をはみだして流通している。そして、その外側の楕円形が有田焼の流通圏である。オランダ船が直接運んだものもあれば、唐船が長崎から輸出したものを中継して、オランダ船以外の船が運んだものもある。ペルーなど中南米については、次章で述べるようにスペイン船によるものであった。他に考えられる船はイギリス船などのヨーロッパ船、イスラーム商人やインド系商人の船である。

　この地図でみると、ペルーよりもアルゼンチンやチリの遺跡が遠くに位置している。17世紀前半の中国磁器が発見されているため（口絵10P-1・2）、中国磁器のルートをなぞってきた肥前磁器も今後発見される可能性がある。

第11章
ガレオン船による貿易

　紀元前より東西の世界は陸路と海路によって結ばれていた。陸路は言うまでもなくユーラシア大陸を横断する「絹の道」（シルクロード）であり、海路は「陶磁の道」ともよばれる海のシルクロードである。そして、近年、これらの歴史的価値が認められ、2014年に「シルクロード　長安－天山回廊の交易路網」として世界遺産として登録され、**海のシルクロード**もまた登録を目指している。

　これら二つの歴史的な交易路は今その役割を終えているわけではない。例えば、現在の中国が推進している「一帯一路」構想は、現代版シルクロード経済圏構想である。シルクロード経済ベルト（一帯）と21世紀海上シルクロード（一路）から形成されている。一帯は、中国から中央アジアを経てヨーロッパに至る貿易ルートであり、かつての「絹の道」である。一方の一路は南シナ海からインド洋海域、アフリカ、ヨーロッパなどをつなぐかつての「陶磁の道」である。東西の世界の間に大陸が横たわり、大洋が広がることは現在も変わらず、陸と海のシルクロードは今も東西を繋げようとしている。

　このように古代より現在まで続く長大な二つの東西交易路であるが、とりわけ大量輸送が可能な船が主役となる海のシルクロードは東西文化交流の物流の主要路であったと言ってよい。そして、大航海時代以降はもう一つの海の東西交易路が新たに誕生している。太平洋と大西洋の二つの大洋をつなぐ交易路である。アメリカ大陸を挟んだ海の道もまた現在まで続く重要な交易路である。

1　もう一つの東西文化交易路

　大航海時代、ヨーロッパはアジアと直接、貿易を行うために新しい道を探した。その先駆けとなったのはイベリア半島の海洋国家、ポルトガルとスペイン

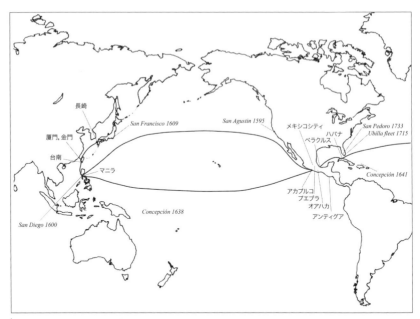

長崎

San Francisco 1609

San Agustin 1595

メキシコシティ
ハバナ
ベラクルス

San Pedoro 1733
Ubilla fleet 1715

廈門, 金門
台南

マニラ

Concepción 1641

アカプルコ
プエブラ
オアハカ

アンティグア

Concepción 1638

San Diego 1600

図11-1　ガレオン貿易関連地図

であった。

　ポルトガルはアフリカを回り込んで東に向かった。喜望峰を経て、東アフリカ、インドへと到達し、さらにマラッカ、マカオ、そして、日本へとその指先を伸ばし、キリスト教を伝えた。一方のスペインは西へ向かった。大西洋を渡り、アメリカを「発見」し、マゼラン海峡を抜けて、太平洋に躍り出た。そして、フィリピンに到達した。スペインはマニラを建設し、やがてマニラとメキシコのアカプルコを結ぶ**ガレオン貿易ルート**（図11-1）が開設された。アメリカ大陸の銀がアジアへ運ばれ、アジアの絹、香料、磁器などの産物がアメリカに運ばれるようになった。さらにメキシコのベラクルスからキューバのハバナを経由して、スペイン本国へとアジアやアメリカの産物が運ばれ、ヨーロッパの産物がその道を逆に辿った。

　ポルトガルが開いたインド洋ルートは、旧来の海のシルクロードの延長であったが、スペインが開いた大西洋・太平洋ルートは、新たな海のシルクロードとなった。そして、この新たな東西交易路を通して、江戸時代の肥前磁器が

運ばれていた。

2　ガレオン貿易と肥前磁器

　江戸時代、日本はある種の海禁政策をとっていた。いわゆる「鎖国」とよばれる政策であり、徳川幕府は海外との接触を限定的なものとし、その交流や交易を制御していた。寛永16年（1639）にポルトガル船の入港が禁止されてから、オランダ船以外の西洋の船との交易は途絶え、禁教令の下、カトリック教国との直接的な接触はなくなった。

　しかしながら、近年、近世の肥前磁器がカトリック教国のスペイン船によって太平洋を渡って中南米に広く流通していたことが明らかになった。アメリカ大陸に肥前磁器が渡っていたことは、メキシコシティの地下鉄工事によって出土した陶磁器片の中に4点の肥前磁器の破片（図11-2）が1970年代に見つかったことで知られていたが、17世紀当時はオランダ船によって大量に肥前磁器がヨーロッパに運ばれていたため、ヨーロッパで入手したものが大西洋を越えてメキシコにもたらされたとする考えが有力であった。アジアから直接、アメリカに運ばれたと考えられなかった理由の一つは鎖国時代の日本とスペインの接点を想像することが困難であったためである。そして、もう一つはスペインのアジア側の拠点であるマニラで肥前磁器が1点の出土も確認されていなかったからである。マニラに持ち込まれないものは、太平洋を越えてメキシコに運びようがないというわけである。

　しかし、肥前磁器が太平洋を越えて運ばれたとする仮説を立てた筆者は、2004年にマニラ出土の陶磁器調査を行なった。その結果、マニラの**イントラムロス**（スペイン人が建設した城塞都市）（図11-3）から出土した膨大な量の陶磁片の中から数点の肥前磁器の欠片（図11-4）を発見することができた。マニラに肥前磁器がもたらされていたことは確かなようである。しかもそれはメキシコシティの地下鉄工事で出土したものと同種のものであった。その後の調査でマニラとメキシコの双方で大量の肥前磁器を発見するに至った。

図11-2　メキシコシティの地下鉄工事で
　　　　出土した肥前磁器

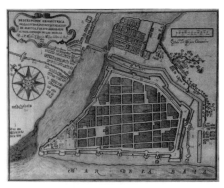

図11-3　　イントラムロス古地図（1671年）

図11-4　イントラムロス出土肥前磁器

3　長崎からマニラへ

　マニラのスペイン人たちはどうやって肥前磁器を入手したのか。鎖国政策下、スペイン船は長崎に入港できない。もちろん日本の船も海外に出ることはできない。オランダはスペインと敵対しているため、オランダ船は長崎から肥前磁器を積み出すことができてもマニラに入ることはしない。そうなると、長崎からマニラまでの輸送の役割を担うのは唐船ということになる。

　しかし、長崎からマニラへ直接、積み出した記録はなく、中継地があった可

図11-5　金門島（右上）・台南（他2点）発見の
　　　　肥前磁器

能性が高い。その中継地として考えられるところが鄭氏一派の根拠地である福
建沿海や台湾である。鄭成功は福建沿海の厦門や金門島、安海などを本拠地と
していたが、1661年には台湾のオランダ勢力拠点である**ゼーランディア城**
（口絵11-1）を攻撃し、1662年にはオランダ勢力を台湾から排除している。福
建沿海の金門島や台湾の台南では、マニラやメキシコシティで見られた肥前磁
器の染付皿の陶片が発見されている。金門島では1650年代頃の有田の染付芙
蓉手皿、台南では1660～1680年代の東南アジア向けの染付雲龍見込み荒磯文
碗、ヨーロッパ世界やインド洋世界向けの染付芙蓉手皿などが発見されている
（図11-5）。いずれも金門島や台湾の市場を目的としたものではなく、それら
の地域を中継してそれぞれの目的地へと運ばれるはずのものであった。1650
年代頃は金門島など福建沿海を中継し、鄭氏一派が台湾に拠点を移した1660
年代以降は台湾を中継したものとみられる（図11-6）。

　台湾からマニラへ肥前磁器が運ばれたことは文献史料によっても確認するこ
とができる。マニラの税関記録が残っており、台湾からマニラに入港した船の
積荷の記録の中に「platos de japon（日本の皿）」などと書かれている。

　長崎から唐船によって台湾などを経て、マニラに持ち込まれ、そこでスペイ
ン船に積み込まれて太平洋を越えていったことが明らかになった。

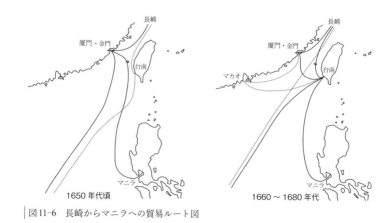

図11-6　長崎からマニラへの貿易ルート図

4　太平洋を渡った肥前磁器

　アメリカ大陸に渡った肥前磁器はどのようなものであったか、そして、どのような地域や社会に流通したのか。

　メキシコシティの歴史地区は、ソカロとよばれる中央広場の周囲にメトロポリタン大聖堂をはじめとしたコロニアル時代の建築物が立ち並んでいる。この歴史地区の発掘調査によって肥前磁器が出土している。特に大聖堂に隣接する**テンプロマヨール遺跡**（口絵11-2）からは多数の肥前磁器が出土している。テンプロマヨールはアステカ帝国の中心都市テノチティトランの中央神殿であり、16世紀に破壊されているが、スペイン人はその中央神殿を壊して町を築いているので、その覆土から肥前磁器が出土するのである。その他、各地のコロニアル都市の発掘調査で肥前磁器の出土が確認されるようになった。それまで染付皿の破片4点のみであったが、すでに数百点が見つかっている。

　コロニアル都市から出土する陶磁器の大半は現地産の土器である（図11-7）。おおよそ全体の90%以上は貯蔵用、調理用、食事用の土器や無釉陶器である。そして、全体の数%から10%程度が釉がかかった陶磁器である。さらに施釉陶磁器の数%がアジアの磁器であり、その大半は中国磁器である。そして、アジアの磁器の数%が肥前磁器である。つまり、出土するやきものの中で占

図11-7　メキシコシティ出土土器・陶器・磁器

図11-8　メキシコシティ出土肥前磁器

図11-9　サンタ・クララ修道院跡（ハバナ）

めるアジアの磁器の割合は非常に小さく、肥前磁器の割合はさらに小さい。発掘報告書などでは珍しいものがより掲載される傾向があることに留意すべきで、実際の割合を理解しておくことはアジアの磁器や肥前磁器の現地での位置付けを考える上でも重要である。

　ラテンアメリカで出土する肥前磁器の器種をみてみる。半数はチョコレートカップであり（図11-8）、残りの半数近くは皿類である。その他、壺、ケンディ（水注の一種）などが見られる。チョコレートカップとは当時、飲み物であったチョコレート用の器であり、コーヒーカップやティーカップに比べて背が高いことが特徴である。皿類は大皿と中皿などがあるが、多くは中皿であり、マニラなどで見られた染付芙蓉手皿が主である。器種はとても偏っており、地元のプエブラ焼などと器種によって棲み分けていた可能性がある。

　次に出土分布範囲は、メキシコシティを中心にオアハカ、プエブラ、ウェホツィンゴ、アカプルコ、ベラクルスなどメキシコ国内の各都市、同じく中米の

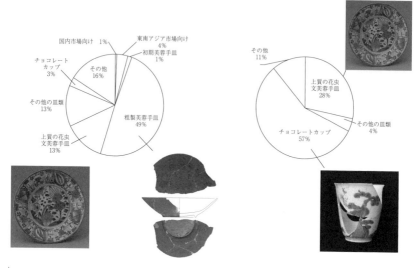

図11-10　フィリピンとラテンアメリカ出土肥前磁器の比較

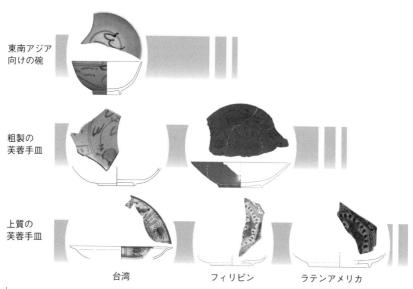

図11-11　台湾・フィリピン・ラテンアメリカ出土肥前磁器の流通模式図

図11-13　サント・ドミンゴ教会内にはめ
込まれた肥前磁器（コロンビア）

図11-12　カサ・デル・リスコの陶磁器（メキシコ）

グアテマラのアンティグア（口絵11-3）、カリブ海のキューバのハバナ（図11-9）、南米のペルーのリマなど中南米とカリブ海に及んでいる。

　ラテンアメリカで出土する肥前磁器が生産された窯は、ほとんどが有田の内山を中心とした窯場である。波佐見など他の産地の製品はほとんどみない。マニラの出土状況と比較してみると（図11-10）、マニラでは波佐見や嬉野など有田内山以外の産地の製品も数多くみられる。つまり、上質のものもあれば、粗製のものもある。例えば、ラテンアメリカで最もよくみられる製品の一つである染付芙蓉手皿についてもマニラでは有田内山などの上質な芙蓉手皿だけではなく、有田外山や嬉野の吉田山などの粗製の芙蓉手皿が数多くみられる。マニラへは異なる品質の製品が持ち込まれているが、マニラでガレオン船に積み込む際に取捨選択され、上質のものだけ太平洋を越えて運ばれている（図11-11）。アジアを越えて遠隔地にまで運ぶ価値のある品質のものだけが選ばれたということであろう。上質の染付芙蓉手皿は、マニラでもメキシコでも使用されたが、粗製の芙蓉手皿はマニラで暮らすスペイン人などが使うために輸入されたということである。一方、ラテンアメリカで数多くみられるチョコレートカップはマニラでは出土量は多くなく、ラテンアメリカ向けの製品であったのであろう。カカオを入手しやすいメキシコと、輸入に頼るマニラとの違いによるものかもしれない。

　それでは、メキシコに輸入された中国磁器も上質のものばかりかと言えば、そうではない。17世紀前半には上質な景徳鎮の製品だけでなく、品質の劣る

漳州窯系の製品も多く輸入されている。しかしながら、17世紀後半になり、中国磁器から肥前磁器へと生産国が変わると、有田内山など上質な肥前磁器のみ輸入され、品質の劣る波佐見焼などは輸入されなくなる。その代わり、17世紀後半にはメキシコのプエブラ焼が染付に影響を受けた白地藍彩陶器を盛んに焼くようになった。ラテンアメリカに品質の劣る製品の需要がなくなったわけではなく、その需要に対しては現地産の陶器が応えたのであろう。現地の陶器では代用が効かなかった上質な磁器のみ輸入したのであろう。

　出土品以外では、メキシコシティ郊外のアンヘラ地区の**カサ・デル・リスコ**の中庭の噴水施設に嵌め込まれたもの（口絵11-4、図11-12）、グアダラハラの大聖堂に伝世した色絵壺（口絵11-5）、コロンビアの**サント・ドミンゴ教会**のマリア像の背後の壁にはめ込まれた染付皿（口絵11-6、図11-13）などがある。

　いわゆる「鎖国」時代、日本とアメリカ大陸は直接的な交流はなかったものの、確かに日本の産物は太平洋を渡り、スペイン人植民地を中心にその生活を彩っていたのである。

コラム Q　チョコレートカップ

　チョコレートカップが描かれた絵画で最も有名なものは、ジャン＝エティエンヌ・リオタールの「チョコレートを運ぶ少女」（図Q-1）であろう。少女が持つトレイの上には、泡立ったチョコレートが注がれたチョコレートカップがソーサー（マンセリーナ）の上にのせられている。チョコレートカップは、コーヒーカップやティーカップに比べて背が高い。絵の中でチョコレートカップには把手が描かれているが、17世紀代のチョコレートカップには把手はなく、18世紀前半の中で把手がつけられるようになる。それでもコーヒーカップやティーカップより早い方である。

　ラテンアメリカにおいては、教会や修道院の施設から肥前磁器がよく出土するが、特にチョコレートカップ（図Q-2）は数多く出土する。教会などの発掘調査例そのものが多いことが理由の一つであることは確かであるが、その他、教会や修道院とチョコレートの飲用習慣の関わりの深さも一因であろう。例えば、断食にあたって、チョコレートは飲み物か食べ物かという議論、つまり、断食日にチョコレートを飲むことは戒律に違反するかどうかという論争、あるいは教会でのチョコレートの飲用を禁じた僧侶が毒を盛られたという逸話などその関わりを示す話もある。

　チョコレートは中南米原産のカカオを原料としている。アステカやマヤの人々にとってカカオは貢納品であり、貨幣の代わりにもなった。飲み物として使われ、薬でもあった。とても貴重なものであったが、当時のヨーロッパ人からみたチョコレートは、「豚の飲み物」と形容されるものであり、あくまでも中南米のローカルな飲み物であった。そのローカルな飲み物が嗜好品となったのは砂糖との出会いであった。チョコレートは嗜好品としてヨーロッパで流行した（図Q-3）。

　ここでメキシコのある修道院でチョコレートカップに注がれた一杯のチョコレートを考えてみる。まず原料のカカオは中南米で生産されたものである。砂糖はカリブ海や中南米のプランテーションで生産され、その生産を担った労働力はアフリカの奴隷たちであった。その奴隷たちをアフリカから運んだものはヨーロッパ人たちである。ヨーロッパから工業製品をアフリカにもたらし、奴隷を中南米に運んで、中南米の産物をヨーロッパに運ぶ三角貿易を行なっていた。そうしてできたチョコレート飲料が注がれた磁器製のカップはアジアから太平洋を越えて運ばれたものであった。

図Q-1 「チョコレートを運ぶ
少女」リオタール画

図Q-3 チョコレートパーティーが描かれた
タイル

図Q-2 メキシコシティ出土の染
付チョコレートカップ

　つまり、一杯のチョコレートはカカオ、砂糖、奴隷、磁器といった当時の世
界商品による産物であり、アジア、アメリカ、アフリカ、ヨーロッパの四つの
大陸をまたぐ貿易の恩恵であった。肥前磁器のチョコレートカップはその世界
貿易を物語る資料でもある。

コラム R　アフリカに渡った伊万里

　江戸時代、「伊万里」は、世界中へ運ばれていた。アジアはもちろんヨーロッパ、アフリカ、南北アメリカに運ばれていた。オーストラリア大陸そのものに運ばれたとする記録はないが、オーストラリア沖で沈んだオランダ船ザイトドルプ号（1712年沈没）からは伊万里が発見されている。

　この「伊万里の道」は、最初はヨーロッパへの道の研究が行われた。いわゆる「鎖国」時代の長崎から伊万里を積み出すことができたのは、オランダ船と唐船であったが、まずはオランダ船によってヨーロッパに運ばれた伊万里の研究が行われた。ヨーロッパ各地の王宮や宮殿に残る伊万里やオランダの貿易記録が研究材料となった。結果的にヨーロッパに数多く渡った金襴手が伊万里を代表する様式として認識されるようにもなった。

　続いて1990年代から唐船によって主に東南アジアに輸出された伊万里の研究が盛んに行われるようになった。伊万里の生産地の研究の進展とともに、伊万里が遺跡の年代を決定する物差しとなったこともあり、日本国内の消費地における伊万里の研究が格段に進んでいった。その物差しが東南アジアにまで広がる契機となったものは、佐賀県立九州陶磁文化館が企画した『海を渡った肥前のやきもの』展（1990年）であった。

　筆者の「伊万里の道」の研究はその延長であり、唐船やオランダ船の航跡が及ばない地域や海域へ運ばれた伊万里の道を辿りたいと考えた（図R-1）。その道の一つがスペイン船によるガレオン貿易ルートである。2004年にマニラの出土遺物の中に伊万里を発見してから、メキシコ、グアテマラ、パナマ、キューバ、ペルー、コロンビア、アルゼンチン、そして、チリへ中南米を縦断するように、調査を行ってきた。マニラからガレオン船によって太平洋を横断して運ばれた伊万里が中南米各地に流通する姿を明らかにした。その内容は、本書の第11章で書いたとおりである。

　そして、次のフィールドとして考えた地域が東アフリカであった。三上次男は、その著書『陶磁の道』（1969年）の中で「エジプトや東アフリカ沿岸の遺跡に散らばる多量の中国陶磁が、ニューフェイスとして喜ばれ、研究のための新宝庫として、さわがれる」と著している。ケニアのアンコール・ワットと称されるゲディ遺跡からは数多くの中国磁器（図R-2）が出土し、キリフィの廟やマンブルイの柱墓（口絵11R-1・2）には装飾として、中国磁器がはめこまれている。

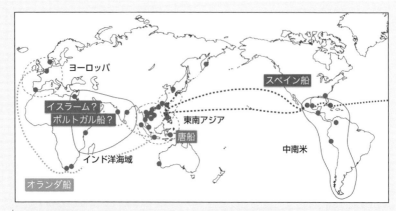

図R-1　肥前磁器の貿易ルート図

図R-2　ゲディ遺跡出土陶磁器（ケニア）

図R-3　フォート・ジーザス出土の染付芙蓉手皿（ケニア）

図R-4　フォート・ジーザス博物館所蔵の金襴手色絵大壺（ケニア）

図R-5　キルワ・キシワニ遺跡出土の染付芙蓉手皿（タンザニア）

　一方、これまでにアフリカで発見されている伊万里は決して多くはなく、その全貌は明らかにされていない。そのため、本書でもまだ章を構成するには至っていない。アフリカで発見されている近世の伊万里は、エジプトのフスタート遺跡で出土した柿右衛門様式の色絵碗、ケニアのモンバサのフォート・ジーザスで出土した染付芙蓉手皿（図R-3）、モンバサに伝世していた金襴手色絵壺（図R-4）、タンザニアのキルワ・キシワニ遺跡（口絵11R-3）のスルタンの墓にはめ込まれていた染付芙蓉手皿（図R-5）、モーリシャス、南アフリカのケープタウン周辺の遺跡や沈没船の出土資料が全てである。

　この中でケープタウンやモーリシャスなどはオランダ船の補給地であったため、むしろ発見されて当然である。筆者が明らかにしたいと考えた「唐船やオランダ船の航跡が及ばない地域や海域」ではない。一方、ケニアやタンザニアなど東アフリカへ運んだ船は、唐船やオランダ船ではあるまい。17世紀当時にこの海域で交易を行っていた船は、ポルトガル船、イスラーム商人やインド系商人の船とみられる。フスタート遺跡の色絵碗についてもイスラーム商人が紅海をさかのぼってもたらした可能性が考えられる。このことは紅海の先にあるイスタンブールのトプカプ宮殿に多数所蔵されている伊万里の流入ルートとも関わりをもつ。やや時代は下るが、18世紀に紅海に沈んだイスラーム商人の船と推定される沈没船から中国磁器が多数発見されており、当時の陶磁器交易ルートの存在を示唆している。

　アフリカの広大な大陸やその周辺から出土している伊万里の数はわずかなものである。これは必ずしもこの地域や海域に運ばれた伊万里が極めて少なかったことを意味するものではない。現在では数百点の破片の伊万里が発見されているアメリカ大陸においても2006年に調査を始めるまではわずか4点に過ぎなかったのである。今後の調査によって新たに発見される可能性があり、新たなフィールドとして開拓していく価値がある大陸と考えている。

第12章
展海令と国内市場開拓

1 展海令の公布と海外市場

　鄭成功 (1624-1662) の孫であり、鄭経 (1642-1681) の次男の鄭克塽 (1670-1707) が 1683 年に清に降伏したことで、清は 1684 年に展海令を公布し、海禁を解いた。長崎に来航する唐船が、遷界令が公布された 1661 年から 1684 年の展海令までの年間の来航数が 20 〜 30 隻で推移しているのに対し、展海令直後の 1685 年には 85 隻と激増し、さらに 1688 〜 1689 年の**唐人屋敷**開設まで増加の一途をたどって 1688 年には 194 隻来航している。

　海禁令公布直後はともかく海禁政策下において中国磁器の輸出が完全に止まっていたわけではないが、強く抑制されていたことは確かであり、展海令の公布後、中国磁器の再輸出は本格化した。その結果、唐船が中国磁器の輸出に立ち戻ることで、東南アジアには福建・広東の磁器が大量に出回るようになり、肥前磁器は東南アジア市場を失った。長崎の唐人屋敷でも大量に中国磁器が出土している（図 12-1）。

　そのため、東南アジア方面中心に輸出していた窯場への影響は大きなものであった。海外需要が減退した分、生産規模を縮小させるか、あるいは新たな需要を獲得しなければならなくなったのである。海外輸出の本格化を直接的な契機として成立した窯場の中には、その需要の減退により廃窯となった窯場もある。17 世紀後半の天草諸窯や嬉野の不動山窯などである。

　一方、肥前窯業圏の中核的存在であった有田と波佐見の窯業圏はどうであったか。波佐見は海外輸出の本格化を直接的な要因として生産能力を大きく拡大させた窯業圏である。そのため、海外市場を失うと、17 世紀後半に飛躍的に拡大した生産能力の余剰を国内市場に振り向け、その中に新たな需要層を求めることになった。つまり、それまで磁器を使用することができなかった階層に

図12-1　唐人屋敷跡出土中国磁器（長崎市）

図12-2　赤絵町遺跡出土金襴手色絵皿
（有田町歴史民俗資料館）

向けて売り込むことにしたのである。

　一方の有田はヨーロッパやオランダ東インド会社の本拠地のあるインドネシアなどに向けて海外輸出が続いた。東南アジア以外の市場も中国磁器に奪われていったが、オランダ船による海外輸出は引き続き行われた。特に金襴手（図12-2）と呼ばれる様式の色絵製品が盛んにヨーロッパに運ばれ、ヨーロッパ各地の王宮や宮殿を飾った。それらはヨーロッパの陶磁器や中国磁器によって写され（図12-3）、後者は**チャイニーズ・イマリ**とよばれた。また飲料嗜好品のカップ類の肥前磁器が大量に輸出されている。展海令以後、オランダ東インド会社による公式貿易は小さなものとなり、宝暦7年（1757）を最後に打ち切られているが、18世紀前半までは私貿易である脇荷貿易が盛んに行われていた。全体としては波佐見と同様に国内市場の比重が高まるが、ヨーロッパ向けはそのままで東南アジア向けの分が国内向けにシフトした形であった。

2　展海令以後の波佐見の対応

　有田に比べて東南アジア市場の比重が大きかった波佐見は、より大胆な転換と対応を必要とした。すなわち、「巨大窯を擁した量産体制」（中野 1996）への転換である。この量産体制によって、いわゆる**くらわんか碗・皿**が**中尾山**（口絵12）をはじめとした波佐見諸窯などで生産された。江戸中期以降に生産された厚ぼったい器形に粗放な図柄が描かれた食器である（図12-4）。当時、京と大坂を往来していた淀川の客船の客に飯や酒などを提供する**くらわんか船**（図

図12-3 左から日本・中国・ヨーロッパの金襴手色絵皿

図12-4 くらわんか碗（染付雪輪草花文碗）

図12-5 浮世絵に描かれたくらわんか船

12-5）でよく使用されていた器と伝えられることから名付けられている。実際にくらわんか船で使用されたものかどうかはわからないが、淀川流域では多くのくらわんか碗が採集されている。

17世紀末〜18世紀初に開窯したと思われる窯は、**中尾大新窯・百貫西窯・長田山窯**及び文献上見られる稗木場新登（どの窯に該当するか不明）などである。窯の数だけを比較すると、17世紀後半よりもむしろ増加している。しかも百貫西窯や長田山窯などは旧来の窯場と距離的に離れた位置にあり、窯場そのものが新たに興ったものである。量産への対応については、窯の数だけではなく、18世紀初頭の段階で「巨大窯を擁した量産体制」というシステムが**高尾窯**において成立していた可能性が指摘されている（中野1996）。すなわち、この時期の窯には横幅7ｍ台の焼成室を有するものが現れ、焼成室も格段に多いものが現れた可能性がある。よって、窯の数と規模からみる限り、生産能力をさらに拡大している。波佐見の窯業は、海外需要が減退したことを受けて、生産規

模を縮小するのではなく、新たな需要を獲得することで生産地としての存続を図ったことがわかる。

『皿山旧記』には「焼物商売仕初宝永二年酉五月十一日送状にて仕登候事」とあり、宝永2年（1705）には本格的に国内市場への売り込みを行い始めている（波佐見史編纂委員会1976）。また、消費地の遺跡における出土状況もそれを裏付けている。17世紀末〜18世紀初より波佐見の製品の出土が急激に増加するのである。1700〜1710年代と推定される消費地遺跡では、波佐見諸窯の蛇の目釉剥ぎ・高台無釉の染付皿、陶胎染付碗・火入れなどが**内野山窯**の銅緑釉碗・皿などともに数多く出土する。17世紀後半においても波佐見はすでに有田よりも低廉な染付製品や青磁製品を生産しており、国内の磁器需要層の開拓に一定の役割を果たしていたが、17世紀末以降は窯業地をあげて国内磁器需要の裾野を拡大させることになった。すなわち、生産コストを削減し、より安価な磁器製品を提供することで、これまで磁器を使用していなかった需要層にまで市場の裾野を拡大しようとした。本章の後半で示す手描きよりも簡便な印刷技法の盛行などもそれを反映したものであろうし、窯規模の拡大も一度の焼成で大量に生産することができることから生産コストの削減に直接つながるものである。また、窯の数を増やすことそのものは生産コストの削減には直接結びつくものではないが、新たな大規模な窯を築くことは旧来の窯を集約し、窯場としての効率化を図ることにつながるし、製品一つあたりの差益が少なくなった分を販売する量を増やすことで補う意図もあったと思われる。よって、波佐見地区では17世紀末の需要の変化に伴い、国内向けにより安価な商品を本格的に量産化する対応を行ったと考えられる。

そして、18世紀中頃には、木場山・百貫西窯・長田山窯・高尾窯などが廃窯する。これらは高尾窯を除いて、いわゆる**波佐見四皿山**（三股・中尾・永尾・稗木場）の中心から離れた位置にあり、窯場は17世紀後半に形成された波佐見四皿山に集約されている。それ以後は登り窯の数そのものに大きな変化は見られない。その一方で焼成室数が格段に増加する傾向にある。窯場の構成そのものには大きな変化がないが、生産能力そのものは飛躍的に高まっているとみてよい。

	『大村記』（A）	『郷村記』（B）	（B/A）
焼物生産高	37504 俵	48436 俵	1.29
焼物運上銀	11 貫 310 匁 8 分 37504 俵×3 分＝11 貫 251 匁 2 分	9 貫 689 匁 48436 俵×2 分＝9 貫 687 匁 2 分	0.85
釜数（焼成室数）	98 室	215 室（内、本釜 160 室）	2.19（1.63）
釜運上銀	1 貫 460 匁 98 室×15 匁＝1 貫 470 匁	2 貫 400 匁 160 室×15 匁＝2 貫 400 匁	1.64
焼物土	18810 荷	65652 荷	3.49
水碓（唐臼）数	134 丁	327 丁	2.44
薪使用量	24669 荷	4901000 本	－
竈数	81 軒	368 軒	4.54

図 12-6　元禄年間頃と天保年間頃の波佐見の窯場の状況

3　文献史料にみる波佐見地区の生産状況

　波佐見地区の磁器産業に関しては、17 世紀末と 19 世紀の生産状況が記載された文献史料が残されている。すなわち、『大村記』と『郷村記』である。『大村記』に記された元禄年間の窯場の状況と『郷村記』に記された天保年間の窯場の状況を比較して、その生産状況の変化をみてみたいと思う（図 12-6）。

　窯場の構成については、『大村記』には 17 世紀後半〜18 世紀前半にかけて操業された木場山の記載があるのに対し、19 世紀の『郷村記』にはその記載が見られない点を除けば、大きな違いはみられない。

　次に『大村記』と『郷村記』に見られる波佐見地区全体の数値の比較を行う。『大村記』に見られる波佐見地区全体の焼成室の数は 98 軒、年間生産量は 37,504 俵、焼物運上銀 11 貫 310 匁 8 分、釜運上銀 1 貫 460 匁、焼物土推定量 18,810 荷、薪推定量 24,669 荷、水碓数 134 丁、竈数（皿山竈数）81 軒である。一方、『郷村記』に見られる波佐見地区全体の焼成室の数は 215 軒（灰安光を除いて 191 軒）、年間生産量は 48,436 俵であり、その他、焼物運上銀 9 貫 689 匁、釜運上銀 2 貫 400 匁、焼物土 65,652 荷、薪 4,901,000 本、水碓数 327 丁、竈数 368 軒とある。

　まず、釜数が 2.19 倍（灰安光を除けば 1.94 倍、本釜のみであれば 1.63 倍）に増加している。それに比例して釜運上銀が 1.64 倍に増加している。課税率は同じく 1 室あたり 15 匁であることから焼成室の数の増加がそのまま運上銀の増加

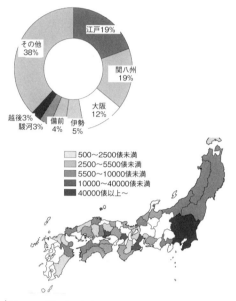

図12-7　『伊万里蔵時記』に見る肥前磁器の積み出し先

につながっている。さらに１回の焼成による１つの焼成室あたりの生産量は『大村記』では30〜61俵であるのに対し、『郷村記』では三股地区で80俵、稗木場地区で65俵と増加している。これは焼成室規模の拡大、あるいは天秤積みなど窯詰技法の変化によるものとみてよいと思う。しかし、釜数や１回の焼成による１つの焼成室あたりの生産量の増加にもかかわらず、年間生産量の伸びは1.29倍にとどまっている。これは焼成回数の差に大きな要因があると推測される。焼成室規模の拡大や焼成室数の増加による生産能力の向上は、１回の焼成による生産量の拡大をもたらすことは確かであるが、年間の生産量にそのまま反映されるものではない。窯の規模の拡大は、需要の増大に応える面もあるが、むしろ１回の焼成で大量に生産することによる製品一つあたりの生産コストの軽減を大きな目的としていると考えられる。

　年間生産量を上回る伸びを見せるのが、焼物土の量である。3.49倍になっている。水碓数も焼物土の量の増加に応じて2.44倍になっている。この原因については原料の質の変化、磁器製ハマの多用、あるいは器壁の厚い製品を多く

つくるようになったことを反映している可能性がある。あるいは窯の規模の拡大に伴い、製品の失敗率が高くなっている可能性も考えられる。

　一方、逆に減少しているものもある。焼物運上銀である。年間生産量が 1.29 倍であるのに対し、焼物運上銀は 0.85 倍と減少している。これは課税率の差によるものである。『大村記』では 1 俵に付き 3 分であるのに対し、『郷村記』では 1 俵に付き 2 分宛 3 分であり、課税率が下がっているからである。貨幣価値そのものが変動するものであろうが、釜運上銀は 15 匁と一定であるため、製品一つあたりの価格を下げた結果を反映している可能性が高い。

4　文献史料にみる肥前陶磁の流通

　文献史料にみられる肥前陶磁の流通量についてみてみることにする。積出港に関する史料と荷揚げされる港の史料の二種類をここであげる。

　積出港に関する史料は、二つの史料を取り上げる。一つは天保 6 年（1835）に記された『伊万里積出陶器荷高国分旦又陶器旅客別当付下宿并当所陶器商人肴問屋宿屋之事』（以下、伊万里歳時記）である。もう一つは文久 3 年（1863）の『川口番所関係史料』である。

　『伊万里歳時記』は伊万里津から積出された焼物について記されている。同史料によると伊万里津から積み出された陶磁器の総量は「凡三拾壱万俵」である。その中で江戸を含めた関八州向けに「拾壱万俵」であり、全体の約 1/3 を占める。江戸を含めた関東地方が幕末当時、最大の消費地であることがわかる（図 12-7）。肥前陶磁の流通は一様ではなく、江戸周辺とその他の地方とでは大きな差があるようである。これについては、磁器需要に差があるとみる見方と、各地方に磁器窯が生まれており、地方における肥前磁器の占有率が下がったという二通りの見方が可能である。

　また、これらの陶磁器の購入者については、「凡弐拾万俵」が**筑前商人**買高であり、「同六万俵」が**紀州商人**買高である。その他、伊予・出雲・下ノ関・越後らが 7 万両とある。いずれも旅商人とよばれる買積商人であり、全国の市場に積み出された陶磁器の総量の 60％ 以上が筑前商人、20％ 弱が紀州商人ということになり、筑前商人が肥前陶磁の全国流通に果たした役割の大きさをう

かがわせる。

　そして、同史料には旅陶器と称される佐賀領以外の地で生産された焼物の産地と概数が記され、波佐見焼についても「一、三万七百俵　大村領破（波）佐見　代同千八百両」とあり、伊万里津から積み出されていたことが推測される。波佐見焼は、「旅陶器」の中で生産量の67％を占めるが、価格は35％にすぎず、安価品であった（佐々木1982）。一方、『郷村記』に記される天保年間（1831～1845）頃の波佐見焼の年間生産高である48,436俵と比較すると、伊万里津から積み出された波佐見焼の30,700俵という数値はその63.7％にあたり、記録上は波佐見焼の大半が伊万里から積み出されたことになるが、伊万里津から出荷した焼物の総量の中で波佐見焼の占める割合はその10％にも満たないものである。これがそのまま生産量の占める割合を示すとは考えにくく、記録に見えない実態があるのかもしれない。

　もう一つの『川口番所関係史料』は、欠損部分があるものの文久3年（1863）における伊万里津の焼物積出に関する一ヶ年全体の状況をある程度推し量ることが可能な史料である。文久3年に伊万里津を経由して運輸された貨物に関する記録から、あくまでも概数としながらも月ごとに20,000俵前後、年間にして20数万俵の焼き物積み出し高になると推定されている（前山1990）。前述の天保6年の「凡三拾壱万俵」という数字も非現実なものではないようである。

　次に消費地側の史料としては、『重宝録』がある。『重宝録』には安政3年（1856）に江戸に入津した焼物の量が産地別（出荷者別）に記載されている。それによると合計305,533俵の内、尾張様御国産132,208俵（43.3％）・紀州様御蔵入御国産45,117俵（14.8％）・松平肥前守様御国産24,794俵（8.1％）・大村丹後守様同6,672俵（2.2％）・相馬大膳亮様同4,697俵（1.5％）・筑前様持下荷物12,185俵（4.0％）・京都焼23,165俵（7.6％）・信楽焼25,042俵（8.2％）・堺擂鉢8,153俵（2.7％）・尾州常滑並細工物23,500俵（7.7％）とある。尾張国産の瀬戸・美濃焼が圧倒的な量を示す一方、有田焼などの肥前国産はわずか8.1％に過ぎないが、「紀州様御蔵入御国産」の焼物も大半が紀州箕嶋商人が扱った肥前磁器であり、さらに「筑前様持下荷物」もほとんど筑前芦屋商人らが扱った肥前磁器と推測される。もちろん、紀州の男山焼や筑前の須恵焼なども考慮し

なければならないが、生産規模を考えると大半を肥前磁器と考えて問題ないであろう。紀州国産、肥前国産と筑前様持下荷物の合計は 82,096 俵（26.9%）となり、これに波佐見焼などの大村藩領の焼物を加えると、88,768 俵（29.1%）である。瀬戸・美濃焼には及ばないが、江戸入津の焼物の3割ほどが肥前陶磁であったことを示している。

　そして、ここで再び注目されるのが、波佐見焼などの大村藩領の割合の低さである。わずか2.2%にすぎない。つまり、伊万里津から積み出される焼物や江戸に入津する焼物のどちらの記録をみても波佐見焼の占める割合は非常に小さい。もちろん、伊万里津及び江戸を経由しないルート、例えば川棚あたりから積み出し、大坂の蔵屋敷へ運ぶ藩の専売ルートなどによって運ばれたものが多かったことを示すものかもしれない。この流通ルートであれば、確かに伊万里津を経由しない。しかし、大坂から江戸へ運ぶのはやはり水運であろうから、江戸入津の焼物に含まれてよいようにも思う。江戸と大坂とでは波佐見焼の出土量に差があるのであろうか。全国の消費地遺跡から出土する波佐見地区の製品と思われる製品は多く、有田地区の製品よりもむしろ多い。しかし、文献史料からはそれが読み取れないのである。やはり記録には見えない実態がある可能性がある。

5　筑前商人と国内流通

　筑前商人は、『伊万里歳時記』によれば天保6年（1835）頃の伊万里から積み出した肥前陶磁器の60%以上を買積みしたとされる旅商人である。旅商人にはそれぞれ縄張りがあり、その概略については、次のとおりである（前山1990）。

　　　紀州商人 – 専ら江戸を含めた関八州
　　　伊予商人 – 瀬戸内から上方にかけて
　　　下関商人 – 山陽・山陰などへの継送
　　　出雲商人 – 専ら山陰地方
　　　越後商人 – 越後を中心に、出羽・秋田を含むか。
　　　筑前商人 – 江戸・関八州を含む全国の地方市場

　この縄張りをみてもわかるように筑前商人は、その流通量と流通範囲において、肥前陶磁の国内流通の担い手として大きな役割を担っていた。特に江戸・大坂などの大都市圏以外の地方市場への販売は、肥前の磁器産業が国内需要の裾野を拡大する上でも欠かせないものであり、言い換えれば国内向け製品の本格的量産化を流通面で支えていたといえよう。

　筑前商人は主に福岡県遠賀郡や志摩郡などに本拠を置く商人で、彼らの出身地は遠賀郡周辺の芦屋・山鹿・柏原・脇ノ浦・脇田、志摩郡周辺の船越・岐志・新町・久家などである。他に筑前商人の出身地としては姪浜・加布里・博多などがあるが、大部分は遠賀郡と志摩郡に属する浦々の人々によって占められており、いつからか前者を上浦、後者を下浦と称するようになった。彼らは商人であるとともに船主であり、かつ船頭であったともいい、伊万里の陶器商人から陶磁器を買い入れ、それを全国の市場へと販売した（前山1990）。

　筑前商人のこうした旅行（たびゆき）と称する商売を始めた時期については明確ではない。伊万里津の陶商前川家の天明3年（1783）から天保5年（1834）にわたる「銀控帳」を見れば、前川家は天明3年にはすでに筑前商人との取引を始めている。前川家は享保年間頃には200石積みの手船を持ち、大坂の問屋に積み登らせていたが、やがて手船を保有せず、もっぱら雇船に依存するようになり、筑前商人ら旅商人との間の取引が天明3年（1783）には始まっている（前山1990）。また、『稚狭考』（板屋一助、明和4年自序）の巻6（産業交易）には「諸国より米穀・四十物の類小浜に来る事」を考証しており、その中で米の他に「筑前の磁物」とあることから、明和4年（1767）頃にはすでに筑前商人が肥前磁器を日本海に面した小浜にもたらしていたことがわかる（前山1990）。

　また、筑前商人の消費地における行商活動を知る史料として『関口日記』がある。武蔵国生麦村で名主をつとめた関口藤右衛門家の代々の当主が書き継いだもので、文化3年（1806）から明治34年（1901）まで残されている。その日記の中には頻繁に筑前商人から焼物を購入した記載がみられる。天保年間（1831-1845）には茶漬碗1個を100文程度で購入しており、これは酒2.7合、さんま14本、蒟蒻17枚、傘1本の直し代、下駄の片方といった価格である（佐々木1982）。この時期にはこうした農村の名主程度の階層にまで肥前磁器の使用が普及していることがわかるものであるが、言い換えれば筑前商人が全国

図12-8　染付碗に描かれた
　　　　「コウモリ」文様

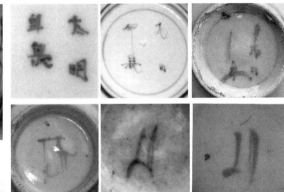

図12-9　粗雑化・簡略化されていく「大明年製」銘

図12-10　コンニャク印判に
　　　　よる施文

の地方市場へ直接行商を行えるようになるには、こうした地方のある程度の階層の人々の購買力の向上が必要であった。

6　国内市場の開拓

　肥前の窯業界は17世紀初めに磁器生産を開始してから、必ずしも平坦な道のりではないにせよ、東アジア情勢にも助けられながら、右肩上がりで発展し続けていた。17世紀中頃には国内の磁器市場をほぼ占有し、17世紀後半の清の海禁政策下では世界の市場へ進出した。17世紀末の展海令公布に伴う海外市場（主に東南アジア市場）の喪失は、発展し続けてきた肥前の窯業界が迎えた大きな危機であった。場合によっては、国内市場すら中国磁器に奪われかねない状況であった。

　特に波佐見の場合は東南アジア向けの輸出の比重が非常に高かったため、よ

り深刻であった。波佐見がとった対応は量産であった。ただし、それは大量輸出時代のように生産量そのものを大きくすることを目的としたものではなく、一度の焼成で大量に焼くことを目的としたものであった。つまり、磁器の生産コストの多くを占める燃料を効率的に使用し、1個あたりの生産コストを下げることを考えた。そのために焼成室を増やして窯を巨大化させ、焼成回数を抑えた。

　量産の方針は、焼成以外の工程においても徹底された。17世紀後半においても種類を絞って量産する方法を採っていたが、その方法は18世紀以降も継続された。同じ形、同じ文様のものを繰り返し作った。繰り返し同じ文様を描いて、粗略化することを許容し、結果的に文様は簡略化、粗雑化が進んだ。そのため、原形をとどめない文様（図12-8）も少なくなく、文字も読めない（図12-9）。おそらく描いた当人もモチーフを理解していないであろう。量産に向いているコンニャク印判（図12-10）など印刷技法も多用した。素焼きを行わないかわりに器壁を厚くして、ゆがみの少ないものを作った。

　この結果、庶民にも磁器が手に届くようになったのである。そして、その流通を担ったものが筑前商人ら旅商人であった。特に筑前商人は文字通り、全国津々浦々に肥前磁器をもたらしたのである。

コラムS　海禁令が与えた影響

　展海令以後の陶磁器流通を見ながら、清の海禁政策の意義を振り返って考えたいと思う。展海令が公布された結果、中国磁器が本格的に海外市場に出回るようになったことはこれまでにも述べてきたとおりである。それは量的にもそうであり、いわゆる海外向けの製品の生産の復活も果たしている。コンダオ沈没船をはじめ、17世紀末〜18世紀の沈没船資料には多くの景徳鎮産の海外向け製品が見られる。また、福建・広東産の陶磁器においても1670年代から相当量出回っていたとはいえ、やはり抑制の反動によって海外により一層出回るようになり、東南アジア市場では18世紀に徳化窯など福建・広東系の磁器の需要層が広まることになる。

　この陶磁器使用の拡大は、消費地の購買力を背景にしたものであるが、生産地側の事情もあろう。17世紀後半の海禁政策下において中国磁器の産地では海外需要の分を国内需要に振り向けるために、低コストによる量産化が図られたと考える。その結果、展海令以後は低廉な印青花や型押成形による碗・皿が東南アジアをはじめとした地域に広く流通していった。

　日本の場合は、ヨーロッパなどに向けられた輸出はオランダによって継続されるが、東南アジア自体の市場は失う結果となった。波佐見など有田周辺の窯場は海禁令以後に海外需要の増加に応えて急成長した窯場であり、海外需要の占める割合が有田より相対的に高かった。そうした窯場では海外市場を失うと、余剰した生産能力を新たな市場に振り向けなくてはならず、それを国内市場に求めるとなると、それまで磁器を使用していなかった社会階層となる。低コスト化によって、新たな国内需要の拡大を図った結果、日本国内市場に磁器を行き渡らせた。いわゆるくらわんか碗・皿が日本全国に普及することとなり、結果的には日本への中国磁器の再輸入を防ぐことになった。

　アジア以外の地域に与えた影響もまた見逃すことができない。アメリカ大陸では17世紀前半まで、景徳鎮産や福建産の磁器がマニラ経由で大量に輸入されていたが、海禁政策下においては、中国磁器は肥前磁器へとって代わられることになる。しかし、アメリカ大陸に運ばれる17世紀後半の肥前磁器は、ほぼ有田焼に限られ、品質の劣る製品の輸入は行われない。質の劣る製品の需要については、プエブラ焼など現地の陶器がまかなったと考えている。景徳鎮産の磁器については、代用が効かないために有田焼を輸入するよりほかになかったが、福建産などの粗製の磁器に関しては、現地産の陶器で代用できたのであ

図S-1　白釉藍彩陶器皿（プエブラ焼）

ろう。プエブラでは 17 世紀後半に肥前の芙蓉手皿などのアジアの染付磁器を
模倣した白釉藍彩陶器（図 S-1）を盛んに生産して、窯業地として大きく発展
した。これもまた海禁政策の影響と言えるであろう。

　17 世紀後半の海禁政策下、中国磁器に代わって、肥前磁器が世界に輸出さ
れたが、完全にその代わりがつとまったかどうかは疑問であり、特に量的には
慢性的な磁器不足が続いていた。直接の要因ではないにしても磁器への渇望感
が 18 世紀初めのヨーロッパの磁器生産開始につながった。

　展海令以後は、世界的規模で磁器使用が普及していくことになる。日本では
前に述べたように「くらわんか」碗・皿が浸透していく。アジアでは中国磁器
の再輸出の本格化により福建・広東の廉価な磁器が普及していき、ヨーロッパ
やその影響下の地域ではヨーロッパの工業製品としての磁器が広まった。いず
れも海禁への反応が生んだ事象であった。

コラムT　漂着する陶磁器

　海岸にはいろいろなものが流れ着く。もちろん、陶磁器もその一つである。
玄界灘、響灘に面した福岡県の北部海岸も陶磁器がよく流れ着く。特に福岡県
芦屋町・岡垣町にまたがる三里松原海岸（図T-1）には、近世の肥前陶磁が大
量に漂着している（口絵12T-1）。有田や波佐見の生産地と積出港の伊万里、そ
して、消費地の位置関係を考えると、これらは伊万里の港から積み出されて、
全国市場に運ばれる途中に何らかの理由で遭難して沈んだものが打ち上げられ
たものとみられる。

　江戸中期以降、芦屋の商人をはじめとした筑前商人は伊万里で陶磁器を仕入
れ、「旅行」と称して、全国津々浦々に売り捌いていた。伊万里と芦屋の密接
なつながりは、芦屋町の岡湊神社に伊万里商人が寄進した石灯籠（図T-2）が
残っていることでもわかる。頻繁な船の往来によって、陶磁器がこの海域にも
たらされ、一定の頻度で遭難していたということであろう。実際に三里松原海
岸の沖合では沈没船あるいは沈没積荷も発見されている。芦屋沖海底遺跡であ
り、有田の南川原などの外山地区の窯場の染付大皿や志田山の染付小皿・中皿
をはじめとした陶磁器が水深20数mの海底の岩礁から引き揚げられている
（口絵12T-2）。2004年に潜水調査を行なった際にも19世紀の肥前磁器が発見
されている（口絵12T-3・4）。

　三里松原海岸に漂着する肥前陶磁の年代は16世紀末〜19世紀にわたる。19
世紀のものでもすでに200年ほど経ている。長期間、海底をさまよい続けて浜
に打ち上げられたものであれば、磨耗して表面がかすれたり、角がとれて丸く
なったりするものである。しかし、三里松原海岸に打ち上げられる陶磁器はそ
うした磨耗の痕跡がないものが多く見られる。つまり、海底でさまよっていた
わけではなく、長い間、陶磁器が海底に安定した状態にあったものが、それほ
ど古くない時期に掘り出され、移動して打ち上げられている可能性が高いので
ある。同じようなケースは鹿児島県吹上浜でもみられる。1660年代頃の肥前
磁器が大量に打ち上げられている。吹上浜に打ち上げられる陶磁器の年代はと
ても限られているので、1隻の船の積荷であろう。これらも磨耗は見られない
ものが多い。それは上絵（色絵）が落ちていない色絵製品が数多く含まれてい
ることからも磨耗されていないことがわかる。釉の上に描かれた上絵は磨耗を
受けるとまず削られてしまうが、吹上浜で採集される色絵磁器は今なお赤や緑
の色を保っている。その他、海岸にいろいろなものが埋まっていることは珍し

図T-1　三里松原海岸に漂着する陶磁器

いことではない。海外では木造船や鋼鉄船が埋もれていたこともある。浸食と反対の作用の堆砂によって、いろいろな人工物が砂に覆われていくのであろう。

　それでは、近年になってなぜ砂浜から掘り出されるようになったのか。考えられる理由の一つは、全国的な現象としても知られる砂浜の消失である。芦屋町と岡垣町の間の海岸も明らかに砂浜が細り、いわゆる浜崖が形成されているところがある。浜崖とは波の作用によって砂が浸食され、海岸に崖のような段差が生じることである。防波堤など漁港の整備により潮の流れが変わったこともその原因の一つであろうし、この海域に直接流れ込む遠賀川の河口堰や護岸工事による砂の減少も原因となっているのであろう（図T-3）。いろいろな要因がからまって砂浜の浸食と堆砂のバランスが崩れた結果、砂浜の消失を引き起こし、海岸線近くに埋まっていた陶磁器が洗い出されていったのであろう。海外で木造船が姿を現した海岸もまた大きな浜崖が形成されており、木造船を覆っていた砂が浸食されて剥ぎ取られた結果であろう。

　人間の痕跡は海底にもある。陸上の遺跡と異なり、人の目につきにくく、破壊が進んでも気づきにくい。底曳き漁や砂採りが海底に与える爪痕も大きいが、

図T-2　岡湊神社（福岡県芦屋町）

図T-3　遠賀川河口（芦屋港）の航空写真

砂浜の消失の影響もまた広く大きい。海底に埋もれていた遺跡は壊滅的な破壊を受けることになる。浜に流れ着く陶磁器は、南洋から届いたヤシの実のように海のロマンを感じさせるが、その言葉に似つかわしくない現実を示している。漂着する陶磁器は見えない海底に関するシグナルをわれわれに送り続けている。

第13章
地方窯の成立と生産機構の変容

1　窯業の成立条件としての磁器原料

　17世紀における磁器生産は地元の地域の原料の存在が前提となっており、その品質や量が産地の性格を決定づける大きな要因となっていた。そのため、地元の磁器原料に乏しい塩田川流域の窯業圏で磁器生産が開始されたのは、17世紀中頃のことであった。それは中国における明から清への王朝交替の混乱に伴い、中国磁器の海外輸出が滞ったことで、国内外の磁器市場に空白が生まれたことによる。その空白を埋めるために肥前では磁器生産が広がり、塩田川流域の窯業圏でも不動山窯、吉田窯、内野山窯などで磁器が生産され、東南アジアなどに輸出されたのである。しかし、清の展海令以後、中国磁器の再輸出が本格化し、海外輸出が頭打ちとなると、塩田川流域のように良質な磁器原料に乏しい窯業圏では質的な転換を図ることもできず、磁器生産の規模は縮小していった。あるいは陶器生産に立ち戻るか、不動山窯のように窯場そのものが消失してしまうこととなった。

　18世紀に入っても磁器生産がその地域の原料を前提としていたものであることは変わらなかった。当時の磁器生産の中心である有田皿山は、良質で豊富な泉山陶石によって支えられていたことはここで改めて述べるまでもないが、有田皿山の場合は中核となる内山とその周辺諸窯の外山に分け、泉山陶石の品質による使用区分を行っていた。つまり、良質な原料を内山に限定して使用させていた。その結果、内山と外山の製品の質の違いが生じるようになった。その他に大外山という区分もあった。これはおおよそ佐賀本藩以外の窯場という概念である。この内山・外山・大外山の区分を泉山陶石の使用の点から整理してみると、泉山陶石の良質なものを使用した窯場が内山であり、泉山陶石の中でも相対的に質の劣るものを使用した窯場が外山である。そして、泉山陶石を

使用しなかった窯場が大外山となる（図13-1）。地元に良質な磁器原料を持たない大外山の窯場では、自ずと陶器生産が中心となり、外山の中でも泉山磁石場から離れた窯場は良質な原料の入手が困難であることから、陶器生産を行うこととなった。

また、18世紀において肥前の陶工が他産地に移り、磁器生産を行った記録が文献に残っているが、その多くは磁器の原料となる陶石を産出する地域である。まず、同じ肥前地域内では**長与皿山**（長崎県長与町）の開窯について、『郷村記』によれば「皿山之事（中略）其後正徳二辰年（1712）波佐見稗木場より太郎兵衛と云者当地へ来り此所へ皿山を立陶器を焼く」（長与町教育委員会1974）とあるが、長与皿山は中尾土とよばれる陶石（あるいは陶土）を産出し、元禄11年（1698）には現川窯に分売した記録も見られる（長与町教育委員会1974）。また、熊本県天草地方の『**上田家文書**』の「御改申上焼物運上金之事」によれば、享保18年（1733）に「（前略）肥後国天草郡下津深江村焼物山、肥前国大村領三ツ又焼物師共、子丑弐ヶ年、年延奉願焼物仕候而茂、年柄悪敷渡世相成不申、去国元江罷帰焼物不仕候間、来寅年年延相止候様被仰付被下候」とある（池田1989）。すなわち、享保17年（1732）より下津深江村（熊本県天草町）で波佐見の三股地区の陶工が焼物を生産したが、採算がとれず2ヶ年で中止となったとある。さらに『上田家文書』には「當村皿山焼物仕立候初ハ去ル寶暦十二午年肥前大村ゟ焼物師共雇入」とあり、宝暦12年（1762）に大村領の陶工らによって**高浜焼**が始まっている。天草地方については言うまでもなく、天草陶石を産出する地域である。そして、五島の『鶚山君御直筆日記』には、明和4年（1767）に大村藩より陶工が来て五島藩の小田（長崎県五島市）で焼物を始めたというが、天和2年（1682）の掟書きに「楊梅の皮、焼物土石並薬石、（中略）右の品々他所えこれを出さざるよう（後略）」とあることから、五島藩にとって焼物土や釉薬石が重要な産物であったことが知られる。それから、**砥部焼**（愛媛県砥部町、図13-2）では大村藩長与皿山の職人、安右衛門・さと・市次・政治・安平を雇い入れて、安永4年（1775）に磁器焼成を試みたという（図13-3）。砥部については天草と同様に砥石の産地として知られており、大坂の砥石問屋和泉屋治兵衛がこの原石の屑片を利用した磁器生産を考えたとされている。いずれも自国の産物を生かして産業の振興を図ろうとしたも

図13-1　内山・外山・大外山の範囲図

図13-2　砥部町の風景

図13-3　砥部焼の陶片

のである。このように18世紀においても地域に原料が存在することが、磁器窯が成立する上で大きな前提条件であったのである。

2　天草陶石の商品化と窯業地の成立

18世紀後半、磁器原料である陶石が商品として流通することでその前提条件が大きな意味を持たなくなる過程がみられる。つまり、**天草陶石**の流通によって、磁器生産が必ずしも地域の原料に立脚したものでなくてもよくなって

213

きたのである。

　肥前の窯業圏においても18世紀初めの頃には天草陶石の使用が見られる。記録や伝承に残る早い例は、平戸藩領の窯場及び塩田川流域の吉田地区の窯場である。いずれも磁器生産技術はすでに有するものの、地域の原料に恵まれていない佐賀本藩以外の窯場において天草陶石がまず採用されていることを指摘することができる。平戸藩では磁器原料となる網代石が産出するものの、原料産地と窯場の距離も離れており、泉山磁石場や三股砥石川陶石採石場を有する有田や波佐見ほどは恵まれていない。吉田地区もまた17世紀後半代の製品の胎土が示すように原料の質は劣る。そして、18世紀前半に磁器を生産した塩田川流域の窯場は嬉野市の**吉田2号窯、上福2号窯、志田西山1号窯**などである。吉田山については泉山の陶石が量的制限を受けながら配分されていたが、少なくとも後二者については天草陶石を使用あるいは配合して使用した可能性が考えられる。しかし、上福2号窯などは享保年間に操業期間が限られるとされるし、志田西山1号窯では磁器だけでなく陶器も大量に出土している。また、同じ志田地区の**東山2号窯**では18世紀代の製品の主体は陶器である。このようにまだ後に見られるような天草陶石を使用した本格的な磁器の量産化には至ってない。これは、一つには原料を他地域から入手することによる採算性の問題であろうし、一つは天草陶石を供給する側が安定的な供給ができる体制になかったことによろう。

　次に18世紀中頃以降について、天草陶石の流通状況を古文書史料から見てみる。まず平賀源内が明和8年（1771）に天草陶石について記している。すなわち、「一、陶器土　右の土、天下無双の上品に御座候。今利焼・唐津焼・平戸焼等、皆々この土を取り越し焼き候」とある。陶器である唐津焼や、今利焼（伊万里焼）の生産の中心である有田において、天草陶石を使用していた確証はないが、この頃までには天草陶石を大量に磁器原料として供給するシステムが形成されているとみてよかろう。これは宝暦12年（1762）に天草地方そのものに高浜焼が興ることとも関わりがあろうと思われるし、天草陶石を使用する窯場が増加することによって、天草地方における陶石採掘業の発展が促されたものと推測される。

　そして、天草陶石が採れる高浜村の庄屋であった上田家に残る古文書の記録

である『上田家文書』では当時の窯場における天草陶石の使用状況や原料の種類を知ることができる。明和4年（1767）と寛政8年（1796）の記録によると明和4年の段階で佐賀藩の有田の内山・外山は地元の原料を使用しているものの、その周辺の「しだ（志田）皿山」、「吉田皿山」、「脇田皿山」、「つちえ（筒江）皿山」などでは天草陶石を使用している。佐賀藩以外をみてみると、波佐見が地元の原料を使用しているのに対し、「三河内皿山」は天草陶石を地元の原料と混ぜて使い、「さざ（佐々）皿山」では天草陶石を使っているという。寛政8年（1796）の段階になると、「浜皿山」、「弓野皿山」、「長与皿山」、「稗木場皿山」などでも使用が見られ、肥前以外でも九州各地、瀬戸内海地方にまで天草陶石は流通している。さらに『皿山代官旧記覚書』によれば、佐賀本藩の大外山である志田東山においても寛政9年（1797）には磁器を少量生産しており、その後、磁器を量産している。また、文政（1818-1830）～幕末期を含む時期に操業していた可能性が高い志田西山6号窯で採集された製品は磁器のみで陶器は採集されていない。18世紀中頃から後半にかけて、天草陶石を大量に陶石として供給するシステムが形成され、天草陶石の商品化と使用の一般化が進んでいったことが理解できる。それはやはり地域の原料に恵まれていない窯場ほど導入が早かった。もちろん、塩田川流域の窯業圏はこれに該当した。

　天草陶石が商品として流通することで、地域に原料が存することが大きな前提条件とはならなくなり、むしろ地域の原料に立脚しない磁器生産地の場合は、天草陶石の原料産地との位置関係が重要な地理的条件となった。ここで塩田川流域の窯業圏と天草下島西海岸との位置関係をみてみると、肥前窯業圏の中で

図13-4　かつての塩田津（佐賀県嬉野市）

215

は最も有利な位置にあると言えよう。天草島西海岸を北上し、天草下島と島原半島の間の早崎瀬戸に入ると、穏やかな内海である島原湾、有明海を経て、塩田川河口に至り、塩田津（図 13-4）に入津することができるのである。つまり、塩田川の水運を利用すれば窯業圏と原料産地を水運のみで直結することができるのである。陶石のような重量物の運搬は水運が最も適しており、これほどの条件が揃っている窯業圏は他にない。よって、19 世紀初〜中頃にかけての志田地区の窯場の急速な発展は、18 世紀後半までに天草陶石が広く商品として流通する環境になったことが大きな前提条件であったと考えられる。

3　志田地区の窯業の発展

　19 世紀になると、全国に磁器窯が成立する。地方の磁器窯の出現、とりわけ瀬戸・美濃窯の磁器生産開始によって、それまでほぼ独占状態であった肥前磁器の相対的な地位が市場において低下したことは確かである。しかし、それがそのまま生産規模の縮小につながるかどうかは別である。磁器需要そのものが拡大している状況にあっては、市場における相対的地位の低下がそのまま生産規模の縮小につながるとは限らないからである。

　確かに 19 世紀初めから中頃にかけて、有田皿山の焼成室の総数は減少している。有田内山、外山（有田町内）の焼成室の総数は、360 室から 305 〜 307 室へと約 85% になっている。しかし、その内情はさまざまである。減少しているのは内山地区の焼成室の総数であり、外山地区の焼成室の総数は大きな変化がない。そして、外山地区では南川原地区の焼成室の減少が著しいが、他の外山地区の窯場の焼成室の数はむしろ増加している。これらの理由について、一つは文政の大火〔文政 11 年・1828 の「子年の台風」襲来時に有田で起こった大火。内山地区の町の大半が焼失した惨事である〕によって、内山地区の陶工が外山地区へ流出したためであること、一つは 19 世紀に入って磁器生産を開始した瀬戸・美濃窯が碗類を主体とした生産であったため、生産する器種が内山地区と競合したためであること、もう一つは大皿の需要の増加によって外山地区の窯場の生産が増加したためである。つまり、この時期の焼成室の増減にみる生産規模の変化は、地方窯の競合という単純な生産地間競争に起因するものではない。

図13-5　志田西山窯跡

　そして、有田や波佐見以外の窯場の中で19世紀初めから中頃にかけて急速に成長した窯場もある。志田地区の窯場である。寛政2年（1790）の絵図には2基しか描かれていないが、幕末の絵図によれば志田西山（図13-5）に2基36室（本登21室、新登15室）、志田東山に3基52室の焼成室が描かれており、格段に増加している（小木ほか1994）。志田地区の幕末の焼成室の合計88室は、有田の内山地区の焼成室数の41％、有田の外山地区（有田町内分）の焼成室数の81〜83％、波佐見地区の焼成室数の40％に相当する数である。そして、寛政8年（1796）の『近国焼物大概用帳』にある志田皿山の焼成室数の「凡参拾間」を参考にすれば、50〜60室の焼成室の増加であり、19世紀初めから中頃にかけて、有田の内山で減少した焼成室数にほぼ匹敵する増加となるのである。これほどの窯業圏の構成の内部変化は17世紀末以降なかったものと言える。そして、志田地区の生産地としての発展は、江戸遺跡における出土状況とも合致している。江戸に多くの瀬戸・美濃磁器が流入しても肥前磁器の割合の急激な減少傾向がうかがえず（堀内2001）、江戸遺跡では皿は17世紀後半以降、肥前磁器が主体的な産地として流通しており、これは19世紀に入っても大きな変化は見られないのである。さらに江戸遺跡における肥前陶磁の器種組成をみると、Ⅶ期（18世紀末〜19世紀初頭）からⅧ期（19世紀前半〜幕末）にかけて磁器碗が50数％から35％前後に減少し、磁器皿が10％前後から20％前後に増加している（堀内2001）。Ⅷ期（19世紀前半〜幕末）にあたる時期に志田地区は皿類を主体的に生産しており、江戸の磁器市場における肥前磁器のシェアの維持に大きな役割を果たしたことは間違いなかろう。よって、地方窯が各地

で出現したこの時期において、肥前の磁器産業の陶磁器業界における位置づけが変化することは確かである。その一方で肥前の窯業圏の内部変化が既存の有田窯業圏に与えた影響も大きかったと考えられる。

4　生産技術の伝播

　18世紀以前に興った地方の磁器窯については、いずれも肥前系の技術が直接的あるいは間接的に伝播したものである。しかし、19世紀になると瀬戸焼・美濃焼や**京焼**などの大生産地で磁器生産が始まり、それらの技術も広まっている。地方の磁器窯の中には肥前の技術がそのまま伝播したと見られる窯場もあれば、いくつかの窯業地の技術が混合した窯場もある。

　ここでは地方窯の一つである**九谷焼**の窯の技術系譜について、窯構造を中心にみていこう。まず文化年間（1804-1818）に開窯したとされる**若杉窯**の窯構造（図13-6右中）をみてみる。まず最初の燃焼室である**胴木間**の形状、横幅に比して奥行がかなり短い焼成室である点、平面プランがあまり扇状に広がった形にならない点など、関西系の窯に近い。特に胴木間の形状などは絵図にある**信楽焼**などの登り窯（図13-6左）に近い。そして、焼成室間の段差が小さい点も絵図にある京焼の登り窯と共通である。平面プランや全体的構造を見る限り、関西系の登り窯の技術導入が図られた可能性が高い。また、発掘調査は行われていないが、同じく文化年間に開窯したと伝えられる**春日山窯**を描いた絵図には、焼成室の奥行が短く、色見孔が天井近くにある登り窯が描かれている。絵図で見る限り、外観は瀬戸・美濃系あるいは関西系の窯に近い。開窯に京焼の**青木木米**が関わっていることや青木木米に伴った**本多貞吉**が参画したとされる若杉窯の窯構造が関西系に近いことを考えると、春日山窯の窯構造もまた関西系であった可能性は高い。

　一方、文政年間（1818-1831）に開窯した**九谷吉田屋窯**（図13-6右上・7）は平面プラン及び構造ともに肥前系の登り窯に近く、天保年間（1831-1845）に開窯したとされる**八幡若杉窯**も上部の焼成室の構造に限っては肥前系に近い。特に九谷吉田屋窯は窯道具の組み合わせも肥前と同一であり、窯構造だけでなく、窯詰め技法も導入している。19世紀に全国各地に生まれた肥前系の地方磁器

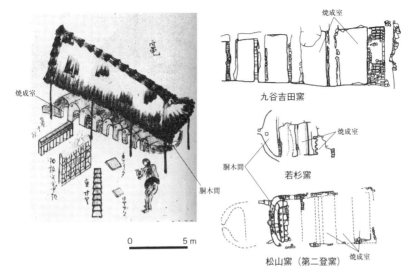

図13-6　信楽焼の絵図と再興九谷の窯跡平面図

図13-7　九谷吉田屋窯跡

図13-8　九谷焼窯跡展示館

窯の一つと考えてよかろう。八幡若杉窯の場合、上部と下部が別々の窯である可能性もあるが、いずれにしても一つの窯場に複数の技術が混在しているようである。

　そして、このように肥前系の技術が一時期、導入されていることは確かであるが、その技術がそのまま継続されることはなかったようである。九谷吉田屋窯から移転して築かれた山代再興九谷窯の平面プランは焼成室が横幅に比して奥行が短く、肥前系ではない。発掘調査された**山代再興九谷窯**（図13-8）が移

219

転当初の姿をどの程度とどめているか明らかではなく、移転当初は肥前系の窯構造であった可能性も残すが、いずれにせよ長い期間を経ずに肥前系以外の窯構造に変化している。しかし、肥前系の技術が全くなくなるのではなく、前述の八幡若杉窯のように一部取り入れられることもあったようである。そして、嘉永年間（1848-1855）に開窯したとされる**松山窯**（図13-6右下）も胴木間の平面形がつぶれた半円形であること、横幅に比して奥行がかなり短い焼成室である点など関西系の窯に近い。

また、19世紀の九谷焼の登り窯の場合、燃焼室や比較的下方の焼成室に縦狭間がしばしば見られる。若杉窯も写真と図で見る限り、縦狭間であるように見えるし、八幡若杉窯の下方部分、松山窯（第二登り窯）、山代再興九谷窯の胴木間などでも見られる。縦狭間は瀬戸・美濃の登り窯に見られる狭間構造であり、関西系の信楽焼の18世紀後半以降の窯の狭間構造が横狭間構造と考えられていたため、縦狭間の窯構造がどこから導入されたのか、検討課題として残されていた。しかし、近年、18世紀後半から19世紀にかけての信楽焼の登り窯にも縦狭間が見られることが判明したため、関西系の窯構造を導入した際にその狭間構造も取り入れたと考える方が妥当のように思われる。

そして、遅くとも明治期には胴木間に高い奥壁が設けられ、その上に縦狭間を有するものが現れる。この高い奥壁については、山代再興九谷窯が肥前系の技術で築かれた九谷吉田屋窯の廃窯後に移ってきた窯場であることから、焼成室間に大きな段差をもつ肥前系の築窯技術から生まれた可能性が考えられる。一方、**堂島蔵屋敷跡**検出の登り窯、関西系の**茶碗山窯**などでも奥壁そのものは見られることから、京焼の窯などにすでに用いられていた可能性があり、その場合、京焼の影響で成立したスタイルとも考えられるのである。京焼の窯が描かれている『**京都陶磁器説并図**』には、胴木間の前面部分を掘りくぼめた図が描かれている。焚口の下に灰のかき出し口を設けているためであるが、掘りくぼめた分、胴木間と焼成室の間には高低差が生じることになる。その場合、若杉窯のように胴木間の床に傾斜があれば、高い壁を必要としないが、水平な床であれば、高い壁が必要となってくる。

よって、19世紀の九谷焼の登り窯には複数の系統の技術が導入されている。九谷吉田屋窯や八幡若杉窯の一部の窯を除いて、概して関西系の登り窯の構造

をベースにしていると考えられる。少なくとも肥前の技術は目に見える形では
継続的には受け入れられていない。19世紀の肥前系の登り窯は長大な規模で
一度に大量に焼成するのに適した構造である。焼成室数を少なくすることも可
能であるが、それでも他の窯構造に比べて小規模なわけではなく、巨大な焼成
室内の上部空間を有効に使えない肥前の窯詰め技法では燃料経費も高くなる。
一つの窯で多品種の製品を生産する点において、京焼などの窯の構造の方が規
模的にも性格的にも受け入れやすい面があったのかもしれない。

5　生産機構の変容

　19世紀初め～中頃に志田地区は格段に生産能力を増大し、急成長を遂げて
いる。このことは全国の消費地遺跡の出土状況とも矛盾しない。この成長の背
景にはいくつか合理的な理由がある。第一は天草陶石の集散地として塩田港が
機能し、豊富な原料の入手が容易であるという生産地としての利点である。天
草陶石の原料採掘地と塩田川流域の窯業圏は、海と河川を利用した水運によっ
て直接、結ばれていた。そして、その地理的優位性を生かすだけの産業基盤は
すでに整っていた。第二は在地の塩田商人だけではなく、伊万里商人が生産に
直接関与し、その全国流通に貢献したことである。茂木港外遺跡出土資料はそ
の目的地については明らかではないものの、少なくとも塩田川流域窯業圏の製
品が塩田商人によって塩田港から積み出されていたことを示すものであり、享
保年間（1716-1736）や明和年間（1764-1772）の文献史料もまた塩田商人が嬉野
や志田の製品を大坂へ運搬していることを示している。
　一方、伊万里商人は遅くとも18世紀後半以降、筑前商人をはじめとする旅
商人を媒介として、全国の市場に陶磁器を販売する流通ネットワークを有して
いた。志田西山には、志田焼の全国流通について伊万里商人**横尾武右衛門**の功
績を顕彰する石碑が残されており、さらに筑前商人の本拠地の一つである芦屋
の神武天皇社や岡湊神社の石灯籠にも「伊万里世話人」として横尾武右衛門の
名前が刻まれている。塩田川流域の窯業圏はその伊万里商人のもつ流通ネット
ワークと直結することにより、大きく販路を拡げた。志田焼と伊万里商人の結
びつきを示す資料が、**芦屋沖海底遺跡**である。福岡県芦屋町・岡垣町の沖合に

あるこの遺跡では、19世紀前半の有田焼と志田焼が共伴している（口絵12T-2）。有田焼を積み出したのは伊万里商人であり、彼らが有田焼とともに志田焼を扱っていたことを教えてくれる。志田地区は瀬戸・美濃地方の磁器生産地と競合する碗類ではなく、皿類を主体に生産しており、有田の外山地区と同様に大皿の需要にも応えている。これも商人が介在したことで消費地の需要に合わせて生産を行うことができたのである。

　これら二つの理由によって、志田地区の急速な発展があったが、この発展はこれまでの生産機構が変わりつつあることも示している。有田や波佐見の窯業圏では、原料の陸運を前提として、原料産地に近い地域に成立したものである。そのため、良質な原料の産地から距離的に離れた塩田川流域の窯業圏は磁器専業ではなく、陶器生産も行っていた。しかし、塩田川流域の窯業圏では、原料の水運を前提として原料産地と直結した窯業圏を形成させ、地域の原料に立脚する地域的窯業圏とは性格の異なる窯業圏を形成させている。本来、塩田川流域の窯業圏の窯場はそれぞれ属する藩が異なり、単一の政治機構下になく、地域内で自己完結化させる意識が低かったこともあって、窯業圏内の窯場の結びつきは、原料そのものではなく、むしろ原料を商品として扱う商人によるものとなるのである。

　また、泉山陶石の一元的管理による生産機構は、泉山陶石が最も良質で量も豊富であることを前提としたものであった。その前提があったからこそ泉山陶石を排他的かつ段階的に供給することによって、陶器と磁器の分業のみならず、品質による分業も可能としたのである。しかし、泉山陶石よりも良質かつ量も豊富な天草陶石の使用の一般化はその前提を根本から覆すことになったのである。とりわけ、原料産地に恵まれない地域ほど早くから天草陶石を導入しており、18世紀代より佐賀本藩以外の「大外山」では天草陶石を使用した磁器生産を開始した。そして、18世紀末〜19世紀初めにはそれまで陶器生産が主体であった佐賀本藩の大外山においても天草陶石を使用して磁器生産を行うようになった。

　その結果、有田内山地区を中心とする同心円状の窯業圏から、有田や波佐見など原料産地に立脚する地域的窯業圏と天草陶石の産地を一つの起点とする生産ネットワークに組み込まれた窯業圏が並存する窯業圏に変わったのである

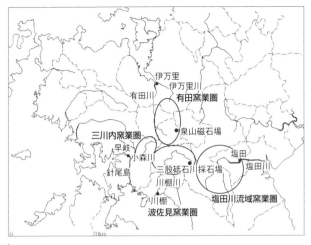

図13-9　肥前窯業圏地図

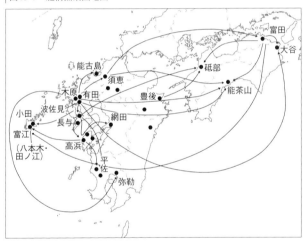

図13-10　江戸後期の陶工たちの移動

（図13-9）。そして、天草陶石を使用して磁器生産を行った窯場は、寛政8年
(1796) の『近国焼物大概帳』によれば18世紀末の段階で筑前（須恵皿山）、筑
後（黒崎皿山）、肥後（大田皿山）、薩摩（川内［平佐］皿山）、伊予（伊予国皿山）、
安芸国（広島皿山）に及んでいる。さらに19世紀初め～前半の間には、五島の
富江窯（田ノ江窯）、長崎の亀山焼、瀬古焼の他、一の瀬窯（福岡県浮羽町）、末

223

広焼（大分県臼杵市）、小宛焼（大分県緒方町）でも天草陶石を使用していたといわれる（佐賀県立九州陶磁文化館 1996）。地方の磁器窯、とりわけ九州及び周辺地区に成立した地方窯は、既存の生産機構が変容し、新たな生産ネットワークが拡大していったことによるものであろう。その生産ネットワークの拡大とともに肥前の磁器生産技術も広く伝わり（図13-10）、全国に地方窯を出現させる要因の一つとなった。

　一方、この新しい生産ネットワークに組み込まれることが最も遅れた窯業圏が、それまで地域の原料に立脚した窯業圏であったことはむしろ当然である。波佐見の中でも三股陶石の産地から比較的離れた稗古場山では天草陶石の使用が早くから見られたが、原料産地付近に形成されていた三股山、中尾山、永尾山では天草陶石の使用が遅れ、泉山陶石を有する有田窯業圏ではさらに遅れることになったのである。そして、この時点で泉山陶石の一元的管理による生産機構は完全に消失することとなる。

コラムU　島の陶磁器

　東南アジアの大陸部は、世界でも有数の陶磁器生産地であった。ベトナムの染付や色絵、カンボジアの灰釉・黒褐釉陶器、タイの青磁や鉄絵、ミャンマーの青磁や白釉陶器などの施釉陶磁器が焼かれた。一方、島嶼部では近代に至るまで釉がかかった陶磁器が焼かれることはなかった。台湾、フィリピン、インドネシアの島々では土器しか焼かれなかった。それでは島には陶磁器の需要がなかったかと言えば、そうではない。島には多くの陶磁器が集まった。島で使われるものもあったし、他の地域へ中継されるために持ち込まれたものもあった。島では陶磁器はつくるものではなく、運ばれてくるものであった。島は流通拠点として恵まれた環境にあり、島ではモノは盛んに往来するものの、窯業技術のように土地に根差した技術の移転は難しかったのかもしれない。特に施釉陶磁器の生産は複雑な生産工程が必要であり、陶工の集団としての移動が必要であったため、通常の商業活動では伝わりにくい技術である。島国の日本に大陸の先進的な窯業技術が伝わった時、すなわち古墳時代の須恵器づくりや「やきもの戦争」の際も陶工は集団での移動であった。

　日本有数の陶磁器生産地である肥前の近くの西海の海に浮かぶ島でも磁器は焼かれていた。平戸島、天草島、対馬、福江島などである。平戸島と天草島は17世紀前半から、対馬と福江島は18世紀から磁器生産を行っている。海を挟んで日本最大の磁器生産地を近くに持ち、地理的には容易に磁器を入手できる位置にありながら、磁器を焼くにはそれだけの理由がある。平戸島を除いて、いずれの島も島内に磁器原料を産出するので、原料の存在が理由の一つでもあるが、それぞれ磁器を焼き始めた背景については異なっている。

　平戸島は島と言っても城と城下町が島内にあり、平戸藩から見た場合、むしろ平戸島が「本土」である。この平戸島では1630〜1650年代に「御用窯」的な窯で磁器が焼かれている。天草島はやはり豊富で良質な磁器原料の存在が大きい。1630〜1640年代頃から磁器を焼き始めた。佐賀藩の窯場の整理統合の時期に近いことから、肥前から追放された陶工集団が移り住んだとも考えられている。続く17世紀後半には海外へも輸出し、18世紀以降も豊富な天草陶石の存在を背景に磁器を生産した。対馬は朝鮮への輸出とともに島内の需要を満たした。地元には対州陶石があり、技術導入のために肥前、筑前、大坂など各地の陶工を招いている。

　そして、福江島については、2016年度から長崎大学が調査を継続して行

図U-1　田ノ江窯跡測量調査風景（長崎県五島市

図U-2　田ノ江窯跡焼成室（長崎県五島市）

なっている（図U-1）。18世紀後半に地元で産出する陶石を生かすために、肥前本土の大村藩の陶工を招いて、最初の窯が築かれた。長くは続かなかったようであるが、19世紀初めには天草から陶工を招いて、繁敷という山中に八本木窯を築き、磁器を焼き始めた。天草から導入した技術は、磁器の生産工程全般にわたるものであった。続いて海岸近くに窯を移し、横幅7mの焼成室（図U-2）を15室程度有する推定長65mの巨大な登り窯である田ノ江窯（口絵13U）を稼働させた。その頃の福江島では複数の登り窯が煙を吐き出していた。福江島の窯は平戸島のような御用窯でもなく、天草や対馬のように海外輸出を行うこともなかった。五島の窯で焼かれた磁器は島内をはじめとした国内市場に向けられたものであった。

　かつて磁器は奢侈品であり、限られた人々のものであった。特産品であり、どこでも手に入るものでもなかった。一般の人々にとって磁器が珍しいものではなくなったのは、18世紀になって、「くらわんか」碗・皿が普及してからである。やがて生活に欠かせない日用品となった。奢侈品であれば、購入できる人々がいなければ届けられることもないが、日用品となると人々が生活するだけで日常的に領内に流入し、さらに必需品となっていく。五島で登り窯が稼働していた時期はそういう時代になっていた。

　19世紀には島で磁器が焼かれ、島で当たり前のように磁器が使用される。生産と消費の両面で、磁器が離島にまで浸透した時代になったということである。

コラムV　幕末〜明治の海外輸出

　肥前の大量貿易時代は、大きく二つの時期がある。一つは第9章から11章にかけて述べた17世紀後半〜18世紀前半である。そして、もう一つは幕末〜明治期である。18世紀後半以降も海外輸出が途絶えていたわけではないが、有田が輸出景気に再び湧くのは19世紀中頃になってからである。1867年のパリ万国博覧会でも有田焼は好評を博している。

　幕末期に早くから活躍した貿易商が有田の中の原の**久富与次兵衛**であった。海外貿易の一枚鑑札を有し、長崎にも店舗を構えている。1993年に行われた長崎の**万才町遺跡**の発掘調査では、久富家の銘である「蔵春亭三保造」や「蔵春亭西畝造」の銘の入った陶磁器が大量に出土している。発掘調査が行われた地点は戦前まで12番地であり、「長崎大村町（今の十二番戸）」にあったとする記録と一致し、久富家の店舗であったとみられる。

　久富家に続いて、貿易を一手に行なったのは有田の本幸平の**田代紋左衛門**である。彼は「肥碟山信甫造」の銘を入れ、盛んに海外へ輸出した。薄手の製品を得意とした三川内の素地に有田で上絵を行なって輸出することもあった。そして、明治期に入ると、多くの窯元や商人が海外貿易に関わることになる。

　幕末〜明治期の有田の海外向け製品は、色絵や金彩を用いた華やかなものが多い。カップアンドソーサーのような小物から洋食器セット、飾り壺や飾り皿の大型製品などさまざまである。ヨーロッパ世界の人々が華やかな製品を好むのは、江戸中期と変わらないようである。

　幕末〜明治期の有田焼は世界各地に残っている。ヨーロッパだけではなく、イスタンブールのトプカプ宮殿にも数多く所蔵されており、東アフリカのザンジバル（口絵13V）のスルタンのパレスにも明治期の有田焼の色絵壺が飾られている（図V-1）。アジア海域にも広く運ばれている。

　幕末〜明治期に輸出された肥前磁器は、有田焼だけではなかった。有田の隣の平戸藩の三川内では「卵殻手」とよばれた極薄の器壁をもつ器が輸出された。蝉の羽根や卵の殻のように薄いと形容されたカップアンドソーサーなどがヨーロッパでは好まれた。

　そして、庶民向けに日用食器を量産していた波佐見焼も輸出されている。ただし、製品としてではなく、酒や醬油の容器として輸出された**コンプラ瓶**（図V-2）である。コンプラとは、仲買人を意味するポルトガル語のコンプラドール（comprador）に由来している。酒用の瓶にはJAPANSCHZAKY（日本の

図V-1　スルタン・パレス所蔵の色絵大壺
（ザンジバル）

図V-2　染付コンプラ瓶（波佐見町陶芸の館）

酒）、醤油用の瓶には JAPANSCHZOYA（日本の醤油）の文字が染付けされている。出島和蘭商館跡やその対岸の江戸町側からも数多く出土している。中には蓋がついた状態のものもあった。輸出用の瓶ではあるが、どうしてか北海道の遺跡でもよく出土する。幕末の開国に伴う箱館や新潟の開港と関わりがあると言われている。

　コンプラ瓶に詰められた醤油については、バタビアで万延元年遣米使節が購入した記録が残る。1860年、日米修好通商条約批准のため、幕府の使節団一行77名が乗ったアメリカ海軍の蒸気船ポーハタン号がアメリカに向けて出港した。勝海舟や福沢諭吉が乗船した咸臨丸は同艦の随伴船である。遣米使節が大西洋からインド洋を廻る帰途、喜望峰に着く頃には2合入り醤油が4つほどしか残されていなかったが、バタビアで日本が輸出した醤油を購入したという記録がある。『亜行日記』には、その買入記録として、「銀七十六匁、日本醤油四陶」「日本醤油は三合ほどの徳利に入れて上の所に横文字にて日本醤油を認め、その下に長崎改め済の札有り、その価四半ドルと云々」「阿蘭陀の商船長崎エ到り買ル者ニシテ陶器に盛り口木ヲ以テ塞グ、味変セス」とある。長崎から輸出された醤油入りのコンプラ瓶とみて間違いない。

　明治期はヨーロッパの科学技術が導入される近代化の始まりの時代であったが、磁器創始以来、培ってきた技術力が最高潮に達した時代でもあった。大きさにおいても精緻さにおいても極めていた。もちろん全ての製品が技術の粋を集めたものというわけではなかったが、ヨーロッパから近代化のための技術が導入される一方で、有田の伝統的な技術でつくられたさまざまな製品が海を渡っていった。まさに近世から近代への過渡期であった。

第Ⅲ部

陶磁の道とグローバリゼーション

第14章
青（コバルト）の道

1　コバルトの青

　中央アジアに「青の都」とよばれる古都がある。シルクロードの十字路であり、ソグディアナ（ソグド人の地）の中心にあった**サマルカンド**である。紀元前6〜4世紀のアケメネス朝ペルシアの時代から国際交易の中継地として栄えたオアシス都市である（口絵14-1）。13世紀に**チンギス・ハン**の遠征軍によって破壊されたが、15世紀にチムールによって再興され、チムール帝国の首都となった。現在、多くの歴史的建造物群が青を基調とした幾何学模様のタイルとモザイクで彩られていることから青の都ともよばれる（口絵14-2）。これらのタイルの青には、コバルトを呈色材としたものがある。コバルトは不純物（ケイ酸コバルト）として入ることで、ガラスや釉薬などが青くなるのである。また、コバルトは絵の具の顔料としても使われた。染付など白地に青の文様が入った器は世界中で作られているが、この「青」もまたコバルトを呈色剤としたものである。

　人類とコバルト（Co）の関わりは古く、その使用は紀元前3000年紀頃には行われていた。しかし、呈色剤として用いられるようになるのは紀元前2000年頃のメソポタミア文明のガラス製品の制作においてであった。エジプトの第18王朝ではタイルの釉薬にも使用されている。陶器の釉薬として使用されるようになったのもメソポタミアであり、紀元前1000年頃からのことである。

　本章では、この「青」が陶磁器に用いられるようになって、世界中に広まった青の道について辿っていく。

2　東西交流と中国陶磁

　メソポタミアなど西アジアで始まったコバルトの使用が、東アジアに広まる。その東西交流のあり方をまずは西側からみてみよう。

　エジプトのカイロ郊外に**フスタート遺跡**（図14-1）がある。フスタートは642年にアラブの軍隊がエジプトを征服して最初に建設した都市であり、カイロの前身となる街である。南地中海や北アフリカの政治・経済上の中心として、後には産業の中心として栄えたが、1168年、キリスト教軍が都市を取り囲み、フスタートの人々は自ら町に火をかけて焼き払い、廃都となった。

　その後、数百年の時を経て、発掘調査が行われた。遺跡からは膨大な量の陶磁器片が出土した。現地のエジプト産のものが最も多かったが、エジプト以外の地中海周辺や西アジアの陶器もあり、東南アジアや中国の陶磁器もあった。17世紀の肥前磁器の色絵も含まれていた。12世紀に滅んだフスタートに17世紀の遺物があることを不思議に思うかもしれないが、フスタートが滅んだ後、現在のカイロの中心部となる町がその北方に築かれ、その町のゴミが廃墟となったフスタートの町を覆ったためである。フスタートを覆う土層はカイロの歴史の積み重なりでもある。

　フスタート遺跡から出土した中国陶磁片は1万点以上に及ぶ。唐代のものとしては、青磁、白磁、三彩などがあるが、量は少ない。当時の陶磁器貿易を物語る資料の一つがベトナム中部の**チャウタン**という海で発見されている。唐の時代の沈没船で、東南アジアで発見されている貿易船の中で最も古い資料の一つである（口絵14-3、図14-2）。越州窯系の青磁、華北産の白磁、長沙窯系の三彩や、広東産の容器などが引き揚げられている。そして、壺の蓋とみられるものにイランの地名である「*Anbārak*」と墨書されたものも発見されており、中国から陶磁器などを積んで、西アジアに向かう途上、ベトナム沖で沈んだものとみられる。

　イスラーム世界に渡った中国磁器は、イスラーム陶器によって模倣も行われた。磁器が作れなかったため、青磁、白磁をそれぞれ模倣して、青釉陶器、白濁釉陶器がつくられた。そして、陶器の三彩の影響を受けて、多彩釉陶器がつ

図14-1　エジプト・フスタート遺跡

図14-2　チャウタン沈没船整理作業風景（ベトナム）

くられた。一方、メソポタミアから中国に渡った陶器もあった。9〜10世紀頃の青緑釉陶器壺である。中国福建省の福州の墓などから出土している。

3　中国に渡った「青」

　中国の陶磁器にコバルトが使用された最古の例は、今のところ、唐代初期（7世紀中葉）の陝西省礼泉県の**鄭仁泰墓**の白釉藍彩罐蓋の紐である。鄭仁泰は663年に没し、664年に葬られている。まだ、後の青花のように釉下彩画技術を用いたものではない。

　唐時代の三彩や藍釉の「青」に輸入コバルトが使用されていたことは化学分析によって明らかにされており、唐時代の「青」は、海上交易路を経て運ばれてきた西アジア産のコバルトであった。アラビア商人の来航地であった揚州が荷揚げ地であったのであろう。中国陶磁が東から西へと運ばれた海の道を逆に辿ったのである。元時代は、基本的にコバルトは輸入品であり、それは明代初期まで変わらない。そのため、コバルトは、「回青」あるいは「回回青」ともよばれた。「回」はもちろんイスラームの意味である。そして、明時代の成化年間（1465-1487）頃から中国産が主流となる。

　文化もモノも一方向ではなく、双方向の交流が行われていた。中国から東南アジア、インド洋を越えて、西アジアやアフリカに中国磁器が渡り、西アジアからはコバルトの「青」が中国に伝わった。そして、その交流は染付（青花）を生んだ。

4　染付の起源

　染付は、白磁の釉の下にコバルト呈色の顔料による青色で多様な文様が描かれた磁器である。中国では、青い花と書いて、青花あるいは青花瓷器とよんでいる。この場合の花は植物の花というより文様という意味である。一方、日本では古くから染付と呼ばれてきた。『迎陽記』の 1380 年の条には、「ちゃわんそめつけ」、『看聞御記』の 1425 年の条や『室町殿 行 幸御 飾 記』の 1437 年の条にも染付と書かれている。ちなみに英語では、blue and white と見た目そのままの用語が使われている。

　染付の起源を考える上で重要な資料がある。一つは 14 世紀中頃の**デビッド・ファンデーション**所蔵の大花瓶である。至正 11 年（1351 年）の銘がある龍や鳳凰の絵が描かれた青花である。高さが 63cm 前後の一対の大瓶である。14 世紀の中頃にはすでに非常に完成された染付が焼かれていたことがわかる。もう一つの資料は 14 世紀前半の韓国・新安沖沈没船資料である。

5　新安沖沈没船

　新安沖沈没船は 14 世紀前半に中国から日本へ大量の中国陶磁を運ぶ途中に、韓国で沈んだ船である。その船は中国の**慶元**（今の寧波）を出港して、九州の博多に向かったが、航路を外れて、流されて韓国の新安沖で沈没した。沈没した現場海域は、島や岩礁が多く、潮の流れが非常に早い海域である。現在、韓国の木浦にある国立海洋文化財研究所の海洋遺物展示館に引き上げられた船が展示されている。長さ約 30m、幅 9m、およそ 200 トンの大型外洋船（口絵 14-4）である。竜骨をもった断面 V 字形の船で、隔壁をもち、外板は鎧張りでつくられている。20,000 点以上の中国陶磁や 28 トンの銅銭（図 14-3）のほか、桂皮や胡椒などの南方の産物や錫のインゴットなどさまざまなものが引き上げられている。

　商品のほか、生活用品も豊富である。青銅の中華鍋、高麗の匙、日本の将棋の駒や下駄、硯などが引き上げられており、日本人、中国人、韓国人が共に

図14-3　新安沖沈没船出土銅銭

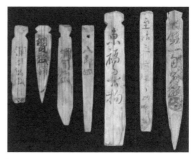

図14-4　新安沖沈没船出土木簡

図14-5　新安沖沈没船出土青磁壺

図14-6　イスラーム世界の食事
風景

乗っていたとみられる。

　さらに貴重な情報の資料として、商品の荷札（図14-4）とみられるものが発見されている。中国系商人を示すとみられる綱司と書かれたものが109点、京都の東福寺と書かれたものが41点、博多の承天寺、筥崎宮と書かれたものがそれぞれ6点と3点みられる。その他、八郎や又七など日本人の名前と思われるものがみられる。中国系商人が介在し、日本人も関わりながら、京都や博多の寺社に向けた商品であったことがわかる。

　その中に至治三年（1323）と年代が記されたものもあり、沈没した年が、1323年以後でそれほどその年から離れていない年であろうことがわかる。ちなみに東福寺や筥崎宮は、それぞれ1319年、1310年に火災に見舞われているので、その再建のために貿易を行なった可能性がある。

　そして、新安沖沈没船から出土している陶磁器は、少量の高麗青磁と1点の瀬戸焼の瓶を除いて、全て中国陶磁であった。20,000点以上の中国陶磁が引き揚げられているが、その多くは**龍泉窯**（図14-5）や景徳鎮窯で焼かれた青磁や白磁などであり、染付は含まれていない。つまり、1323年ごろはまだ染付がほとんど生産されていなかったか、生産されていたとしてもあまり流通していなかった可能性が高い。

　もっとも最初に染付を好んだのは、日本など東アジアではなく、西アジアの方であった。そのため、日本向けの船であったため、新安沖沈没船の出土遺物の中に染付が見られないということもありうる。デビッド・ファンデーション所蔵の大花瓶など、元の時代に焼かれた染付は、日本では**元染付**とよばれており、日本でも出土はするものの、量は少ない。一方、中東や南アジア地域でよく見つかっている。オスマン帝国の首都イスタンブールにある**トプカプ宮殿**のコレクションには、元時代の染付が数多く残されている。特にイスラーム世界は大皿を好んだため、元染付も大皿が多い。これは食文化を反映したものである。絵画の中にも大皿や大鉢を使った会食風景が描かれている（図14-6）。日本とは異なり、大皿や大鉢を取り囲んで、食事をしている様子がわかる。

6　中国から朝鮮、日本へ

　新安沖沈没船の頃はまだ青磁が中心であったが、やがて陶磁器市場の中心は青磁から染付へ移っていき、15世紀を過ぎると、染付が主流となっていく。中国だけではなく、隣接するベトナムや朝鮮半島でも染付が焼かれるようになり、そして、17世紀になると海を隔てて日本でも染付が焼かれるようになった。

　中国の磁器の生産技術は、10世紀に朝鮮半島に伝わり、**高麗青磁**が生まれた。やがて李氏朝鮮時代になると、高麗青磁は**粉青沙器**へと変わり、また白磁の生産も始まった（図14-7）。装飾技法について言えば、**象嵌技法**による高麗青磁、装飾が簡略化された粉青沙器、そして、コバルトの青い文様の白磁染付が朝鮮半島でも生まれた。この朝鮮半島の技術が日本に伝わるが、その伝播は戦争によるものであった。

図14-7　高麗青磁（左）・粉青沙器（中）・染付（右）

図14-8　中国景徳鎮産の染付芙蓉手皿

図14-9　日本有田産の染付芙蓉手皿

　16世紀末に豊臣秀吉は朝鮮半島に兵を送った。文禄・慶長の役である。侵略は失敗に終わるが、朝鮮半島に渡った各大名は多くの朝鮮人陶工を日本に連れ帰った。その結果、九州を中心に各地に新しいやきもの産地が生まれた。第7章で述べたように山口県の萩焼、福岡県の上野・高取焼、鹿児島県の薩摩焼、そして、佐賀県の有田焼や長崎の波佐見焼などは、朝鮮人陶工を陶祖としている。そして、肥前で17世紀初めに日本で最初の磁器が焼かれた。磁器が生産されて間も無く、白地に青の文様が入った染付の生産が始まった。

　日本で初めての磁器は、技術は朝鮮半島のものであったが、日本の市場も海外の市場も中国の磁器を求めていたため、日本でも中国風の磁器を焼いた。中国風の磁器の主流は青い文様の染付であった。皿を量産するために窯で重ね焼きをする際、朝鮮半島では皿と皿の間に砂や粘土をはさんで焼成するが、中国ではドーナツ状に釉薬を剝いで、重ね焼きをする技法が用いられた。一方、日

図14-10　呉須（天然コバルト）

本の初期の磁器皿には朝鮮半島と中国の技法が両方見られるものがある。また、皿の内面に圏線のみを入れた中国のデザインなどそのまま日本でも取り入れられている。朝鮮半島の技術をベースとしながら、それに中国の要素が上乗せされたものが日本の磁器であった。

　時代により影響の強弱はあったが、中国の染付の影響を受け続けた。例えば、放射状に文様が広がる芙蓉手という皿がある。器全体が芙蓉の花のように見えることから、日本ではそう呼ばれている。中国の景徳鎮の染付の芙蓉手皿（図14-8）を模倣したものが肥前で焼かれ始めて（図14-9）、17世紀後半には中国磁器に代わって世界に運ばれた。

7　長崎に輸入された「青」と輸出された「青」

　天然のコバルトである呉須（図14-10）は、中国から長崎に輸入された。例えば、1650年の中国のジャンク船の積荷の記録には、全部で14610カティ（斤）と20ピクル（1ピクル＝約60kg）の磁器顔料が厦門、漳州、福州から輸入されたとある。また、1651年には中国船の積荷の記録に8ピクルに500カティの磁器顔料が輸入されている。

　幕府の公式の貿易記録である『唐蛮貨物帳』などの史料では、「絵薬」、「茶碗薬」の名前で登場する。また、佐賀藩の領内で舶載品の商売が許されたのは、城下の佐賀と伊万里、有田皿山であると書かれている。伊万里は陶器商人の町、有田皿山は有田の窯場である。輸入品としての絵薬を扱っていたのである。か

つて中国で「回青」とよばれたコバルトも日本では中国から渡ってくるものとして、中国を意味する「呉須」という名前でよばれた。

　一方、長崎から世界に渡った「青」もあった。すなわち、肥前磁器の染付の海外輸出である。17世紀後半には長崎から唐船によって東南アジア一帯に運ばれ、そして、オランダ船も長崎から輸出した。トプカプ宮殿にも約800点の有田焼などの肥前磁器が所蔵されている。オランダ東インド会社が輸出した有田焼の輸出先と量の記録をみると、アジア各地の商館やヨーロッパのオランダ本国まで運んでいることがわかる。最も多い輸出先は、オランダ東インド会社のアジアにおける本拠地が置かれたバタビアである。今のインドネシアのジャカルタに位置している。バタビアに輸出された有田焼の全てがバタビアで消費されるものではなく、バタビアからさらに西へ運ぶものも含まれており、バタビアは陶磁器が集散するマーケットのような役割もあった。バタビアを起点にインド洋、アフリカ、そして、ヨーロッパへと運ばれていった。

8　イスラーム世界からヨーロッパへ

　このようにコバルトの青の道は、中国から朝鮮半島、そして、東の端の日本までつながった。次は西への道をみてみたいと思う。

　7世紀に預言者ムハンマドによってイスラーム教が創始された。その後、イスラーム勢力圏は西へと拡大していった。711年にはジブラルタルを越えて、イベリア半島を征服した。そして、756年にはコルドバを都に後ウマイヤ朝が成立した。イスラーム勢力は多くの科学知識や技術をヨーロッパに伝えた。中国起源の製紙法、羅針盤、火薬をはじめ、イスラーム陶器（図14-11）の技術も伝えた。13世紀以後のヨーロッパでは、イスラーム教徒が支配したイベリア半島南部を中心に、オリエントから伝えられた錫釉陶器の影響から、ラスター彩とコバルト彩で装飾した錫釉陶器が大量に焼かれた。

　ヨーロッパの主な陶器をあげると、スペインの**イスパノ・モレスク陶器**（図14-12）、イタリアの**マヨリカ陶器**や**ファエンツァ陶器**、オランダの**デルフト陶器**（口絵14-5）、フランスやドイツの**ファイアンス**などである。

　ヨーロッパ各地に陶器生産地が広がり、オランダのデルフトでは、中国の染

図14-11　イスラーム陶器

図14-12　イスパノ・モレスク

付を模倣した白釉藍彩陶器が焼かれた。ただし、まだ磁器を焼く技術がなく、陶器による模倣であった。

　そして、ようやくヨーロッパでも 18 世紀初めに磁器が誕生した。1710 年頃にドイツの**マイセン窯**（口絵 14-6）で、錬金術師ベドガーがヨーロッパ最初の磁器生産を行った。日本に遅れること約 100 年後のことである。ヨーロッパに大量に運ばれた中国や日本の磁器への憧れと渇望がマイセン磁器を生み出した。その後、ヨーロッパに磁器窯が広がり、中国磁器や日本磁器を盛んに模倣した。

9　ヨーロッパからアメリカへ

　ヨーロッパに伝わった青は、さらに西へと伝わった。スペイン人勢力のアメリカ進出とともに、ヨーロッパの陶器生産の技術がアメリカに伝わり、**プエブラ焼**を生んだ。プエブラはメキシコの首都のメキシコシティから車で 2 時間ほどいった場所にあるやきものの街である。白地に青の文様の器が今も大量に焼かれている。

　スペイン人のアメリカ進出は、1492 年のコロンブスによるアメリカ「発見」に始まる。1521 年にはメキシコのアステカ帝国を滅亡させ、1533 年にはペルーのインカ帝国を滅亡させている。中南米はスペインなどの植民地となり、ヨーロッパのマヨリカ陶器の技術が中米、そして、南米に伝わった（口絵 14-7）。もともとはイスラーム陶器の技術であったことはすでに述べたとおりである。そして、中米の陶器を代表するプエブラ焼は中国磁器や日本磁器の文様を写し

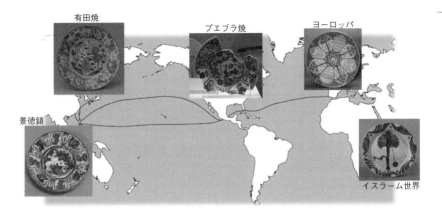

有田焼

プエブラ焼

ヨーロッパ

景徳鎮

イスラーム世界

図14-13　ガレオン貿易ルートとプエブラ焼

ていた（図14-13）。

　例えば、中国の景徳鎮の染付の皿や有田焼の芙蓉手の皿の文様を写している。もっとも、完全に写しているわけではない。中国や日本の芙蓉手の皿（図9-4）の中央にはバッタが描かれているが、プエブラ焼の場合は、バッタがうさぎに変わっている（図S-1）。うさぎは豊穣のシンボルでもあるので、あえて変えたのか、バッタの羽がうさぎの耳に見えたのか、わからないが、さまざまなアレンジをしているようである。

　東へ、西へと向かった青の道が地球の裏側で再びつながったわけである。プエブラ焼の技術はヨーロッパから伝わった。そのヨーロッパの技術はもともと青の出発点である西アジアである。一方、青のデザインはアジアから太平洋を越えてもたらされた。プエブラ焼は、青の道の終着点であり、東西文化交流の象徴とも言える。

10　ワグネルの青

　最後に日本の近代以降の青について述べる。**ゴットフリート・ワグネル**（Gottfried Wagener 1831-1892）がもたらした青である。18世紀初めにヨーロッパで初めての磁器が誕生したことを前に述べたが、18世紀には産業革命が起こり、ヨーロッパの陶磁器も工業製品として量産されるようになった。それま

では磁器は中国、そして、アジアの特産であったが、ヨーロッパの近代化による科学技術の進歩は、陶磁器産業を次の高みへ導くものとなった。

　そして、19世紀には日本も近代化の時代を迎え、多くの科学技術を西洋から取り入れようとした。陶磁器生産も例外ではなく、いわゆるお雇い外国人であるドイツの化学者であるゴッドフリード・ワグネルが西洋技術を日本に伝えた。

　例えば、薪ではなく石炭を燃料とする石炭窯、温度をはかる**ゼーゲルコーン**などである。石炭窯は江戸時代を通して使用された登り窯に代わり、その後、主流となっていく窯であり、ゼーゲルコーンは温度によってピンが曲がっていくことで、窯の中の温度を知ることができる道具である。それまで経験的、感覚的に行っていた温度調節を科学的に行えるようにしたのである。そして、新しく導入された技術の中には新しい青、すなわち天然コバルトにかわる**合成コバルト**の使用も含まれていた。新しいワグネルの青である。導入当初は調合がうまくいかず、良い発色ができなかったが、やがて独特の鮮やかな青を用いた製品が流行した。

　近代化が図られた明治時代の有田は、職人技による大物作りと超絶な緻密さが頂点を極め、それにヨーロッパの科学技術が融合した時代であった。青の道の一つの帰結となった。

　西アジアで生まれた青は、中国の間の交流で、育まれていった。そして、青の道は、東へ西へと伸びていった。東へは中国から朝鮮半島、そして、日本にたどりついた。西へはヨーロッパ、アメリカへと渡り、アジアから渡ってきた青と結びついた。そして、現代でも有田焼や波佐見焼の主流は青い文様が入った染付製品である。青の歴史は今も続いている。

コラム W　バーミヤーン遺跡と鷹島海底遺跡

　629 年頃に唐の玄奘がバーミヤーンを訪れ、『大唐西域記』に仏教都市とし
て栄えるバーミヤーンの記録を残している。それには「伽藍は数十か所あり、
僧徒は数千人いて、小乗の説出世部をたっとび学んでいる。王城の東北の山の
くまに立仏の仏像がある。」と記されている（桑山 1987）。この立像こそ 2001
年 3 月にタリバンが爆破した 2 体の大仏（摩崖仏）である。そして、バーミ
ヤーンの街並みから少し離れたところに「嘆きの丘」シャフリ・ゴルゴラ（口
絵 14W-1）がある。丘全体が巨大な廃墟であり、住居跡、仏塔の痕跡、イス
ラームの墓地などが残る。

　この丘の歴史は悲しい。大陸を縦横に蹂躙したモンゴルの大軍が 1221 年に
バーミヤーンに攻め入った。その際、チンギス・ハンの孫のミュテュゲンが流
れ矢に当たって命を落とすと、モンゴルの大軍はバーミヤーンの住民を皆殺し
にし、町を破壊し尽くした。動くものは虫に至るまで殺されたとも言われてい
る。モンゴル軍が投げかけた言葉「モ・バリク（呪われし町）」がシャフリ・
ゴルゴラ（嘆きの丘）の名のもととなったといい、歴史家ディウワニーによれ
ば、虐殺から 40 年経てもそこには人影がなかったという（前田 2002）。徹底的
な虐殺と破壊が行われ、呪われたシャフリ・ゴルゴラには人も住まず、丘全体
が廃墟のまま残された。

　そして、数百年の時が過ぎ、1990 年代後半にアフガニスタンを実効支配し
たタリバンは、バーミヤーンを陥落させ、周囲を見渡せるシャフリ・ゴルゴラ
を拠点とし、地雷を敷設した。2001 年のアメリカのアフガニスタン侵攻によ
りタリバン政権が崩壊し、長年の内戦が一応の終息をみたことで遺跡の修復と
保存に向けた動きが始まった。筆者らも文化財研究所の第 8 次ミッションとし
て、バーミヤーン遺跡から出土した陶磁器調査のために、2007 年 6 月にアフ
ガニスタンに向かった。インド経由でカーブルに入り、カーブルからは国連機
でバーミヤーンに入った。当時、陸路による移動は禁止されていた。

　バーミヤーンの谷から出土した陶器は、イスラーム陶器である（口絵 14W-
2）。多くは色鮮やかな彩色と刻線による装飾が施された日用品であった。これ
らを器種、素地、釉、装飾などによって分類し、それぞれ重量を計測し、型式
学的に前期・中期・後期・晩期に分けて、編年試案を作成した。製品を焼くた
めの窯道具も見つかっているので、窯も付近にあったのであろう。陶器の年代
はシャフリ・ゴルゴラ陥落とともにバーミヤーンの時間は止まっているため、

されていたが、カーブルやバーミヤーンなど 5 都市については渡航延期の勧告にとどまっていた。しかし、拉致事件を契機に 5 都市についても退避勧告が出され、次の第 9 次ミッションは中止となった。そして、2019 年 12 月にはアフガニスタンで長年にわたり医療活動や支援活動を行ってきた中村哲医師が銃撃により亡くなった。平和と安定への道はなお遠い。

コラムX　海のシルクロードと沖縄

　2016年の9月に沖縄で発見された古代ローマ貨幣の記事が新聞に掲載された。「沖縄の勝連城跡からローマコイン　海上交易で流入か」（朝日新聞2016.9.26）、「沖縄の遺跡から古代ローマの硬貨　国内初、交易で搬入か」（日本経済新聞2016.9.26）などである。見出しだけを見ると、いつどのように流入（搬入）されたかわからず、ローマと沖縄に何らかのつながりがあったように思わせるが、記事の内容を読むとそうでないことがわかる。

　記事によると、**勝連城跡**（図X-1）から古代ローマ貨幣など10点が出土している（図X-2）。3〜4世紀のローマ帝国のコイン4点や17世紀のオスマントルコ帝国のコイン1点が含まれている。勝連城の主な年代は12〜15世紀であり、古代ローマ時代とは年代も大きく離れており、直接、古代ローマと沖縄の間に関わりがあったとは考えられない。では、どのようにしてローマから沖縄へたどり着いたのか、その道をたどってみよう。

　ローマ時代、地中海世界とインドは、海の道によって結ばれていた。紀元前3〜2世紀頃には、エジプトやペルシアの貿易船が紅海やペルシア湾の港を出帆し、アラビア半島を経てインドに到達している。紀元1世紀前後（ローマがエジプトを支配した頃）古代オリエントとインドの貿易は盛んになる。前1世紀のストラボンの『地理書』全17巻、1世紀後半にギリシア人船乗りの聞き書きを集めた**『エリュトゥラー海案内記』**（インド洋の季節風ヒッパロスの風が記されている）、77年完成のプリニウス『博物誌』などの文献史料が当時の海上交易の存在を物語る。

　また、インド東側のコロマンデル海岸南部にある**アリカメドゥ遺跡**は、紀元前1世紀後半から後3世紀のローマの居留地であり、貿易拠点であった。『エリュトゥラー海案内記』にあるプドゥケの地と推定されている。ローマとインドの盛んな交易を示す遺跡である。

　一方、中国からインドへの道も知られていた。紀元前2世紀『前漢書』「地理志」からインドに行く航路が知られていたことが推定される。前111年、漢の武帝は、今の広東省や広西省を征服し、さらに中国の東南沿岸の港を出た船は、南シナ海、マレー半島を経て、ベンガル湾を渡り黄支国まで行った。黄支国は、インド東海岸のカンチプラ（今のコンジェヴェラム地区）に当たると言われる。中国の商人は、絹を積み荷とし、真珠、ガラス、宝石、奇宝を持ち帰っている。ローマから中国まで「海の道」はインドを接点としながら、つな

図X-1　史跡勝連城跡（沖縄県うるま市）

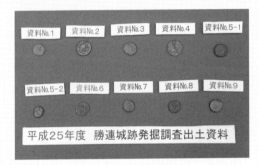

図X-2　勝連城跡出土のコイン（沖縄県うるま市）

がっていた。

　それではローマから中国までの「海の道」の上のローマ貨幣に着目してみよう。まずインドにはローマの居留地があり、数多くローマ貨幣が発見されている。インドからの交易品の対価として支払われていたのであろう。東南アジアでもローマの貨幣は出土しているが、インドとは少し状況が異なるようである。遺跡の年代と貨幣の鋳造年代が異なる例が多い。例えば、ベトナム南部のオケオ遺跡では、ローマ皇帝アントニヌス・ピウス（在位135-161）金貨（152年造幣）が出土しているが、ハンダ付けの痕跡があり、インドで流行したブッラという装身具と推定され、オケオに持ち込まれたのは7世紀頃と推定されている。東南アジア全体でみると、前4世紀から後5世紀までの時代の違う貨幣が持ち込まれている。インドのように直接、交易の際に使われたものではないようで

ある。造幣年代はそのまま流入年代を表すものではなく、おそらくインドに流入して時間を経て混ぜられたものが、その後に東南アジアに流入したものと推定される（新田 2013）。

　東南アジアから沖縄へはいつ運ばれたのであろうか。それはやはり勝連城の時代であろう。特に 15 世紀の琉球が中継貿易で栄えた「大交易時代」においてである。琉球は盛んに東南アジアの産物を集めて、中国へ朝貢貿易を行った。「万国津梁の鐘」として知られる旧首里城正殿鐘（1458 年鋳造）には「琉球国は（中略）舟楫をもって万国の津梁となし、異産至宝は十方刹に充満せり」と刻まれている。東南アジア、中国、朝鮮、日本を結び、「異産至宝」が国中に満ち満ちていた。インドから東南アジアに流入したローマ貨幣もその至宝とともにもたらされたのであろう。

　勝連城跡から出土したローマ貨幣は、ローマ帝国と沖縄の関わりを示すものではないが、千年以上の時間をかけて、ローマからインド、インドから東南アジア、そして、沖縄へと海のシルクロードをたどりながら伝わったものである。壮大な旅路であることは間違いない。

第15章
陶磁器からみるグローバル・ヒストリー

1 磁器の流通・消費に関する二つのグローバル化

メキシコでスペインと中国が一つになる。イタリアと日本が一つになる。
やがて貿易と政治によって一つの世界になる。

(En ti se junta España con la China, Italia con Japón, y finalmente un mundo ente-
ro en trato y disciplima. Bernardo de Balbuena, Grandeza Mexicana, 1604)。

「グローバル化は 1571 年に始まった」(フリン 2010)。1571 年はスペイン人に
よってマニラが建設された年である。マニラの建設によって、マニラとアカプ
ルコをガレオン船で結ぶマニラ・ガレオン貿易ルートが開設された。いわゆる
旧世界と新世界が貿易によって結びつけられ、前掲の叙事詩にあるように、一
つの世界になったのである。

　陶磁器、特に磁器は東アジアの特産であり、古代より陶磁器は国境や海域を
越えて流通する国際商品であったが、それは「旧世界」に限られた話でもあっ
た。アジアで大量に磁器が流通しようが、「新世界」であるアメリカ大陸には
いかほどの影響も与えるものではなかった。しかし、1571 年以降、世界が一
つとなり、磁器の流通圏も、旧世界から新世界へと広がり、国際商品から世界
商品になっていった。そして、アジアの特産であった磁器がヨーロッパでも生
産されるようになると、磁器の生産圏もまたアジアの地域を超えていき、さら
に世界中で磁器が使用されるようになった。

　本章では、これまでの章のまとめとして、16 世紀後半以降の磁器の流通と
消費のグローバル化について、その過程をみていきたい。その過程とは二つあ
る。一つは地理的に磁器の流通圏が地球規模に広がる過程、もう一つが磁器の
使用文化が地球的規模で普及していく過程である。前者がその地域に磁器の出

土が見られるようになる過程であるのに対し、後者は出土量が増加し、一般化する過程である。神崎宣武の言葉を借りれば、前者はいわば起源論であり、後者は普及論である（神崎1996）。

2　陶磁の道

「陶磁の道」の研究を提唱した三上次男は、中世の東西世界に渡された一本の太い陶磁のきずなが、東西文化を交流させるかけ橋でもあったとする（三上1969）。東西文化交流路としての陶磁器貿易の研究は、佐々木達夫（佐々木1999）、大橋康二（大橋2004）らをはじめとした陶磁器研究者によって引き継がれ（図15-1）、現在では多くの研究者が携わる大きな研究テーマとなり、2014年に開催された東洋陶磁学会の第42回大会「"陶磁の道"研究半世紀の歩みと展望」ではそれまでの研究成果の進展を確かめ合った。

　古代より「陶磁の道」における陶磁器貿易の主役は、中国磁器であった。その生産地である中国の明代や清代の海禁政策下においては、東南アジアのタイやミャンマーの青磁、日本の染付や色絵が主役の座を狙うこともあったが、全体を通してみれば、やはり中国磁器が主役であり続けた。

　時代とともに東西交流の主舞台の場所や範囲も変化していくが、大きな変換点の一つは大航海時代の到来であり、東アジアとヨーロッパが直接、貿易を行うようになった。ポルトガル船などは中国磁器をヨーロッパへ直接、大量に運ぶようになる。16世紀中頃にポルトガルの居留地となったマカオでは大量の中国磁器が出土し、当時の盛んな陶磁器貿易を物語っている。

　また、旧世界からみた「地理上の発見」によって、旧世界と新世界の貿易関係も生まれた。本章の冒頭に示した1604年の叙事詩は、旧世界の東西交流の舞台が新大陸にまで広がったことを表現している。東の中国と西のスペインがメキシコで一つとなったのである。それまで磁器が存在しなかった新大陸にアジアから太平洋を経由して持ち込まれるようになった。

図15-1　「陶磁の道」関連書籍

3　旧大陸から新大陸へ

　1571年にマニラが建設されて、マニラ・ガレオン貿易ルートが開設されると、いわゆる「銀船」で新大陸の銀がアジアに持ち込まれ、そして、「絹船」で絹、香料といったアジアの産物が太平洋を渡っていった。アジアの重要な産物には陶磁器も含まれていた。まず中国磁器が運ばれ、次いで17世紀後半になると日本の肥前磁器が運ばれた。

　メキシコ、グアテマラ、パナマなどの中米地域、キューバなどのカリブ海地域、コロンビア、ペルー、アルゼンチン、チリなどの南米地域では、スペイン植民地時代の遺跡から多くの磁器が出土する。その多くは中国磁器であるが、肥前磁器もメキシコ、グアテマラ、キューバ、ペルーなどで出土していることが確認されている（野上2013）。

　新大陸へ運ばれた陶磁器のアジア側の出帆地は、マニラである。しかし、マニラに輸入された全ての種類の陶磁器が新大陸へ積み出されたわけではない。マニラではスペイン人だけではなく、中国人、日本人、フィリピン人など多様な文化的背景をもつ人々が暮らしていた。それぞれ使用されていた陶磁器も異なる。そのため、マニラと新大陸の陶磁器需要は一致するものではない。それではスペイン人社会の陶磁器需要に限った場合ではどうか。第11章で述べたように、マニラから積み出す際に、品質による取捨選択が行われている。粗製の染付花鳥文芙蓉手皿はマニラのスペイン人が使用するために輸入されたもの

であり、積極的に新大陸へ輸出されるものではなかった。遠隔地へ運ぶだけの価値が見出されなかったのであろう。普及論においては低廉であり、かつ大量であるがゆえに広く浸透していくのであろうが、起源論においては特産であるゆえに、あるいは高価であるゆえに遠く運ばれたのである。

4　嗜好品の普及と磁器

　磁器使用が浸透していく過程で、碗と皿、特に碗の中でも飲用のカップが果たした役割は大きい。現在、ヨーロッパの宮殿などには、装飾品としての壺や瓶、大皿などの製品が数多く所蔵されている。当時の富と文化を象徴するものであり、一つあたりの金銭的価値もまた大きい。しかしながら、その使用層は非常に限られている。遺跡からの出土もそう多くない。それに対して、日常的に使用する碗（カップ）は遺跡から数多く出土する。多くの人々が使用する上、装飾品に比べて、飲食器は使用頻度、破損頻度が高いため、結果的に数多く使われ、捨てられることになる。もちろん磁器を使用すること自体、特定の階層に限られたことではあったが、装飾品としての壺や大皿に比べれば、はるかに多い数の碗（カップ）がヨーロッパや新大陸に運ばれることとなった。

　そして、飲用の嗜好品が普及するにつれて、さらに多くの碗（カップ）が生産され、流通した。最初は既存の磁器碗の中から適当な大きさと形のものを選んだのであろうが、やがてコーヒーカップ、ティーカップなどそれぞれの嗜好品の専用のカップが生まれた。17世紀後半には中国だけでなく、日本のカップも世界に輸出された。18世紀になるとカップ類の輸出はさらに増加する。18世紀中頃のオランダによる陶磁器注文書等の記録を見ると、磁器全体の65〜70％をカップ類が占めている。同じく18世紀中頃に沈んだ船の積荷に見られる陶磁器の多くもまたカップ類であった。まだまだ限られた階層や社会での用途ではあったが、それでも磁器使用の裾野を大きく広げたことは確かである。人間の欲望が嗜好品を世界に駆け巡らせ、それに伴ってその器も広まっていったのである。

5　日本磁器の創始と発展

　中国と朝鮮半島などでのみ生産されていた白い磁器は、17世紀初めには日本でも生産され始めた。16世紀末に大陸からの技術導入により始まった唐津焼を技術母体としたものである。豊臣秀吉の朝鮮侵略の際、渡海した大名が連れ帰った朝鮮人陶工による技術によって、佐賀県の多久、そして有田あたりで、日本最初の磁器が誕生した。有田焼の陶祖とされる李参平（日本名、金ヶ江三兵衛）もその朝鮮人陶工の一人である。

　有田で磁器の生産が始まったと言ってもその生産量はまだ少なく、大量に輸入される中国磁器を補完する程度のものであったが、やがて1630年代までに豊富な原料産地である泉山磁石場が発見され、その原料産地に近い地域に天狗谷窯などの磁器窯が築かれ、磁器の生産が本格化していった。1637年には佐賀藩による窯場の整理統合が行われ、有田では産地として磁器を専業的に生産する量産体制も整った。さらに明から清への王朝交替に伴う中国国内の混乱やその後の清による海禁政策によって、中国磁器の輸出が減少したことを受けて、1640年代以降、有田焼は国内市場を獲得していった。

　そして、中国磁器の輸出が減少して、磁器が不足していたのは日本だけではなかった。1640年代には東南アジアに向けて有田焼などの肥前磁器の輸出が始まる。1647年に長崎を出帆してシャム経由でカンボジアに向かう1艘の唐船が「粗製の磁器174俵」を積んでいたとする記録が、肥前磁器の海外輸出の初見という（山脇1988）。「粗製の磁器」とあるが、もちろんこれは中国磁器、特に景徳鎮の磁器と比較した場合のことであり、粗製である限り、中国磁器の需要の全てを引き継げるものではなかった。しかし、1650年代には技術革新とよべるほどの技術的進展が見られるようになる。つまり、景徳鎮並みの品質をもつ製品の生産が可能になり、質的にはおおよその中国磁器の需要を引き継ぐこととなった。その結果、17世紀後半には輸出先も東南アジアに限らず、インド洋世界やヨーロッパ、そして、グローバル化を受けて、アメリカ大陸にまで広く及ぶことになったのである。

6　波佐見焼の役割

　海外にまで輸出されるようになった肥前磁器であるが、日本国内で磁器使用が一般化するのは、江戸時代中期以降のことである。一般化に大きな役割を果たした生産地が波佐見であった。波佐見は有田と同じく 17 世紀初めに磁器生産を開始した。1630 年代に有田で磁器の量産体制が整ったように、波佐見でも三股陶石の発見などにより磁器の専業化と量産化が始まった。佐賀藩の窯場の整理統合のような政治的事件はなかったが、磁器原料を有する地域では陶器から磁器へという流れに経済的な必然性があった。

　17 世紀後半になると波佐見焼も海外に輸出されるようになるが、有田焼に比べて相対的に質が劣り、種類も少なかった。有田が多品種を量産したのに対し、波佐見の場合は質よりも量が優先される製品を選択し、それを量産した。そのため、有田焼の海外輸出の範囲が世界を覆っていたのに対し、波佐見焼の海外輸出は青磁製品など一部の製品を除いて、ほぼ東南アジアに限られていた。ヨーロッパの人々が好んだ色絵製品などもほとんど見られない。

　有田との違いはそれだけではない。17 世紀後半の波佐見における急速な窯業圏の拡大と成長は、海外輸出の拡大を直接的要因とするものであり、海外輸出向けの製品の比重がとても大きかった。そのため、1684 年の展海令により中国磁器の再輸出が本格化したことで、肥前磁器が東南アジア市場を中心とした海外市場を失うことなった際、有田に比べて波佐見の方が、影響がより大きかった。

　波佐見は海外市場を失い、余剰した生産能力を国内に振り向けることになる。そのためには新しい市場、すなわち、それまで磁器を使用していなかった社会層の開拓が必要となる。生産コストを下げ、庶民が手の届く価格のものを焼かなければいけなくなった。いわゆる「くらわんか」碗・皿とよばれる日用食器を生産した。波佐見は製品の画一化、粗雑化とともに巨大な窯で量産することで、価格を下げて、全国市場を獲得していった。長崎市の唐人屋敷跡では大量の清朝磁器が出土するものの、日本国内で肥前磁器のシェアを脅かすほどの輸入量は見られない。波佐見焼をはじめとした低廉な日用磁器の生産が清朝磁器

の量的な輸入を防ぐ結果となったのである。

7　地方窯の成立

　次の段階として、江戸後期、特に19世紀に入ると全国に多くの地方窯が成立する。瀬戸・美濃といった大窯業地でも磁器生産が始まった。また、東北地方の切込焼のように磁器の大生産地である肥前から遠く離れた地域にも磁器窯が成立する一方、肥前地区内でも有田や波佐見、三川内などの大生産地以外に窯場が成立している。特に長崎周辺に多くの窯場が興っており、長崎の都市需要、長崎貿易の商品としての需要に応えたものであろう。

　また、九州本土だけでなく、離島にも磁器窯が生まれる。例えば、五島列島の福江島にも18世紀後半から19世紀にかけて、いくつかの窯場が成立する。小田窯、田ノ江窯、八本木窯、山内窯、戸岐ノ首窯などである。大生産地である肥前本土に向けて積み出したとは考えにくいため、おそらく島内や近接した島の需要を満たすために生産されたものであったろう。都市でも農村でも離島でも磁器を使用するようになった。

　磁器窯の増加を支えたのは、まず天草陶石の商品化である。それまで磁器原料産地に限られていた特産品であったが、良質な原料が商品化されたことで地域における原料の存否に関わりなく磁器生産が可能となった。そして、磁器を生産するには、原料だけでなく技術が必要であるが、その技術もまた天草陶石の流通とともに伝播していった。天草陶石の商品化によって、その流通の出発点である採掘地に多くの産業的、技術的情報が集約されていった。天草の上田家に残る文書には築窯技法、窯詰め技法、焼成技法などがまとめられており、さらに『近国焼物大概帳』には西日本各地の窯場の状況が記録されている。磁器生産地が増えれば、それだけ天草陶石の売り先が増えるのであるから、当然の行為であろう。そして、実際に請われて技術支援も行っているようである。例えば、五島焼の富江領の窯では、六代運龍が天草高浜の上田定胤を招いたと伝えられている。

　地方窯の成立は、磁器使用の急速な普及を背景にもつ。肥前の有田や波佐見などの製品が海運によって、全国津々浦々に運ばれたことで、磁器需要が高ま

り、江戸後期の殖産産業の中に磁器生産業が位置づけられ、五島焼のような限られた商圏をもつ窯場が全国各地に次々と生まれていったのであろう。それらがその後も産業として継続している例は多くはないが、磁器使用の一般化について、一定の役割を果たしたことは確かである。

8　展海令以後の中国磁器

　日本国内から転じて、海外の市場をみてみよう。18世紀に入ると、堰を切ったように中国の陶磁器が海外に出回るようになる。清の海禁政策が完璧ではないにしても機能していた部分があったということであろう。しかし、それは言い換えれば、肥前磁器が中国磁器の代役を十分に務めることができていなかったということであろう。特に量的にはそうであった。中国の大生産地で生産されていた磁器の量を日本の一地方の窯業地だけでは肩代わりすることができなかったのである。

　そのため、清による海禁政策のために、磁器市場は慢性的に品不足であった。その反動もあって大量に市場に流れ込むことになったと思われる。坂井隆は、バンテン・ラーマ出土の陶磁片約30万点の分類調査を行っている。全体としてⅠ期からⅥ期の6期に区分しており、18世紀はそのⅤ期にあたる。坂井は数量的には全体の6割近くがⅤ期にあるといい、福建・広東（系の陶磁器）の急増が目立つ（坂井2001）。食膳具に限れば、福建・広東系が47%、景徳鎮産が44%であり、坂井は量的に爆発した18世紀の姿は、基本的には同一種類の数量が増えた景徳鎮の皿類と徳化窯などの福建・広東の碗類という日常食器が主体であったと指摘する（坂井2001）。このことについて、大橋康二は日本と東南アジアにおける磁器使用の一般化を対比させながら、貿易のグローバル化によって経済力の向上、磁器の食器の普及も広域のなかで似たような推移が見られることを指摘する（大橋2004）。18世紀後半から19世紀にかけて、東アフリカのスワヒリ都市でも徳化窯などの製品が大量に出回っている（口絵15）。そして、18世紀以降の徳化窯の製品はアメリカ大陸の遺跡の出土品にもみられ（図15-2）、その中には移民などの人の移動に伴って、運ばれたものもあった。

図15-2 メキシコ（オアハカ）出土の福建省
　　　徳化窯系の染付碗

図15-3 メキシコシティ出土の染付寿字文碗

　また、生産地側の事情もあると考える。中国磁器自身、海禁政策によって変化し、後の磁器使用の普及に大きな貢献を行うことになったのではないか。17世紀前半まで大量の中国磁器が海外に輸出されていた。言い換えれば、海外向けに大量の中国磁器が生産されていたのである。それが1656年の海禁令によって、中国の磁器生産地は大きな市場を失ったわけである。その生産能力は中国国内に向けられることになる。中国国内に新たな市場を開拓するにあたっては、やはりより求めやすい低廉な磁器を生産することになったのではないかと思われるのである。例えば、粗製の染付寿字散し文碗（図15-3）や染付葉文皿などである。そして、1684年の展海令の公布により、海禁が解かれると、そうした低廉化された磁器が東南アジア市場を中心に出回るようになり、結果的に磁器使用の一般化が東南アジアで進んでいった。

9　工業製品としての磁器

　18世紀初めにはヨーロッパでも磁器の生産が始まる。ヨーロッパにおいても慢性的な磁器不足が磁器へのさらなる渇望を生み、それが結果的にはヨーロッパでの磁器生産開始につながったのであろう。日本は中国や朝鮮半島とともに北東アジアを形成しているため、日本で生産が始まっても白い磁器が東アジアの特産であることには変わりなかったが、ヨーロッパで生産されるようになると、磁器の生産地の地図は大きく書き変えられることになった。

図15-4　勝山遺跡出土のヨーロッパ陶器
　　　　長崎市

　バンテン・ラーマではⅥ期（18世紀末〜19世紀前半）になると、陶磁器貿易が突然凋落する状態となり、製品もヨーロッパ産のものが中心となる（坂井2001）。凋落する状態そのものは、繁栄を誇っていたバンテン・ラーマの経済が急に衰退したことを示していると考えられるが、ヨーロッパ産のものが中心となる傾向は、他の地域でも見られる。長い期間にわたって、陶磁器貿易の主役であり続けた中国磁器の地位を脅かす存在となっていく。

　特にヨーロッパでは18世紀半ばから19世紀にかけて産業革命が行われた。磁器生産の工業化が促進され、工業製品としての硬質磁器や軟質磁器が大量に世界に流通するようになったのである（図15-4）。そして、その生産技術は、19世紀後半には近代化を迎えた日本の窯業界に先進技術として導入されることとなる。

10　磁器の流通・使用のグローバル化の画期

　磁器の流通・使用のグローバル化を考える時、いくつかの画期となる出来事がある。それは大航海時代の幕開け、清朝による海禁政策、そして、ヨーロッパにおける近代産業革命などである。

10-1　大航海時代の到来

　大航海時代の到来によって、磁器市場は地理的に地球的規模となった。喜望峰経由によるインド洋航路によってアジアと直接的な貿易が行われるように

なったヨーロッパには大量に中国や日本の磁器がもたらされるようになった。一方、太平洋航路によりアジアからアメリカ大陸へ大量の磁器が運ばれるようになった。それはヨーロッパ勢力の進出に伴うものであり、17世紀前半には東アジアから最も遠い地域にまで磁器は到達した。その中で大きな役割を果たしたものが嗜好品とその器であった。

10-2　清朝による海禁政策

　続く画期は清朝による海禁政策である。磁器需要の地理的な広がりを見せた後の海禁、すなわち磁器の禁輸措置となるので、市場には大きな空白が生まれることになった。その刺激を受けて日本の磁器産業は大きく成長し、新たな輸出磁器生産地が誕生した。中国による一元的な供給から、日本と中国の二元的な供給へと変化した。そして、成長が促された窯業地は、肥前だけではない。景徳鎮産の磁器の代用となりうる製品を生産できたのは肥前だけであったが、粗製の製品の分野では、ベトナム陶器が東アジアを中心に大量に輸出されるようになった。ヨーロッパでも磁器の染付を模倣した白釉藍彩陶器が数多く生産され、アメリカ大陸においてもメキシコのプエブラ焼では白釉藍彩陶器が盛んに焼かれるようになり、産業としても大きく成長した。

　これらは海禁政策下の磁器需要の高まりに応えた結果であるが、磁器使用の一般化は、その磁器の欠乏の反動のもと進んでいったのである。肥前の磁器産業は、海外輸出によって大きく成長したものの、17世紀末に海外市場を失ってしまい、日本国内に新規市場を求めた。国内向けに量産することにより、それまで磁器を使用していなかった人々へ供給できるようになった。東南アジアなどでは海禁政策の解除とともに、それまでの磁器の欠乏を埋め尽くすかのように、再び中国磁器が大量に出回るようになった。そして、ヨーロッパ磁器の誕生も清朝の海禁政策下の磁器の渇乏から生まれたとみることもできる。

10-3　ヨーロッパにおける近代産業革命

　ヨーロッパにおける近代産業革命がもたらしたものは磁器生産の国際化であり、工業化である。地域の特産品であった磁器が地域を越えた工業製品へと変化していった。

日本国内で見れば、磁器原料が豊富な地域に磁器生産地が限られていたものが、磁器原料が商品化されることで、技術もまた地域を越えていった。世界的に見れば、アジアの自然条件や原料に依拠した特産であったものが、生産工程の工業化と流通のグローバル化により、磁器の生産そのものがグローバル化していった。

11　磁器の生産と使用のグローバル化

今、私たちは日常的に磁器を使用している。しかしながら、磁器の使用が一般化したのはそう古い話ではない。東アジアから地球の裏側まで磁器が運ばれるようになったのが400年ほど前の話であり、日本で磁器がさほど珍しくもなくなったのが、江戸時代中期頃、西暦で言えば18世紀後半のことであろう。そして、誰もが日常的に使用できるようになったのはもっと後のことである。日本以外の多くの地域でも18世紀以降になると、白くて清潔な磁器の使用が浸透していった。同時代的に磁器の使用が一般化していったことはおそらく偶然ではない。

大航海時代に始まるグローバル化が、磁器への渇望を広め、磁器の生産欲求を刺激したと言ってよいであろう。砂糖や嗜好品など他の世界商品と結びつくことで、磁器もまた世界商品として世界を巡ることになった。また、清朝の海禁政策は直接、間接的な影響をもって、窯業地を刺激する一方、海禁政策の解除によって磁器使用の一般化が促された。さらにヨーロッパで磁器生産が始まり、磁器がアジアの特産ではなくなった。磁器の流通と消費だけでなく、生産もまたグローバル化していった。

おわりに

　最近、しばしば耳にするグローカル化（glocalization）という言葉は、グローバリゼーション（globalization）とローカライゼーション（localization）の混成語である。「地球規模で物事を考えながら、ある地域に根付いて活動すること」の意味で使われることが多いが、近世の肥前磁器の海外輸出は、まさにグローカル化と言ってよいだろう。17世紀後半から18世紀前半が最も肥前磁器が地球規模的に流通した時期であったが、需要への反応がグローバル化する一方、生産地で最もローカル化が進んだ段階でもあった。産業の発展過程において生産工程が分業化されただけでなく、品種や品質の地域分業化も進んだためである。

　本書では副題を「やきもののグローバル・ヒストリー」とし、全体を通して陶磁器の生産と流通からみた「グローバル化」の世界史を描くことを試みたが、それは地球を俯瞰的にみた視座であり、ローカルな生産地の視座に立てば、対面的な地域交流史が描かれる。18世紀初めにヨーロッパのマイセンで磁器が誕生するまでは、磁器はアジアの特産であったため、常に磁器は貿易品となってきた。文化交流も海を越えたものとなり、国際化やグローバル化しやすい産品の一つであった。その一方、陶磁器生産は、本来、地域限定化しやすい性質を持ったものである。地域の天然の原料に依存し、動かし難い窯を大地に築くため、地域環境の中で技術が進歩していく。つまり、窯業の技術は本来、地域に根ざすもので普遍化しにくい。そのため、陶磁器の生産と流通の研究は、グローバルな視座とローカルな視座の両方が必要である。

　長崎は、グローバルとローカルの視座を結びつけたグローカルな歴史を叙述するのにふさわしい地であり、陶磁器を両方の視座で考古学的に学ぶ上でとても恵まれたフィールドを提供してくれる。多くの島嶼を有する長崎県は、大陸に近く、古くから対外交易が盛んな土地であり、多くの陶磁器が舶載されても

たらされ、長崎の海には陶磁器を積んだ船が沈んでいる。中でも蒙古襲来の際には元軍船とともにあまたの陶磁器が沈んでいる。近世になると日本有数の窯業地が誕生し、今も長崎県から隣の佐賀県まで県境をまたぐように横たわっている。もちろん本書で主にとりあげた肥前磁器の産地である。そして、長崎の町そのものが陶磁器の大消費地であったし、言うまでもなく、長崎から世界へ陶磁器を輸出した時代もあった。それから、原爆投下によって多くの陶磁器がその他の瓦礫とともに地中に埋もれた歴史ももつ。陶磁器のライフヒストリーの生産・流通・消費のどのステージを学ぶ上でも恵まれている。私自身、肥前本土や島の窯跡の発掘を行い、長崎近海に沈んだ船やその積荷の調査のため、海に潜ってきた。

陶磁器から学ぶことは多い。窯元でロクロに触れてみるだけでもよいし、窯跡から出土した陶片に触れるだけでもいい。「百聞は一見に如かず」、言い古された言葉ではあるが、考古学を学ぶ者にとって発掘調査をはじめとしたフィールドワークは、学びの基礎である。陶磁器に少しでも関心を持つ人がいたなら、本書に書いてあることを実際の現場で批判的に学んでほしい。

参考文献一覧

荒木伸介 1985『水中考古学』考古学ライブラリー 35 ニュー・サイエンス社

有田町教育委員会 2016『泉山一丁目遺跡・中樽一丁目遺跡——泉山大谷線街路整備交付金事業に伴う埋蔵文化財発掘調査報告書——』

有田陶磁美術館 1997『有田陶磁美術館蔵品図録』

有田町史編纂委員会 1985『有田町史 陶業編 I』

家田淳一 2006「朝鮮へ輸出された江戸時代の肥前・対州磁器」『財団法人鍋島報效会研究報告書』第 2 号 pp.59‐85

池田榮史 1989「天草近世磁器窯考——熊本県天草郡天草町下津深江窯編——」『國學院大學考古学資料館紀要』第 5 輯 pp.162‐177

池田榮史 2018『海底に眠る蒙古襲来——水中考古学の挑戦』吉川弘文館

石川県教育委員会 2007『九谷古窯跡発掘調査報告書』

泉澄一 1990「文化・文政期の対州（対馬）窯をめぐって」『関西大学東西学術研究所紀要』23 pp.1‐42

出光美術館 1990『陶磁の東西交流』

井上たかひこ 2012『水中考古学の ABC』成山堂書店

岩生成一 1966『南洋日本町の研究』岩波書店

小江慶雄 1982『水中考古学入門』NHK ブックス 421 日本放送出版協会

大阪市立東洋陶磁美術館 2015『新発見の高麗青磁』

大橋康二 1988『有田町史 古窯編』有田町史編纂委員会

大橋康二 1989『肥前陶磁』考古学ライブラリー 55 ニュー・サイエンス社

大橋康二 2000「北方、カムチャッカ発見の伊万里」『目の眼』No.289 里文出版 pp.58‐61

大橋康二 2004『海を渡った陶磁器』歴史文化ライブラリー 177 吉川弘文館

小木一良・横条均・青木克巳 1994『伊万里 志田窯の染付皿——江戸後・末期の作風をみる——』里文出版

沖縄県立埋蔵文化財センター 2001『ヤッチのガマ カンジン原古墓群——県営かんがい排水事業（カンジン地区）に係る埋蔵文化財発掘調査報告書——』

加藤由基雄・八杉佳穂 1996『チョコレートの博物誌』小学館

金森得水 1857『本朝陶器攷証』

神崎宣武 1996『「うつわ」を食らう——日本人と食事の文化』NHK ブックス 757 日本放送出版協会

桑山正進（訳）1987『大乗仏典〈中国・日本篇〉9　大唐西域記』中央公論社

ケイトル，クリスティネ・ファン デア バイル 2010「1659年沈没のアーフォントステル号で発見された肥前磁器」『世界に輸出された肥前陶磁』九州近世陶磁学会 pp.272-275

坂井隆 2001「十七・十八世紀のアジア陶磁貿易――バンテンでの貿易を中心に――」『東洋陶磁』vol.30 pp.81‐104

佐賀県教育委員会 2001『佐賀県のやきもの窯跡』

佐賀県立九州陶磁文化館 1995『トプカプ宮殿の名品－スルタンの愛した陶磁器』

佐賀県立九州陶磁文化館 1996a『土と炎　九州陶磁の歴史的展開』

佐賀県立九州陶磁文化館 1996b『文明とやきもの展』

佐賀県立九州陶磁文化館 2007『古伊万里の見方　シリーズ4 窯詰め』

桜井清彦・川床睦夫 1992『エジプト・イスラーム都市アル＝フスタート遺跡』早稲田大学出版部

佐々木達夫 1982「波佐見下登窯跡」『日本海文化』9

佐々木達夫（編）1988『畑ノ原窯跡』波佐見町教育委員会

佐々木達夫 1991『日本史小百科 29 陶磁』近藤出版社

佐々木達夫 1992「舶載遺物の考古学」『アジアのなかの日本史　III 海上の道』東京大学出版会 pp.173‐210

佐々木達夫 1997「近世におけるやきものの流通」『考古学による日本歴史9　交易と交通』雄山閣 pp.159‐175

佐々木達夫 1999『陶磁器、海をゆく――「物」が語る海の交流史』増進会出版

佐々木達夫 2018「近世近代の考古学研究」『考古学ジャーナル』715 ニュー・サイエンス社 p1

佐々木達夫・佐々木花江・野上建紀 2008「バーミヤーン出土のイスラーム陶器」『金沢大学考古学紀要』29 pp.1‐30

関根達人 2009「北日本（北海道・青森県・岩手県域）における江戸時代後期の陶磁器の流通」『江戸後期における庶民向け陶磁器の生産と流通　関東・東北・北海道編』九州近世陶磁学会 pp.314‐455

高島裕之 2018「スウェーデン・イェーテボリ号出土陶瓷器の新知見」『一般社団法人日本考古学協会第84回総会研究発表要旨』日本考古学協会

立山町教育委員会 1994『芦峅寺室堂遺跡――立山信仰の考古学的研究――』

友部直編 1986『世界陶磁全集 22 世界（三）ヨーロッパ』小学館

長崎市教育委員会 2019『唐人屋敷跡――長崎市館内町10番12号における埋蔵文化財発掘調査報告書――』

中島浩氣 1936『肥前陶磁史考』（復刻版 1985 青潮社）

中野雄二 1996「I 高尾窯跡　II 岳辺田郷圃場整備に伴う確認調査」波佐見町教育委員会

中野雄二編 1999『波佐見焼 400 年の歩み』波佐見町・波佐見焼 400 年祭実行委員会

長与町教育委員会 1974『長与皿山古窯物原発掘報告書　長与焼の研究』

新田栄治 2013「東南アジアの都市形成とその前提――ドヴァーラヴァティーを中心とし

　　て──」『鹿児島大学法文学部紀要人文学科論集』78 pp.29‐52

野上建紀 1999「肥前陶磁の流通形態──海揚がりの資料を中心に──」『貿易陶磁研
　　究』No.19 pp.121‐140

野上建紀 2000「茂木港外遺跡確認調査報告──1998年8月7日〜9日──」『金沢大学
　　考古学紀要』25 pp.49‐63

野上建紀 2001「陶磁器研究と水中考古学」『考古学ジャーナル』480 pp.17‐20

野上建紀 2004「肥前陶磁の積出港について」『金大考古』45 pp.3‐4

野上建紀 2007「虚空蔵山（608.5m）発見の肥前陶磁」『金大考古』56 pp.15‐18

野上建紀 2008a「アフリカに渡った伊万里」『アフリカ研究』72 pp.67‐73

野上建紀 2008b「九谷焼生産技術の系譜──窯道具からみた──」『東洋陶磁』vol.37
　　pp.31-44

野上建紀 2013a「ガレオン貿易と肥前磁器──二つの大洋を横断した日本のやきもの
　　──」『東洋陶磁』vol.42 pp.141‐176

野上建紀 2013b『アジアが初めて出会った有田焼──蒲生コレクションを中心に──』
　　有田町歴史民俗資料館

野上建紀 2016「ガレオン貿易と中国磁器──新大陸に向かう東回りの陶磁の道」『東洋
　　陶磁』vol.45 pp.59‐79

野上建紀 2017a『アジア・太平洋海域における有田焼交易ネットワークの考古学的研究』

野上建紀 2017b『伊万里焼の生産流通史』中央公論美術出版

野上建紀 2019「漂着する陶磁器」『海の生物多様性を守るために』海とヒトの関係学2
　　西日本出版社 pp.50‐53

野上建紀 2020a「東アフリカの遺跡と陶磁器（II）──2019年の調査から──」『多文化
　　社会研究』6 pp.71‐101

野上建紀 2020b「近世五島焼の基礎的研究」『東洋陶磁』vol.49 pp.35-62

野上建紀・佐々木達夫・金城康哉 2019「東アフリカの遺跡と陶磁器」『多文化社会研
　　究』5 pp.189‐284

波佐見町 1997『やきもの公園』

波佐見史編纂委員会 1976『波佐見史　上巻』

長谷部楽爾（責任編集）1977『世界陶磁全集12 宋』小学館

枚方市教育委員会・枚方市文化財研究調査会 2001『枚方宿の陶磁器』

フォルカー（井垣春雄校閲、前田正明・深川栄訳）1979‐1984「磁器とオランダ連合東
　　インド会社」(1)〜(47)『陶説』312‐370 日本陶磁協会

フリン、デニス 2010『グローバル化と銀』（秋田茂・西村雄志編）山川出版社

ボウデン，トレーシー 1996「沈没船から財宝を回収」『ナショナルジオグラフィック』
　　第2巻第7号 pp.122-137

堀内秀樹 2001「関東地方（1）──江戸遺跡出土の肥前陶磁──」『国内出土の肥前陶磁
　　──東日本の流通をさぐる──』九州近世陶磁学会 pp.157‐185

前田耕作 2002『アフガニスタンの仏教遺跡バーミヤン』晶文社

前山博 1990『伊万里焼流通史の研究』

増田研・鈴木英明・石司真由美・野上建紀 2015「長崎市江里町の「貝塚」調査に関する
　　ノート」『金沢大学考古学紀要』36 pp.121 - 137

三上次男 1969『陶磁の道』岩波新書（青版）724　岩波書店

三上次男編 1986『世界陶磁全集 21 世界（二）イスラーム』小学館

三杉隆敏 1986『世界の染付 6　陶磁片』同朋社出版

森正洋（編）1997『やきもの公園』波佐見町

山脇千賀子 2012「VI 日系人社会の歩み」『ペルーを知るための 66 章【第 2 版】』明石書
　　店 pp.335 - 363

山脇悌二郎 1964『長崎の唐人貿易』吉川弘文館

山脇悌二郎 1988「貿易篇—唐・蘭船の伊万里焼輸出」『有田町史　商業編 I』有田町史編
　　纂委員会 pp.265 - 410

和久陶平 1989「有田製ロケット兵器」『皿山びとの歌』No.7・8 有田町歴史民俗資料館

王淑津 2010「台湾左営、ゼーランディア城及び大坌坑遺跡出土の十七世紀肥前陶磁器
　　——鄭氏集団による陶磁貿易の議論を兼ねて」『水中考古学研究』3 pp.113 - 136

Artes de México 2011. *Chocolate II: Mística y Mestizaje.*

Christie's Amsterdam 1992. *The Vung Tau Cargo. Chinese export porcelain.*

Krabath, Stefan 2011. *Luxus in Scherben, Fürstenberger und Meißener Poryellan aus
　　Grabungen.* Landesamt für Archäologie. Dresden

National Museum of the Philippines 1996. *Treasures of the SAN DIEGO.*

Nguyen Dinh Chien 2002. *The Ca Mau Shipwreck 1723-1635.* Ca Mau Department of
　　Culture and Information, The National Museum of Vietnamese Hostory.

Wästfelt,Berit, Gzllensvärd, Weibull,Jörgen. 1990. *Porcelain from the East Indiaman
　　Götheborg.* Wiken

図版出典一覧

*記載のない図版は著者撮影・作成

口絵1B　　　畑ノ原窯跡焼成室検出状況（波佐見町教育委員会提供）
口絵2D-2　　ボルホーン遺跡出土人骨と色絵大皿（サン・カルロス大学提供）
口絵4H　　　茂木港外遺跡海底写真（長崎市）（国富株式会社提供）
口絵5I　　　鷹島海底遺跡出土てつはう（長崎県松浦市）（山本祐司撮影）
口絵6　　　　天狗谷窯跡（佐賀県有田町）（有田町歴史民俗資料館提供）
口絵8　　　　有田内山の街並み（有田町歴史民俗資料館提供）
口絵12T-3・4　芦屋沖海底遺跡に潜る筆者（山本祐司撮影）

図1-2　　　　陶磁器の種類（佐賀県立九州陶磁文化館 1996a・b より転載）
図1-4　　　　有田皿山職人尽くし絵図大皿（有田陶磁美術館所蔵）
図1-6　　　　出土した水簸施設（有田町泉山1丁目遺跡）（有田町教育委員会 2016 より転載）
図1-11　　　肥前の連房式階段状登り窯構造図（佐賀県教育委員会 2001 より転載）
図2-3　　　　枚方宿周辺遺跡（三矢町）出土の染付碗（枚方市教育委員会ほか 2001 より転載）
図3-1　　　　窯の種類（波佐見町 1997 より転載）
図3-12　　　マイセン窯（ドイツ）（Krabath2011 より転載）
図4-3　　　　ドレッジによる海底発掘（山本祐司撮影）
図4-4　　　　海底での実測作業（山本祐司撮影）
図4-5　　　　水中写真撮影（山本祐司撮影）
図4-6　　　　鷹島海底遺跡沈没船 3D データ（松浦市立水中考古学研究センター）（町村剛作成）
図5-3　　　　スペイン船コンセプシオン号（ドミニカ沖）（ボウデン 1996 より転載）
図5-5　　　　韓国・泰安沈没船遺跡（大阪市立東洋陶磁美術館 2015 より転載）
図5-6　　　　サン・ディエゴ号出土景徳鎮磁器（フィリピン国立博物館）（National Museum of the Philippines 1996 より転載）
図5-7　　　　サン・ディエゴ号出土タイ・ミャンマー産陶器壺（フィリピン国立博物館）（National Museum of the Philippines 1996 より転載）
図5-9　　　　サン・ディエゴ号出土竃・壺（フィリピン国立博物館）（田中和彦撮影）
図5-10　　　「王百戸」銘碗（長崎県鷹島海底遺跡）（山本祐司撮影）
図5-11　　　ヨーテボリ号引き揚げ染付皿（Wästfelt 1990 より転載）
図6-4　　　　江里町貝塚周辺地図および地籍図（増田・野上ほか 2015 より転載）
図6-7　　　　江里町貝塚関連の家系図（増田・野上ほか 2015 より転載）

初出一覧

コラム N は、野上建紀 2015「清朝の海禁政策と陶磁器貿易」『金沢大学考古学紀要』37 pp.43-52 より加筆修正した。

コラム O は、野上建紀 2019「「出島」から伝わった肥前陶磁」『対外交易の窓口 出島・長崎』長崎県考古学会 pp.73-85 の一部を加筆修正した。

第 12・13 章は、野上建紀 2017『伊万里焼の生産流通史――近世肥前磁器における考古学的研究』中央公論美術出版の一部を加筆修正した。

コラム T は、野上建紀 2019「西海の島々で焼かれた磁器」『中近世陶磁器の考古学』第 11 巻、雄山閣、pp.241-267。

第 15 章は、野上建紀 2018「磁器の流通と消費のグローバル化」『中近世陶磁器の考古学』第 8 巻、雄山閣、pp.85-102。

あとがき

　本書は、長崎大学の多文化社会学部の基礎講義「歴史学基礎（考古学）」、専門講義「陶磁考古学（旧アジア海域交流史）」および多文化社会研究科の「海域交流史」の講義ノートをまとめたものである。長崎大学にこの人文社会系の新学部が開設されたのは、2014 年 4 月のことである。最初の新入生が 3 年生となる 2016 年度から旧カリキュラムの「アジア海域交流史」を 4 年間講義してきた。そして、2020年度から新カリキュラムに移行し、「陶磁考古学」の講義を行なっている。授業名が変わり、構成も変わったが、内容そのものはあまり変わっていない。いずれも陶磁器を主な題材にし、アジア海域を主なフィールドとしている。冒頭で述べたように 3 部構成であるが、授業回数に合わせて全体で 15 の章を設け、それに 24 のコラムを加えている。学部では章を中心に、大学院ではコラムまで発展させて講義を行うことを想定したものである。

　さて、陶磁考古学の研究を始めて、30 年余りとなった。考古資料としての陶磁器に触れたのは、本文コラムでも触れたように大学 3 年の波佐見調査であった。35年前になる。恩師の佐々木達夫先生に連れられての調査であった。その波佐見に毎年、学生をフィールドワークや研修に連れていくことになるとは当時は思いもしていなかった。本書に書いている内容の中には先生からの受け売りである部分も少なくない。先生がいらっしゃらなければ、私は研究者としての道を歩むことはできなかったと思う。そして、今もアラブの遺跡を掘り続ける先生のお姿は私にとっては大きな励みである。

　そして、残念なことは、カンボジアやフィリピン、ミャンマーなど東南アジアの調査で多くのご指導を頂いた故青柳洋治先生夫妻に本書を献呈できなかったことである。奥様の逝去から 4 年、先生の逝去から 3 年が過ぎてしまった。サンミゲルビールとともに先生に捧げたいと思う。

　もうひとかた、感謝を申し上げるべき先生がおられる。肥前陶磁研究の大家の大橋康二先生である。常に届かぬ目標であるし、有田に在職中、常に多くのご指導を賜った。

　また多くの研究仲間に助けられて、今日まで研究生活を送らせてもらっている。

とりわけ田中和彦さん、エラディオ・テレロスさん、渡辺芳郎さん、中野雄二さんには改めて感謝申し上げたい。田中さんとエラディオさんは、私が陶磁器をグローバルな視座で考える契機となったガレオン貿易研究の長年にわたる共同研究者である。渡辺さんと中野さんは大学の同窓でもあり、お目にかかる機会も多い。同じく陶磁器を学ぶ身として、常に刺激を受けさせていただいている。中野さんには研究だけでなく、授業の一部を引き受けて頂いている上、毎年、波佐見や五島で学生の測量指導でもお世話になっている。私のゼミ生で彼のお世話になっていない学生はいないと思う。

　そして、そのゼミ生についてであるが、受講生がいてこその本書であり、教員生活である。一人一人の名前をあげたいところであるが、昨今の風潮から控えておこうと思う。彼ら彼女らの顔を思い浮かべながらの本書の執筆であったことを記しておく。

　また、北京からの留学生の賈文夢さんにもお礼を言いたい。調査の助けだけでなく、図面の作成や細細とした雑務も丁寧にこなしてくれた。本書で用いたいくつかの写真のモデルも引き受けてもらった。

　それから、編集を引き受けてくださった伊従文さんには、常に的確なアドバイスを頂いた。前著に続いて、また仕事でご一緒できたことを本当に有難く思う。

　最後に家族に感謝したい。体が強くない身でありながら、常に私を支えてくれている妻の美千子に感謝したいと思う。

　2021 年 1 月

野上　建紀

事項索引

図W-1　バーミヤーンの骨董屋で売られる盗掘品

滅亡した1221年より前のものである可能性が高い。

　バーミヤーン遺跡の中でも重要な遺跡の一つがシャフリ・ゴルゴラである。タリバンはバーミヤーンから撤退したが、シャフリ・ゴルゴラ周囲の地雷は残されたままであるため、未調査である。その一方、シャフリ・ゴルゴラから掘り出されたという陶器は街中でみられる（図W-1）。カンボジアでもそうであったが、遺跡が見つかると、村人などによる盗掘が相次ぎ、土産物や骨董品屋では完全な形で残った陶器が売られていた。考古学者はその残滓を丁寧に調査することとなる。考古学者が最初に遺跡で出会う痕跡が、真新しい盗掘者の掘り跡であることも少なくない。

　バーミヤーンの陶器調査は、ある種の感慨が湧き上がる。一つは筆者にとって憧憬のシルクロードの遺跡であることも理由であるが、やはり同じモンゴル軍の遺跡に関わってきたがゆえの感慨である。バーミヤーン滅亡から60年後の悲劇の遺跡が長崎の鷹島海底遺跡である。モンゴルの大軍が中央アジアのバーミヤーンを襲って滅亡させ、その約半世紀後には大陸の東端から日本に襲来し、1281年には鷹島沖で壊滅的な海難に遭遇し、数万という数の不幸が海底下に横たわっている。数千キロの隔たりをもつ砂漠と海底の遺跡に同時に思いを馳せ、歴史の現場に佇むことができる考古学はやはり贅沢なタイムトラベルである。これも陶磁器という普遍的な資料を扱うがゆえの旅の時間と空間の広さであろう。

　なお、調査隊が帰国して10日も経たないうちに、2007年7月19日にタリバンによって韓国人23名が拉致され、2名が殺害された（翌年には日本人も拉致殺害されている）。調査当時、すでにアフガニスタンについては退避勧告が出

人名・地名・遺跡名索引

著者略歴

1964年、北九州市生まれ。長崎大学多文化社会学部教授。
金沢大学大学院社会環境科学研究科（博士課程）修了、博士（文学）。専門は歴史（中近世）考古学、水中考古学。
有田町教育委員会主査（有田町歴史民俗資料館所属）を経て、2014年4月より長崎大学多文化社会学部准教授、2017年4月から現職。
著書に『伊万里焼の生産流通史——近世肥前磁器における考古学的研究』中央公論美術出版（2017）、論文に「近世五島焼の基礎的研究」『東洋陶磁』49 pp.35-62（2020）、「ガレオン貿易と肥前磁器——二つの大洋を横断した日本のやきもの——」『東洋陶磁』42 pp.141-176（2013）など。

陶磁考古学入門
やきもののグローバル・ヒストリー

2021年3月20日　第1版第1刷発行
2022年4月25日　第1版第2刷発行

著者　野　上　建　紀
の　がみ　たけ　のり

発行者　井　村　寿　人

発行所　株式会社　勁　草　書　房
けい　そう

112-0005 東京都文京区水道2-1-1　振替 00150-2-175253
（編集）電話 03-3815-5277／FAX 03-3814-6968
（営業）電話 03-3814-6861／FAX 03-3814-6854
三秀舎・中永製本

坂野　徹　編著
帝国を調べる
植民地フィールドワークの科学史
3,740 円

坂野　徹
〈島〉の科学者
パラオ熱帯生物研究所と帝国日本の南洋研究
5,170 円

中島隆博・吉見俊哉・佐藤麻貴 編
湯島神田上野社寺会堂研究会 協力
社寺会堂から探る 江戸東京の精神文化
3,300 円

長谷川修一・小澤　実 編著
歴史学者と読む高校世界史
教科書記述の舞台裏
2,750 円

阿子島香・溝口孝司 監修
ムカシのミライ
プロセス考古学とポストプロセス考古学の対話
3,300 円

中尾　央・松木武彦・三中信宏 編著
文化進化の考古学
2,860 円

ローレンス・M・プリンチーペ 著／ヒロ・ヒライ 訳
錬金術の秘密 [bibliotheca hermetica 叢書]
再現実験と歴史学から解きあかされる「高貴なる技」
4,950 円

＊表示価格は 2022 年 4 月現在．消費税 10% が含まれています．